当代体育异化研究

何维民　苏睿 ◉ 著

中国社会科学出版社

图书在版编目(CIP)数据

当代体育异化研究/何维民,苏睿著. —北京:中国社会科学出版社,2017.2

ISBN 978 - 7 - 5161 - 9661 - 8

Ⅰ.①当… Ⅱ.①何…②苏… Ⅲ.①体育—哲学—研究

Ⅳ.①G80 - 05

中国版本图书馆 CIP 数据核字(2017)第 010485 号

出 版 人	赵剑英	
责任编辑	熊 瑞	
责任校对	刘 娟	
责任印制	戴 宽	

出 版	中国社会科学出版社
社 址	北京鼓楼西大街甲 158 号
邮 编	100720
网 址	http://www.csspw.cn
发 行 部	010 - 84083685
门 市 部	010 - 84029450
经 销	新华书店及其他书店

印刷装订	北京君升印刷有限公司
版 次	2017 年 2 月第 1 版
印 次	2017 年 2 月第 1 次印刷

开 本	710×1000 1/16
印 张	15.5
插 页	2
字 数	219 千字
定 价	69.00 元

甘肃省第九、十届人大常委会副主任、党组副书记程有清题词

异化是人类文化形态发展过程之必然，而消解异化回归理想是文化演进之趋势。这既是文化之自由，亦是人之真正自由，体育不能例外。

甘肃省体育局党组书记、局长杨卫题词

　　何维民教授《当代体育异化研究》从中国传统文化的视域阐释了体育的内涵和价值，审视了当代体育的是与非，给出了当代体育回归本真的发展思路。它不仅是对体育理论的补充和拓展，更体现了体育在传播中国文化中的载体价值。

杨卫

2016 年 7 月 20 日

目　录

绪　　论

第一节　问题的提出

关于体育异化问题的研究，不仅关涉体育的理论与实践，还关涉体育的价值与体育中人的价值问题，是一个具有挑战性的问题。

在国内，卢元镇先生认为，所谓异化，是指从主体中分裂出来或丧失掉的东西在摆脱主体的控制后获得独立性并逐渐壮大，反过来控制、支配、压迫或扭曲主体。① 谭华《体育本质论》认为，体育异化是指体育过程的虚拟性和自足性被种种非体育因素阻碍和破坏的现象。② 查引娟、廖年忠把体育异化定义为：在一定的社会条件下，竞技体育产生出与自己本性相敌对的产物，这种产物反过来又占有人、控制人和支配人。③ 陈淑奇、龚正伟认为，"竞技体育异化"是指主体在竞技体育发展过程中，由于方式手段的不当或目标的偏向，导致现实偏离本真，并反制主体，使其最终丧失活动的能动、自为、自主状态。④ 贺昭泽、孙柱兵认为，竞技体育的异化是竞技体育主体在从事竞技体育运动中，

---

① 卢元镇等：《竞技体育的强化、异化与软化》，《体育文史》2001 年第 7 期。
② 谭华：《体育本质论》，四川科学技术出版社 2008 年版，第 6 页。
③ 查引娟、廖年忠：《体育在社会发展进程中扮演的角色》，《体育学刊》2004 年第 4 期。
④ 陈淑奇、龚正伟：《竞技体育异化与运动员权益保障问题之伦理审视》，《体育学刊》2009 年第 1 期。

通过借助异己力量来达到自己的某种目的，它是一种非理性，违背事物客观规律的价值观念和行为方式。①

在国外，日本学者影山健、中村敏雄、关春南、川口智久和佐藤臣彦等从 20 世纪 70 年代就开始了对体育异化问题的研究；欧美的学者，如阿尔高金（Algozin，K.）、赛德勒（Sadler，W. A.）、费尔采鲁德（Fairchild，D. L.）、海兰德（Hyland，D.）、托马思（Thomas，C. E.）和莱恩克（Lenk，H.）也对体育异化问题进行了有益的探讨，并提出了许多意见和建议。从国外的这些研究文献来看，可以说，他们对体育异化的界定与国内学者的界定并无异质性区别，但是，他们的确为我们提供了有价值的参考。

关于体育异化这一课题，我们通过对该领域现有研究成果的梳理、分析认为，还有诸多问题尚待进一步深入探讨和研究。第一，有关"体育异化"概念的使用。从 20 世纪七八十年代我国学者开始涉及体育异化问题研究以来，学者们对体育异化问题的研究，绝大部分集中在"竞技体育的异化"和"竞技运动的异化"方面，关于"体育异化"这一概念使用很少，且尚未有明确的界定，即便有使用体育异化这个概念的，也大多是从马克思劳动异化学说出发，针砭体育时弊，阐述体育对人的异化，是"体育过程中人的异化"的代名词。纵观关于"异化"概念在哲学范畴的论争，我们有理由说对于"体育异化"这一概念也需要给予明确的界定或给予新的理解和发展。第二，已有的研究力求在体育各个方面寻求体育异化人的原因，但研究结果只涉猎了一些浅层的表现，而进一步追问，究竟是什么导致了现在的体育只见物而不见人等现象呢？这种深层的原因还有待学者进一步的研究和探求。第三，如何解决和应对体育异化，既有人们认识层面的问题，也存在实践层面拨乱反正的问题。按照马克思关于异化的观点，除原

---

① 贺昭泽、孙柱兵：《浅析竞技体育的异化论》，《邵阳学院学报》（自然科学版）2007 年第 2 期。

始状态的体育和未来共产主义时期的体育之外，在人类历史的其他阶段，人类都是无法真正摆脱异化，体育也不可能完全实现其理想，这是无法回避的一个难题。在当代，人们应该如何应对体育异化，通过怎样的努力使人类更接近体育的理想和理想的体育，还是需要一番探索的。第四，现有研究缺乏对体育理论方面的反思，绝大部分研究针对的是体育实践。

面对当前历史条件下体育以公开或隐蔽形式蔓延不止的异化现象，探寻超越或扬弃体育异化的路径是摆在国内外学界有识之士面前的重要课题。在当下，体育理论该如何反思和省察自身；给体育予以怎样科学的定义才能反映其本真；如何规范"体育异化"概念的使用，避免对"体育过程中人的异化"和"体育的异化"的混淆；人们应该如何应对体育异化，通过怎样的努力使人类更接近体育的理想和理想的体育，等等。这是有良知和负责任的体育工作者及关心体育事业发展的人们应深入研究的问题。

第二节　研究的价值意义

一　理论价值

1. 对体育异化理论的丰富和发展。现有关于体育异化问题的研究，大多是从马克思关于劳动异化学说的角度讨论竞技体育过程中人的异化问题。一些学者在研究时虽然使用了"体育异化"这一词汇，实际上就其研究内容来看依然是在讨论体育对人的异化，也就是说，依然把"体育异化"作为"体育过程中人的异化"的同义语来对待。其结果是"异化"一词的被动含义基本被遮蔽，表现为只偏重"体育对人的异化"的研究，而忽略了对"体育被异化"这一真正命题的探索。这样的研究方向和内容从某种意义上讲是对体育异化理论研究应有之义的错误理解和误导。事实上，体育过程中人的异化只是体育异化的表象，是体育异化的外在表现，至于体育是如何在发展过程中背离了其本然的价值追求，如何演变为异化人的手段以及怎样才能消解体育的异化等问题，都需要深入的研究和探讨。本书试图从澄清"体育异化"这一概念入手，来探求体育异化的深层原因并尝试归纳出消解体育异化的相应措施。尽管这些措施的作用可能是有限的，但也必将是对体育异化理论的进一步丰富和发展。

2. 对"体育回归生活、关怀生命"，推动其本质功能的实现。从理论上讲，体育是人类以游戏为主要形式，以促进生命发展，提高生活质量，实现生存价值和意义，并最大限度地发掘人体潜能的有意识、有目的的教育活动。而现实情况是，由于体育的功利色彩泛滥，致使生命灵性日趋泯灭；体育中人文色彩的淡化，造成生命之源趋于枯竭；体育与生活的割裂，使得生命意义归于虚幻。体育异化与体育的发展几乎同步而行。本书试图对体育异化的现实进行条分缕析的梳理，探寻体育摆脱异化的可能性和现实性路径，以推动"体育回归生活、关怀生命"，实现其本质功能。

3. 对体育批评的分析和说明。毋庸讳言，体育中的确存在着太多不尽如人意的现象，如"假球"、"黑哨"、"赌博"、暴力、滥用兴奋剂和其他体育腐败问题以及近年来屡屡发生的有组织的更改年龄、冒名顶替等，引起了社会和公众的强烈不满和严肃批评。这些批评是必要的和及时的，对体育正确发展是有很大帮助的。但是，有些批评混淆了体育和体育人的区别，误把由于体育管理者和参与者的原因而出现的上述体育腐败现象当作体育本身的问题进行批评，甚至有的观点认为体育本身就是这些腐败现象的根源。尽管这些批评的出发点是善意的，但是这种偏颇的观点客观上可能会误导社会公众，阻碍体育发展。面对这种情况，体育理论界有责任、有义务对上述这些体育异化、腐败的问题进行研究、分析，用科学的研究结果向社会公众做出认真而负责的说明。这样做不是为了开脱体育的责任，而在于消除误会，避免误导，帮助社会公众真正了解体育，认识体育，为体育的正确发展创造一个良好的外部环境，有效改进体育实践中的弊端，进而达到体育与社会的和谐发展。

4. 体育学自我反思意识的体现。综观体育异化问题的众多研究成果，在原因的归纳上，指向竞技体育实践的占绝大多数，而对于体育异化过程中体育理论自身存在的问题尚未有人提出并予以反思。也就是说，在体育异化问题的研究领域，学者们对于体育理论自身的反思和省察尚属空白。本书提出体育理论对体育实践的异化问题，是体现体育学自身在体育异化问题上的自我意识。

二 实践价值

1. 为体育改革提供另一种依据和借鉴。众所周知，由于存在过多的制约因素，体育在一定发展时期对于一些特定问题是根本不可能避免的。假如我们不能充分认识这一点，导致针对体育中这些特定问题的改革势必将出现两种结果：一是流于形式；二是徒劳无功。现实中，理论界常常是要么从体育观念、体育方法等视角提出自己的变革主张，要么从体育政策、体育法规、体育制度等层面来探寻改革突破口，而对于体育异化的归因分析时，很少触及体育外部的一些制约因素。如果不了解、分析并把握这些制约要素的根本原因，那么，我们对于体育的一些改革就难以取得根本性的进展和成效。本书对体育异化的归因分析，将在一定程度上和一定范围内为体育改革提供另外一种依据和借鉴。

2. 为治理体育异化问题提供咨询和参考依据。本书从体育本体论研究出发，对体育异化问题进行认真审视，在过度商业化、不规范的职业化和管理体制不健全的背景下，立足体育本质的回归，着眼大众文化视野下体育价值的重构，为全面净化大众、学校和竞技体育的环境，化解体育道德风险，减少现代体育传播的负面影响，抑制体育异化现象愈演愈烈的势头，从体育本源的发掘、政策法规、科技的保障和全社会的共同努力等方面综合提出了治理体育异化问题的对策措施，为政府主管部门解决体育异化问题提供咨询意见和参考依据。

第三节　研究方法

（一）文献研究法

主要以甘肃省图书馆、兰州大学图书馆、西北师范大学和兰州交通大学图书馆、中国学术期刊网（www.cnki.net）、中文科技期刊数据库（VIP）、中文搜索引擎（www.baidu.corn）、中国商务部官方网站以及各专业报纸、杂志等为文献检索途径，通过阅读、分析有关异化论、价值论、本体论、体育文化、体育经济、体育价值、体育本质、体育概念、体育起源、体育价值功能等文献资料，总结前人取得的研究以及与本课题相关的研究结果，包括每个研究所涉及的具体问题、研究思路以及研究结果等。然后，在认真总结的基础上，以突出问题为导向，构建本课题研究的框架体系。通过构建的研究框架体系，使我们对本课题研究有一个清晰的思路，并对体育异化问题从主客观方面有一个正确的认识。

（二）概念分析法

概念是思维的基本单位，其内涵是反映在概念中的对象的特有的属性，其外延是指概念所反映的一切事物。概念是客观性与主观性的对立统一，是抽象与具体的对立统一，是确定性与灵活性的统一。概念所反映的对象来自于客观世界，它不依赖于人们的认识而存在。因此，本书要用全面、发展的观点来看待有关概念。通过概念分析，旨在为严格区分本书所涉及的核心概念的客观内容和可能出现的主观曲解，并从历史的观点来分析概念的变化，准确把握其内容实质。

（三）历史考证和比较分析方法

体育异化问题研究离不开历史的视角，必须从人类历史发展的轨迹中发现体育这种人类活动变化的一般规律与发展趋势。因此，通过历史考证对过去的体育思想成果进行分析研究，深刻认识体育发展规律，只有以全面、发展和变化的观点来看待体育的发展变化，分析体育产生的历史条件和历史过程，才能有独特的研究视角，注重历史条件和时代特点的分析，注重历史发展过程性和阶段性的研究，注重从历史中发现规律并指导体育实践，从而逐步消解体育异化问题。

通过比较分析法在对人类历史制度比较分析的基础上，进而对体育不同时期的状况的特征进行比较，认识体育的过去、现在及其发展趋势。另外，通过比较分析，使我们更清楚地看到影响体育发展变革的社会因素、文化传统、民族心理等，并通过对国内外学者关于体育异化问题的研究以及出路的探讨，寻求更科学的认识视角以及构建更加科学的消解体育异化的对策。

（四）科学性与价值性相统一

体育活动是人类由来已久的一种社会活动。这种活动的制度、机制是否科学，关键在于这种活动是否符合社会生产力发展的要求；是否遵循人体身心的发展规律、调节人们的生活方式、维护人的基本利益、保障人的健康发展；是否在于促进体育运动和社会系统的正常发展。体育本身包含一定的价值理念与价值取向，任何社会制度下的体育活动都是为一定阶级的利益服务的，体育制度、机制及理念不同，所发挥的作用也就会有所不同。私有制下体育是少数人维护自己利益的工具，公有制下体育是为大多数人服务的。因而，当代中国社会体育活动的制度、机制建构，必须坚持以人为本的价值取向，以促进人的自由全面发展为最高目标。科学性则保证体育制度以及运行机制的变革符合社会发展的一般规律与趋势，而价值性则注重在于保证体育制度以及运行机制符合社会主义核心价值观的人本性质。

（五）无结构访谈法

无结构访谈（unstructured interview）又称作深度访谈或自由访谈，它与调查法中的结构式访谈相反，并不依据事先设计的问卷和固定的程序，而是只有一个访谈的主题或范围，由访谈员与被访者围绕这个主题或范围进行比较自由的交谈。本课题为了避免结构式访谈因缺乏弹性和灵活性，导致无法获取更加具体、更加详细的资料，也无法对所访谈的问题进行更为深入的讨论，我们采用了弹性大、灵活性强，更有利于充分发挥访谈双方的主动性和创造性的无结构访谈法。对一些学者、专家、教练员、运动员和官员进行了事先有计划、有准备、有安排、有预约的正式访谈，而对一些我们在整个研究过程中和生活中随时碰上的学者、专家、教练员、运动员和官员以及不同行业的有识之士采用了无事先准备的、更接近一般闲聊方式的非正式访谈。从而获取人们对于体育异化的认识和见地的第一手资料，并通过对资料的汇集、分析使我们更好地把握体育及当代体育异化的更深内涵和问题。

第四节　研究对象

本课题的研究对象是当代体育的异化。这里我们所指的体育是通过身体的活动而对人的教化，而非人们通常意义上理解的竞技运动。

首先，字义不同。就"体育"而言，"体"繁体为"體"，异体为"軆"、"躰"。在古代，"体"与繁体"體"是两个字，意义并不同。体有三个读音：①bèn，同"笨"，粗劣；②cuì，狱名；③tǐ，"體"的简化字。

《说文》："體，緫十二屬也。从骨，豐聲。"段玉裁注："首之属（有）三：曰頂、曰面、曰頤；身之属三：曰肩、曰脊、曰臀；手之属三：曰肱、曰臂、曰手；足之属三：曰股、曰胫、曰足。"[①]　《广雅》："體，身也。"本义为身体，后来引申为形体、包含等20多个意义。此外，體还有一个读音tī，"體己"也作"体己"，有三个意义。

简化字"体"从人，从本。"人"由头、躯干、四肢组成，"本"是根本。"人"、"本"为"体"，表示"体"是人之根本，是人的魂魄、活力所托付之所。人体是由功能各不相同的多个部分构成的，故

---

① （汉）许慎：《说文解字》第四卷，中华书局2012年版，第8页。

"体"为肢体，是身体的某一部分。

"育"的甲骨文字形与"居"相同。育，甲骨文（人，指女人）+（倒写的"子"，表示出生的婴儿），造字本义：孕妇生子。当"居"由本义"妇女生育"引申成"休养生息"后，甲骨文以"女"代替"人"，明确"孕妇生子"的本义。金文承续甲骨文字形，并在"子"的头部加三点，表示妇女生产时的羊水。篆文将金文的"女"写成"每"，将点写成。篆文异体字=（头朝下出生的婴儿）+（肉，长肉），表示生子并喂养，使孩子长大。隶书将篆文倒写的"子"误写成，将篆文的"肉"写成"月"。

育（动）会意。甲骨文字形，像妇女生孩子。上为"母"及头上的装饰，下为倒着的"子"。

就"运动"而言，"运"字有两个读音：①yǔn，走貌；②yùn，"運"的简化字。"運"《说文》："運，迻徙也。从辵，軍聲。"本意是移动。后引申为运转、玩弄等10多个意义。

"动"的字解，动（動），金文=（被刺瞎眼睛的男奴）+（重，大包袱），表示男奴负重驮物。有的金文（辵，行进）+（重，包袱），突出负重行进的"运输"主题。篆文=（重，包袱）+（力），强调使用体力。造字本义：使用体力，负重劳作。文言版《说文解字》：動，作也。从力，重聲。，古文动从辵。白话版《说文解字》：动，起身作事。字形采用"力"作边旁，采用"重"作声旁。，这是古文写法的"动"，采用"辵"作边旁。

从以上字形、字义来看"运动"就是使用体力，使身体最大化移动或运转、或劳作，其本质就是人体外在的表象而已。

而"体育"，"体"表示的是人之根本，是人的魂魄、活力所托付之所。"育"的本意就是妇女生育孩子，其本质就是孕育、养育。这就是说"体育"是一个不仅通过身体的活动锻造和看护人之根本——"身体"的过程，而且更重要的是通过身体活动孕育和养育人的灵性、个性、本真本色的潜能，并承担人的不拘一格的发展和进入社会的层次等任务。不像"运动"只掌握普遍的、共性的人体移动或运转的应知应会的知识、基本技能的继承和适应环境的能力。

因此，我们说，运动是外表的，也是好操作的，而体育除了外表的，还有一个内容是会意的。而体育中"会意"的方法通常需要通过体育活动用丰富的情感来感染人，使你有所动；用深邃的体育思想来触动人，使你有所思；用高远的意境来升华人，使你有所悟……

其次，两者的目的不同。体育的目的是人，是通过适量和适当的身体活动，使人身体的各个器官机能得到增强和改善，同时，在活动和改善身体技能的过程中，使人的心智得到发展，受到教育和教化，以便使人们能够更好地学习、工作和生活。而竞技运动的目的是成绩、金牌，是通过大运动量和高强度的训练，把人体器官之间现有的机能状态打破或撕毁，通过必要的恢复手段（物理的和化学的），使人体适宜于跳得更远或更高，或是适宜于某一运动项目需要的精细化、精准化的机械动作，达到在竞技中获取最佳成绩，以获得冠军为最终目的。

第五节　研究路径

以辩证唯物主义和历史唯物主义作为方法论基础，引入和合学理论、博弈论等多种理论，综合运用文献法、历史法、比较法以及发生学等方法，基于体育本体论视域，在对体育异化概念进行梳理的基础上探求体育异化的成因并提出阶段性的应对措施。

第一，梳理、归纳、澄清和总结"体育本体论相关问题"及"当代体育异化问题"的概念和研究范畴。通过收集客观的、系统的、定性的描述，分析官方文献和大众传播媒介所提供的文献资料，在吸收前人有益的理论和研究经验的基础上对各种界说进行分类，总结这些研究给我们的有益启示，归纳各个研究中存在的问题和不足。

第二，用辩证唯物主义和历史唯物主义的观点、逻辑思辨的方法对"体育本体论相关问题"进行科学、合理的分析。

第三，为避免体育异化研究流于表面，课题组在运用异化理论分析体育之前，首先对各种异化理论进行研究和比较分析，而后对当代体育异化内涵进行分析、论证，指明体育异化产生的根源和必然性。

第四，在对体育本体论相关问题和当代体育异化问题加以系统分析、探究、论证的基础上，提出适应社会发展阶段和有效消解体育异化的措施。

第六节 研究的难点、重点和创新点

一 难点和重点

第一，众所周知，体育学科是一门多学科相互交叉的复杂学科。体育因何而发生，又因何而发展？什么是体育存在与发展的内在依据？体育是什么？它有何价值？该如何做？……考察和弄清诸多关乎体育本体论的问题就必须涉猎生命学、人类学、历史、哲学、社会学、文化学、心理学和教育学等一些相关学科，这是一项复杂而艰巨的工作，而在此基础上力求突破传统框架，重新对体育"原点"、体育概念、体育本质、体育价值内涵及体育异化等进行梳理、归纳、澄清、总结，形成系统化、全面化、学理化、专业化的新的界定，无疑是本课题的一个重点，更是一个难点。

第二，揭示当代体育异化问题的社会根源和体育学根源，提出解决体育异化问题的一整套对策、方案，吁请人们在观念和行动上有所改变，那就是放弃导致体育异化的文化、习俗和行动，获取正面的知识资源、文化资源、人生资源、精神资源和灵魂资源，这不仅是本课题在理论研究上的重点和难点，更是政府在中国当下体育文化建设和构建和谐社会实践中的重点和难点。

二 创新点

(一) 关于体育本体理论问题

第一，首次明确把人类生命与生活内容直接用于对体育概念的界定中，给出了不同于以往研究者的表述，即体育是人类以游戏为主要形式，以促进生命发展，提高生活质量，实现生存价值和意义，并最大限度地发掘人体潜能的有意识、有目的的教育活动。

第二，认为体育价值是体育系统内各要素之间通过相互作用、影响、联系和统一，形成总体平衡、和谐、适应和同构状态的一种关系范畴，是具有特定属性的客体对适宜主体生存、发展、完善的效应。首次在体育价值定义中运用了中国文化元素，提出了新的关于体育价值的理论观点。

(二) 关于体育异化问题

第一，在概念的界定上。本书在博览哲学领域关于异化概念研究成果的基础上，对体育异化概念的界定和使用进行了梳理和总结，提出了关于体育异化概念的新的表述，力图归正关于体育异化研究中把"体育异化"等同于"体育过程中人的异化"，导致把体育当作"异化了的人"的原因之弊端。其意义在于，基于新的体育异化概念，剖析异化了的体育，挖掘并揭示体育被异化的深层原因，进而拓展体育异化问题的研究视野，并为认识体育过程中人的异化问题提供一个新的视角。

第二，在观点的确立上。首先，已有的关于体育异化的原因研究，绝大部分要么指向体育制度，要么针对体育实践活动，而忽略了一个在体育异化形成中起重要作用的体育理论本身。因此，关于体育异化，我们提出了体育理论对于自身的反思这样一个新观点，是对现有研究不足的一个补充。其次，在体育异化问题研究中引入博弈论，把个人选择的博弈作为一个重要因素来探究其对体育发展的影响，力求对这一问题现有的研究理论有所突破和发展。

第三，在研究结论上。在分析、归纳和总结不同历史时期体育异化的特征基础上，提出了当前适应的有限消解体育异化的思路和举措，进而概括了理想的体育之内涵和实现体育之理想的路径与办法，旨在体育异化的理论研究及实际应用上做一种新的尝试和探索。

第七节　研究的理论基础

本书虽然是以体育异化作为研究对象，但却不是仅仅以异化理论为立论基础的，尤其是在体育异化的归因分析过程中，本书涉及了马克思主义人本理论、博弈论等理论分析方法。总的来说，本书在如下理论基础上开展整个研究工作。

一　马克思主义的人本理论

人们总是以自己所处时代的认识水平来解读前人遗留的人类文明，用以指导自己所处时代的实践。实践永无止境，理论也必须紧跟实践而不断求新。我们认为，尽管学界对马克思主义的人本思想有着不同角度与不同深度层次的论证，但能够真正指导实践的理论必须要从经典中来获取必要的营养。沿着马克思开辟的关于人的发展的道路，我们可以找出马克思主义的人本理论的内涵以及他的核心思想。

（一）马克思、恩格斯关于人本理论的主要论述

马克思从他的博士论文开始，就已经非常关注人的问题、人类的问题，恩格斯更是很早就投入火热的人民群众的实践当中，写下了《英国工人阶级状况》一书。此后，他们关于人本理论的著述主要有《1844 年经济学哲学手稿》，其中心范畴是异化劳动，着眼于人的经济关系，对人的劳动以高度肯定。马克思始终面向工人阶级，揭示无产阶级在资本主义制度下的非人地位。《关于费尔巴哈的提纲》提出人的本质是一切社会关系的总和，关于人、人的劳动实践和社会关系以及三者相互联系观点的提出，标志着一种新的马克思主义的人本思想

理论的产生。马克思和恩格斯合著的《德意志意识形态》指出：历史观的出发点是有生命的个人、人的物质生产活动（实践活动）和人的社会生活条件。《共产党宣言》阐明"每个人的自由发展是一切人自由发展的条件"。

（二）马克思主义人本理论的核心思想

1. 人的本质是在社会实践关系基础上的自由自觉的活动

人的本质理论是马克思主义人本理论的基础。马克思关于人的本质的论述主要有两处：一处在《1844 年经济学哲学手稿》，另一处在《关于费尔巴哈的提纲》。前者指出人的本质就是人的类本质（自由自觉的活动），后者阐明人的本质是一切社会关系的总和。两处论述各有侧重，必须融合理解。谈人的本质必须把人放在具体的社会实践关系中，而不是泛泛地抽象出人的本质，同时，人的实践活动在本质上是自由的、自觉的。马克思关于人的本质的论述，为人本思想设置了科学的前提，为我们理解马克思主义人本思想奠定了坚实的哲学基础。

2. 人是目的，不是手段

马克思的思想与康德的理论有着非常紧密的关系。人必须是目的，不是手段。这本来是康德非常著名的论断。为人正名，为人的尊严呐喊，人应该能自由地仰望星空。马克思的高明之处在于他接过康德的自由大旗，通过对异化理论的深刻剖析、批判和对异化的扬弃，以此来达到人的真正的自由。尽管在事实层面，只要资本主义生产方式不变，只要资本逻辑仍然统治着这个世界，那么，人的自由和解放就不会真正实现。但是，在价值层面，人毕竟是追求价值的动物，人不可能永远遭受资本与物的奴役。

3. 人的全面发展

马克思认为："各个人的自由发展为一切人自由发展的条件。"①

---

① 《马克思恩格斯全集》第 4 卷，人民出版社 1958 年版，第 491 页。

人的全面发展就是人的最根本的发展，是"人以一种全面的方式，也就是说，作为一个完整的人，占有自己的全面的本质"①。人的全面发展包括人的需要全面发展、人的能力全面发展、人的个性全面发展以及人的社会关系全面发展四个方面。在人的发展中，这四个方面的地位依次是：内在动力、核心、表现形式以及必由之路。

二　"和合"理论

和合学由中国当代著名哲学家张立文教授创建。"和合"是中国思想文化中被普遍接受和认同的人文精神，它纵贯整个中国思想文化发展的全过程，积淀于各个时代的名家各派思想文化之中，体现着中国思想文化的首要价值和精髓，也是中国思想文化中最完善、最富生命力的体现形式。"和合是指自然、社会、人际、心灵、文明中诸多元素、要素相互冲突、融合的动态过程中各元素、要素和合为新结构方式、新事物、新生命的总和。"②"和合"范畴是一个系统整体性概念，它内在地包含着"和"、"合"、"和合"三重结构和内容。

第一，"和"表征的是一种关系态，它体现了客观世界普遍联系的状态，确证了客观世界的系统存在性。那么什么是"和"？甲骨文、金文中"和"指的是和谐、和睦、和平、和善、和祥、中和等思想。《国语·郑语》说："夫和实生物，同则不继。"这里所说的"和"，指的是有差别的统一，有区别的整体，《国语·郑语》认为"和"是一个动态的和谐系统，较之"同"、"争"来说，"和"所体现的事物之间既对立又统一的物质关系，不仅是事物存在的一种普遍原则，而且是事物得以发展的基本依据。

这种关于"和"的认识，具有极其深刻的思想内涵。其一，它明确地肯定了客观世界的普遍联系性特征，揭示了事物、现象之间

---

① 《马克思恩格斯全集》第42卷，人民出版社1979年版，第123页。

② 张立文：《和合学概论》，首都师范大学出版社1996年版，第71页。

以及事物内部之间的相互作用、相互影响的关系。对于"和"的思想的现代诠释便是系统相关性理论，即任何一个系统都是由众多的要素构成，系统又是上一层次系统的子系统或组成要素，系统内部的要素又可以作为子系统进行再一次分化。系统相关性的内涵是，系统的各要素之间互相作用、相互联系，其中某一个要素的变化将会引起其他要素发生相应的变化。其二，它阐明了客观事物的矛盾统一体特征。也就是说，任何事物和系统的整体性都是以构成事物和系统诸要素、诸层次、诸功能在结构上和在时空中的差别为前提的，同时又是在这些差异和矛盾的统一中实现的。"和"的思想要求人们不要用孤立、静止、片面的观点和方法来观察世界，这种思想与现代系统哲学不谋而合，它也同样符合马克思主义关于物质世界普遍联系的基本观点。

总之，所谓"和"，是指个体在保持差异性的基础上结成和谐的统一体。要求我们在对作为系统而存在的事物进行分析时，要从事物的各个方面、各种关系、各种矛盾的总和上把握事物，从整体上把握事物。

第二，"合"表征的是一种关系质。它反映的是系统关系和运动的内容和本质。甲骨文、金文中"合"指的是汇合、结合、联合、融合、组合、符合、合作等思想。如果用现代哲学思维对于"合"的范畴加以诠释的话，它体现的是关系系统中作为互为对象的事物之间互相规定、互相依赖、互相渗透、互相转化、互相创造和互相实现的过程。

"就自然界物质系统而言，'合'体现为物质系统的协同运动。所谓协同是指事物或系统在联系和发展过程中其内部各要素之间的有机结合、协作、配合的一致性或和谐性，以及在某种模式的支配下事物或系统产生不同于原来状态的质变过程。换言之，协同的含义有二：其一是指事物或系统内部各要素的相互配合、协作的和谐一致；其二是指事物或系统在从一种序状态到另一种序状态的转化过程中由其内部要素的相对独立性而产生的无规则运动变为各要素之间的互相作用，从而产生新质的过程。协同是自然界物质系统的一种广泛而普遍的现象。"①

在人的现实的、感性的一些实践活动基础上所形成的属人世界系统，同样存在着自组织性，同样包含着协同的过程。不过，属人世界系统的"协同"过程与物质系统的"协同"所不同的是，前者是通过实践得以实现的，与后者相比，它是在发展对象化关系中，实践主体与实践客体的双向转化及相互创造的双重化过程，也就是说，在客体主体化和主体客体化——"对象化"的统一过程中完成的。

"对象化"是基于人作为对象性存在物而具有的类特性，它根源于人的存在自身。当然，对象性是任何客观事物都具有的普遍属性，它表征着任何一种客观事物总是与周围其他事物处于互为对象的关系之中：一则自身之外必有对象；二则是另一物的对象。但人作为对象性存在物不限于此。②"人则使自己的生命活动本身变成自己的意志和意识的对象。他的生命活动是有意识的……有意识的生命活动把人同动物的生命活动直接区别开来。"③"因为有意识的人类诞生以后，人类作为一种特殊的对象性存在物超越了一般的对象性存在，具有了能够对自己的对象进行'化'的能力。人通过生产和社会活动自觉地改造自然与社会，也以此来协调人与自然、人与社会的关系，并通过诸如生活实践、教育活动、医疗活动、体育活动和艺术活动等，自觉地改造自身，达到协调人与自身的关系。"④

第三，"和合"是对物质系统和实践系统内部关系质和关系态的有机统一的表达。当"和"、"合"组合成"和合"时，这个组合从整体意义上讲，便出现两种情况：一种是两者意义的总和；另一种是以某个成分的意义为主。通常情况下，组合起来的意义不再是某个单一

---

① 《马克思恩格斯全集》第 42 卷，人民出版社 1979 年版，第 123 页。
② 张军：《价值与存在》，中国社会科学出版社 2004 年版，第 83 页。
③ 《马克思恩格斯全集》第 42 卷，人民出版社 1979 年版，第 96 页。
④ 张军：《价值与存在》，中国社会科学出版社 2004 年版，第 84 页。

的概念，也绝不是简单地等于"和"或"合"。这里所谓的"和合"，已是"和"、"合"共同化生所产生的新的复合概念。由"和"、"合"共同化生而出的这一新的意义，其内部密不可分，在其结构成分之间相互补充，并不是"和"、"合"的简单相加，它已经是"和"中有"合"，"合"中有"和"，二者水乳交融，有机结合。也就是说，"和合"表征的是所有关系的最佳性质和状态，指在承认"不同"事物之矛盾、差异的前提下，把彼此不同的事物统一于一个相互依存的和合体中，并在不同事物和合的过程中，吸取各个事物的优长而克其短，使之达到最佳组合，由此促进新事物的产生，推动事物的发展。①

"和合"的基本精神包含三个方面：第一，将自然界理解为一个和合的统一体；第二，强调人与自然要保持"和合"关系；第三，将"和合"运用于社会的人际关系中，强调社会要保持和合的整体性。"和合"有两个基本要素：一是客观地承认系统要素的不同特征，二是把不同的事物有机地合为一体。当然，"和合"不是一个四平八稳的、整齐划一的僵化系统，而是一个具有多个主体的、多重结构的、动态的稳定系统。和合是一个以和谐为核心的综合性观念，它包含了差异、冲突、融通、整合四个层次和过程。②

另外，"和合"还是一种境界。和合"是指自然、社会、人际、心灵、文明中诸多元素、要素互相冲突、融合，与在冲突、融合的动态过程中各元素、要素和合为新结构方式、新事物、新生命的总和"③，是通过系统整合的过程而形成的（事物）总体上的平衡、和谐、合作的状态。这种（事物）总体上的平衡、和谐、合作的状态包括自然的和谐、人与自然的和谐、人与人的和谐、人自我身心内外的和谐四个方面。自然的和谐，就是把自然（天或天地）看成一个和谐的整体，《周易·乾·彖》曰："乾道变化，各正性命，保合太和，乃

---

① 蔡方鹿：《中华和合文化研究及其时代意义》，《社会科学研究》1997年第6期。
② 张军：《价值与存在》，中国社会科学出版社2004年版，第85页。
③ 张立文：《和合学概论》，首都师范大学出版社1996年版，第71页。

利贞。"即是说，天道的大化流行，万物各得其正，保持完满的和谐，万物就能顺利发展；人与自然的和谐，就是中国传统文化所追求的"天人合一"的境界，主张人协和万方，调整与改善人与自然的关系，不去故意破坏自然的和谐，"无以人灭天"，而应去顺应自然、适应自然、保护自然，与自然界建立和谐融洽的关系，让大自然重新归位于人类的养育之母，从而实现"天地与我并生，万物与我为一"的理想诉求；人与人的和谐，即通过社会系统关系的整合来调节人与人之间的关系，使人们之间的关系得到和谐；人自我身心内外的和谐，则是强调实践过程中的主体性因素，通过理性的自觉和道德修养的提升，获得科学合理的生活态度以求人的内在需求与外在价值实现条件的和谐统一。达此四者，自然物质系统得以完满存在，人类社会系统得以可持续发展，个体身心系统得以健康运行。这就是"和合"的最高境界[①]。

三　博弈论

博弈论，是研究决策者在决策主体各方相互作用情况下如何进行决策及有关这种决策的均衡问题的理论。其精髓在于博弈中的一个理性决策者必须考虑在其他局中人反应的基础上来选择自己最理想的行动方案。它的英文名称 Game Theory，刚被介绍至中国时，曾经有过多种译法，如游戏理论、对策论或对策运筹论等。近年来，学术界越来越多地接受了博弈这一名称。Game 一词在英文中的基本意思是游戏、比赛，事实上许多游戏中蕴含着抽象的博弈思想。比如我国传统的"石头、剪刀、布"游戏、"狼吃羊"游戏等，都是策略博弈的典型例子。众所周知的田忌赛马的故事则很好地说明了通过策略运用，可以取得以弱胜强的结局。可见游戏的背后是谋略之争。[②]

---

① 张军：《价值与存在》，中国社会科学出版社 2004 年版，第 86—87 页。
② 侯光明、李存金：《管理博弈论》，北京理工大学出版社 2005 年版，第 1 页。

"博"是中国古代的一种游戏，用六箸十二棋玩。"弈"专指围棋。"博弈"连在一起可以说就是下棋。但博弈更强调谋略，用博弈来反映竞争性的社会现象与经济关系往往十分贴切。博弈论研究人们的行为在直接相互作用时的决策以及决策的均衡问题。

现实中，博弈的结局往往是博弈各方一种博弈策略组合所产生的均衡结果，即纳什均衡（Nash Equilibrium），即给定对手的策略，每个参与人选择自己的最优策略。纳什均衡是一种僵局，指其他参与人的策略一定没有偏离这样一种均衡的局面。

博弈论是深刻理解经济行为和社会问题的基础。随着博弈论的发展及其在研究上的巨大成就，其应用领域也日益广泛。目前，博弈论的主要应用领域已涉及经济学、政治学、军事学、演化生物学、计算机和人工智能科学、工程控制论、会计学、统计学、企业管理、社会心理学和伦理学等众多领域。

博弈论的基本概念包括：参与人、战略（策略）、行动、信息、支付函数、结果、均衡等。其中参与人、策略、支付函数构成博弈的三个基本要素，参与人、行动次序、结果统称为博弈规则，而博弈分析的目的就是使用博弈规则来确定均衡。

从以上叙述我们可以说，博弈论就是研究参与者如何在错综复杂的相互影响中找出最具合理的策略的一种理论。

我们知道，在现实的体育活动中的确存在着复杂的利益主体，而这些主体之间不可否认地都在体育政策、法规的约束下寻求自己在体育中可获取的利益，这也正是体育选择博弈的驱动力所在。因此，从这个意义上说，运用博弈论来分析体育异化问题，有助于我们从更现实的角度解释和说明其问题。

第一章　体育异化问题界说

第一节　异化概念界定

一　辞书对异化概念的解释

异化一词作为一个哲学概念，在不同的辞书中都有收录，不同辞书的表述尽管不尽一致，但可以从这些界说中大致了解到这一哲学概念的基本内涵。

《现代汉语大辞典》的解释是：（1）相同或相似的事物逐渐变得不相同或不相似。（2）哲学上指把自己的素质或力量转化为与自己对立，能支配自己的东西。（3）语音学上指连发几个相同或相似的音，其中一个音变得与其他的音不相同或不相似。①

《辞海》释义是：（1）相同或相似的事物逐渐变得不相同或不相似。（2）译自德语 Entfremdung，词义含有转让、疏远、脱离等意思。不同时期思想家对它有不同的理解和解释。德国古典哲学把它当作重要术语，指主体在一定的发展阶段，分裂出它的对立面，变成外在的异己的力量。黑格尔认为"绝对观念"经过逻辑发展的阶段，再把自身"异化"为外部世界，然后又回复到自身。费尔巴哈则认为人借助

---

① 阮智富、郭忠新：《现代汉语大辞典》，汉语大辞典出版社 2000 年版，第 1016 页。

于幻想把他的本质"异化"为上帝并对之膜拜，而只有当人认识到人是人的最高本质，上帝的本质就是人的本质的时候，才能消除这种异化现象，破除对于上帝的迷信。马克思赋予"异化"以新义，用来表达他关于劳动异化的概念。他指出，正如人用脑创造了上帝而受上帝支配一样，在阶级社会中，工人创造了财富，而财富却为资本家所占有并使工人受其支配。因此，这种财富、财富的占有以至劳动本身皆"异化"成为统治工人的、与工人敌对的异己的力量，必须消灭私有制度和社会分工的对抗形式，才能消除这种异化现象。（3）语音上两个相同或相似的音连在一起而变成不相同或不相似的音。如普通话上声字和上声字连读，第一个上声被第二个上声异化为阳平。①

英国《不列颠百科全书》的界定是："人的命运不由自身主宰，而受外界力量、他人命运、他人运气或一定制度等的支配时所产生的感受。"

美国《哲学百科全书》认为："异化这个术语在日常生活、科学和哲学中具有多种不同含义。其中大部分含义都可以看成是由词义学和语源学所提出来的一种广泛含义的修正。就此种含义来说，异化就是一种活动或活动结果，某物或某人由于这种活动结果变得同某物或某人疏远了。"

在苏联《哲学百科全书》中解释为："异化是反映人的活动及其结果客观地转化为统治人本身且与人敌对的独立力量的哲学社会学范畴，以及与此相联系，人由社会过程的积极主体变为客体。"②

从以上各种辞书关于异化概念的界说中我们可以得出这样一个共同点：均指主体（人）的不自由，或指不自由的状态、不自由的感受、不自由的行为。这也应是我们给体育异化概念给出界定时的主要参考依据。

---

① 夏征农、陈至立：《辞海》（第六版，缩印本），上海辞书出版社2010年版，第2256页。
② 沈恒炎、蒋宏远：《国外学者论人和人道主义：第二辑》，社会科学文献出版社1991年版，第739页。

二　哲学和社会学关于异化的概念

总体来说，哲学和社会学有关异化概念的界定，不同历史时期的学者们对其实质内容有其不同的解释，具有代表性的是马克思主义观点。马克思认为异化是人的物质生产和精神生产，以及伴随这些生产所产生的产品变成异己的力量，且这种力量反过来又统治人的一种社会现象。并认为异化现象同阶级一起产生，而私有制是异化的主要根源。人们在异化活动中，因受到异己的物质力量或精神力量的奴役，人的能动性便渐渐丧失了，从而使人的个性不能得到自由而全面的发展，甚至畸形发展。异化现象程度最严重，表现最突出的是资本主义社会里。异化在一定历史阶段通常意义上同对象化与物化有关。但决不能把异化简单等同于或归结于对象化与物化。作为人的社会活动的对象化与物化，一直伴随人类社会而存在，但异化活动则是历史现象，它必将随着私有制和阶级的消亡以及僵化的社会分工的消失而最终消灭。

三　异化理论的发展演进

（一）马克思主义以前的异化理论

"异化现象早在原始社会末期就已出现，但是把这种现象提到理论高度来认识，却是近代的事情。词源考察表明，异化的英文词 alienation 是译自德文词 Entfremdung"①，"而 alienation 又源于拉丁文 alienation。在神学和经院哲学中，拉丁文 alienation 主要揭示两层意思：一是指人在默祷中使精神脱离肉体，而与上帝合一；二是指圣灵在肉体化时，由于顾全人性而使神性丧失以及罪人与上帝疏远。"②

中世纪文献中没有形成异化理论，但其中孕育着异化理论诞生的

---

① 王若水：《异化这个译名》，《读书》2000 年第 7 期。
② 辜正坤：《外来术语翻译与中国学术问题》，《北京大学学报》（哲学社会科学版）1998年第 4 期。

萌芽状态。异化理论是文艺复兴以后，随着近代西方哲学的逐渐兴起而形成的。卢梭的"社会契约说"是第一个触及异化实质理论形态的理论。在社会契约中异化是指权利的放弃或转让，对损害个人权利的否定活动已被明确规定为异化活动。荷兰法学家 H. 格劳秀斯是第一个用拉丁文 alienation 这个概念解释权利转让的。与格劳秀斯持相同的思想观点的还有 T. 霍布斯和 J. 洛克。在卢梭的社会契约说中，异化除表达上述权利的放弃或转让外，也包含着更深层次的含义。明确强调个人的权利和自由通常是不能转让的，只有在明确约定放弃这种权利和自由的情况下，将其转让给代表他们的国家。卢梭还在他的论著中揭露了人的一些社会活动及其产品是如何变为异己东西的大量事实。他在自己的著作《爱弥儿》中曾指出，文明使人腐败，背离自然使人堕落，人变成了自己制造物的奴隶等。可以说，卢梭在人与社会、人与自然两重关系上把异化概念和内涵已经予以了深化，他的异化思想的发展与成熟，架起了通向德国古典哲学异化理论的桥梁。

"异化"的含义在德国古典哲学中被进一步扩展和深化。先由马丁·路德把异化思想的概念表述从希腊文翻译成德文"hat sich gesaussert"（自身丧失），后来又由费希特、黑格尔等在马丁·路德的"hat sich gesaussert"（自身丧失）基础上演化为"entausserung"（外化）概念。其经典观点有自我的不断外化会变为非我，使本来与自我同一的东西不自觉地变为异己的东西；席勒在批判劳动分工所带来的危害时指出，永远被束缚在整体的个别小部件上的人，本身也变成了部件等。实际上，虽然费希特等人的外化概念不等同于异化概念，但他们在使用外化这个概念的同时，已不同程度地从哲学高度揭示了异化的一个重要含义，即揭示了人与自然的异化关系。

继费希特之后，黑格尔看到了基督教的"实证性"弊端。他认为，虽然基督教是人自己所制造的，但已变成了一种僵化的、反过来禁锢和压迫人的异己力量。黑格尔的异化理论通过其著作《精神现象学》上升到了一个高峰，他通过对思想异化形式的剖析，揭示了人与人的异化关系。至此，"异化"便成为对自然、社会、历史等辩证发展加以说明和论证的核心概念。他认为，在异化中，作为主体的人、社会形态及其历史，要么表现为"分裂为二"，要么就是"树立对立面的双重化过程"，还会由主体活动所产生的这种对立物，反过来成为"压迫"、"吞食"主体的一种异己力量。由此可以说，黑格尔已经把异化概念与外化概念加以了区别，并赋予异化概念不同于外化概念的深刻含义。但是，黑格尔的异化理论有其一定的局限性，认为"自我意识"是一切存在的前提，异化也是"自我意识"的异化，也笼统地把对象化和对立面的转化当作异化等，表现了其唯心主义历史观的局限性。

试图从唯物主义角度阐述异化理论的是黑格尔之后的费尔巴哈。他的贡献是揭示了一个宗教中存在的真实问题——人不是上帝创造的，反而上帝是人创造的。他认为，人创造了上帝之后，人则把本身的力量通过上帝转化成了凌驾于人自己之上的超自然的神的力量。但他并没有更好地扬弃黑格尔的异化理论中所包含的许多深刻内涵。

（二）马克思关于异化的理论

在马克思之前，关于异化理论的种种观点，主要是揭示了异化的外部现象。马克思在批判和吸纳前人观点的基础上，揭示了异化本质是异化劳动或劳动异化。他的劳动异化理论的发展与形成经历了如下过程。

在1842—1843年间其著作《黑格尔法哲学批判》及《论犹太人问题》等中可以看出，此时的马克思对于异化问题的关注点主要集中在精神生活和政治生活。明确提出异化劳动的观点是在《1844年经济学哲学手稿》中，从此进入异化劳动的研究。运用异化劳动的观点是在《德意志意识形态》中，在此论著中他揭示了"私有制异化"是包括资本主义社会在内的以前社会的主要异化形式，表现为两个方面：其一是劳动作为人的自身否定的社会活动的异化；其二是作为国家形式的政治统治的异化。到19世纪50—60年代所著的《经济学手稿

（1857—1858 年）》以及他的著名论著《资本论》等中明显地看出他对于异化本质探究的视角重点放到了资本主义生产关系上，并在这些著作中对从卢梭的社会契约论中异化观点到黑格尔的异化理论等诸多有关异化论述得以扬弃，认为从法律上表示简单的商品关系即为转让，借以货币形式对一些社会关系加以物化即为外化，人所创造出来的所有世界变成了异己的、与人对立的东西即为异化。马克思明确指出异化的产生和演变具有历史必然性，是促使人类过去历史进步与发展的主要因素之一。同时，马克思也认为异化是受一定生产关系制约的历史现象，它绝不可能永恒存在下去，必将随着资本主义生产关系的彻底消灭而消亡。

（三）马克思之后西方学者对于异化问题的观点

自马克思异化劳动理论提出之后，西方学者对异化的研究更为热络，出现了各种各样的学说，范围也不仅仅局限于经济、政治领域，而是逐渐扩展到了道德、文艺、病理科学、心理、技术等整个文化思想领域，由于受到其哲学观点的制约，也未能推出更加具有开拓性的理论。像尼采把人的异化简单归结为放弃生存的意志；萨特把异化及其克服简单归于人的自我选择；弗罗姆把异化描述为人的一种体验方式，等等。这些异化学说，因其哲学观点所囿，侧重于从思想文化方面找原因，而不是历史的、综合而全面地从人们的社会关系出发来考察异化产生的根源。因此可以说，它们对于异化的真正本质及其根源问题非但没有弄清，而且同样犯了把异化与对象化、物化等同的错误，某种程度上还具有掩盖资本主义制度为异化的真正根源的倾向。[①]

（四）我国学者对于异化问题的研究

我国最早对异化给予明确界定的是王若水先生。他认为异化是："主体由于自身矛盾的发展而产生自己的对立面，产生客体，而这种

[①] 《中国大百科全书》总编委会：《中国大百科全书》（第 2 版第二十六卷），中国大百科全书出版社 2009 年版，第 373 页。

客体又作为一种外在的，异己的力量而凌驾于主体之上，转过来束缚主体，压制主体。"① 之后，随着人们对异化问题的进一步研究，对异化概念有了新的理解，学者们认为异化只能是在被外在力量所奴役的情况下发生。而且奴役自己的这种外在力量，既可能是自己活动的结果，也可能不是自己活动的结果，据此得出结论说："不自由、受奴役、被强制是异化发生的原因。异化则是在不自由、受奴役、被强制的情况下，自己做出而又异于自己的行为，是自己做出的异己的、非己的行为。"②

综上所述，我们看到，"异化"这一概念不是一成不变的术语，它随着时代的发展而被人们不断赋予新的内涵。其中有些观点与马克思经典的"异化"概念又不完全相同。我们认为，这种现象从某种意义上讲，是对马克思"异化"概念含义在某些方面的进一步丰富和发展。纵观人类历史的发展，凡是具有生命力的理论和学说向来都不可能是凝固和封闭的，它总是伴随时代的脚步而不断发展着、更新着，也只有不断的发展，才能真正体现一种学说或理论的生命力。

第二节　体育异化概念的界定

经前文的梳理和分析得知，国内外学者对异化的表述虽然各有不同，其核心内容就是人的自己的活动及其产物反过来变成统治、支配、奴役人的异己力量的过程。有如下几个层次的内涵。

第一，指事物的发展违背了其本真意义。这里存在着一个前提预设问题，即人们对该事物预设的"应该……"的问题。譬如，在论述有关人的本质异化理论前，马克思就预设了人的本质本来应该是自由而全面发展的，而现实中各种因素的制约和干预使人成了不自由且片

---

① 王若水：《异化这个译名》，《读书》2000 年第 7 期。
② 孙英：《异化概念新议》，《苏州大学学报》（哲学社会科学版）1998 年第 2 期。

面发展的人，马克思就把这种现象界定为人的本质的异化。如果不予以这样的价值预设，简单依据事物的实然就来确证该事物，可以说，事物的"异化"是完全不会存在的。

第二，事物是在不自由的状态下违背本义的。在研究异化概念时，虽然当今的人们已不像过去那么过分追究是否是由主体活动的结果反过来支配主体，但都没有离开"异己的"核心要义，而"异己的"背后都存在着一个"不自由"的因素。所以，异化现象的构成要素中"不自由"的状态是不可或缺，自然也成了异化概念的基本内涵之一。

作为社会科学中严格学科术语的异化概念，它也随着时代的发展而发展。"体育异化"作为其下位概念，给予明确的界定是不言而喻的。由于种种原因，我们无法掌握国外学者对于"体育异化"概念明确界定的第一手资料，但根据我国学者周爱光先生所写的《国外竞技运动异化学说评析》一文所列举的国外学者们的研究来看：日本学者影山健、中村敏雄、关春南、川口智久和佐藤臣彦等从20世纪70年代就开始了对体育异化问题的研究；欧美的学者，如阿尔高金（Algozin，K.）、赛德勒（Sadler，W. A.）、费尔采鲁德（Fairchild，D. L.）、海兰德（Hyland，D.）、托马思（Thomas，C. E.）和莱恩克（Lenk，H.）也对体育异化问题进行了有益的探讨，但他们的研究对象要么是"竞技运动"、要么是"竞技运动文化"，而不是"体育"。而且，在文中也并未表明他们对"体育异化"概念的明确界定，只是重点描述了一些现象和原因。[①]

在国内有不少学者对体育异化问题进行了有益的探究，对其概念也给出了明确的界定，但也有部分学者在论及"体育异化"或"竞技体育异化"、"竞技运动异化"等，对"异化"这一概念不加定义。本文从目前所掌握的资料中归纳如下具有代表性的界说。

---

① 周爱光：《国外竞技运动异化学说评析》，《华南师范大学学报》（社会科学版）2000年第4期。

卢元镇认为，"异化是指从主体中分裂出来或丧失掉的东西在摆脱主体的控制并获得独立性后逐渐壮大，反过来控制、支配、压迫或扭曲主体"①。

王美玲认为，"异化在体育领域是指体育发展的轨迹背离了人类对体育的本质的理解——人的自由发展和对理性的追求。具体包括：人与人的关系异化，人对其活动产品失控，人与自然界异化，自我异化四部分"②。

庞建民等认为，"竞技体育是主体（人）从事竞技体育（对象化活动）的一种活动，而当竞技体育中所出现的某些与竞技体育相敌对的、能束缚人（包括运动员、教练员、裁判员、观众等）并使其控制和阻碍人的自身发展的时候，竞技体育的异化就出现了"③。

谭华对体育异化有过明确的界定："体育异化指体育过程的虚拟性和自足性被种种非体育因素阻碍和破坏的现象。"认为"对体育者而言，构成体育情境的前提，就是对日常生活世界的暂时性的有意遗忘。现代体育早已与政治、经济等种种复杂的因素搅为一团成为一种现实性'工作'，不再是真正的'游戏'了。因此，当体育还是一种现实性的'工作'的情况下，违背体育的本质性规定即对现实生活世界的暂时性有意遗忘时，就一定会表现出体育活动中的人丧失主体地位、甚至被物化的体育所支配的异化现象"④。

杨其虎认为，"竞技体育异化是指竞技主体在竞技体育发展过程中，由于追求目标的偏向或参与竞争所采用的手段、方式不当，导致现实偏离本真，并反制主体，使竞技主体最终丧失活动的自为、自主状态。竞技体育的异化可以从两个方面予以解剖：从竞技主体的角度来看，参与竞技体育的运动员（队）被种种外在力量支配，运动员

---

① 卢元镇等：《竞技体育的强化、异化与软化》，《体育文史》2001年第7期。

② 王美玲：《对体育发展中的"异化现象"的分析与思考》，《河南大学学报》2005年第4期。

③ 庞建民等：《对竞技体育中异化现象的分析与研究》，《体育文化导刊》2007年第1期。

④ 谭华：《体育本质论》，四川科学技术出版社2008年版，第126页。

（队）本身丧失了对竞技活动的控制力和主动性。竞技体育参与者的自由和意志被异己力量扭曲，参与者成为他者的'奴仆'。从实质上看，人们过于追求竞技体育的外在价值，使内在价值遮蔽或丧失。人们演绎或追求的竞技体育与真正意义上的竞技体育相背离，使得竞技体育的发展偏离了方向"①。

在仔细分析诸学者们观点的实质内涵，认为存在以下两个方面的问题。

其一，概念还不够明确。现有研究中，虽然明确提出了"体育异化"、"竞技体育异化"、"竞技运动异化"或"竞技运动文化"的问题，甚至定义了这些概念，但仍然是把这些概念作为"人的异化"的同义词来使用，这种定义只是在"人的异化"前加了个限定条件，即指由体育、竞技体育或竞技运动导致的人的异化，仅此区别于发生在体育之外的人的异化。这样的概念依然把"人"或"异化了的人"作为自己研究的对象，而"体育"或"异化了的体育"仍然在自己的研究对象中缺位；依然认为人的异化原因是体育所致，而对体育是如何走向异化道路的问题仍然没能深入探究。因此说，这样的研究不仅难以找到体育异化的真正原因，其研究结论，一方面很难让人信服，另一方面还会导致许多误解。以这样的概念为基础来研究体育异化问题无论是从认识上，还是实践上会必然使体育异化问题的研究丧失其应有的意义和价值，更难以找到有效的出路。

其二，范围比较狭窄。在对体育持批判态度的一些观点中，在对异化概念的使用上基本还是沿用了马克思的劳动异化论中的人异化概念。殊不知，异化概念作为哲学概念之一，其本来含义不仅仅是个单纯的消极性概念。可以说，劳动异化论只不过是马克思异化论中的一部分。因此，如果把异化概念简单等同于具有消极含义的人异化概念，

---

① 杨其虎：《追寻竞技正义：竞技体育伦理批判》，博士学位论文，中南大学，2012 年，第 112 页。

就等同于把不同性质和不同层次的异化与人异化这两个概念混淆了，这样势必导致异化概念的适用范围狭窄化，也最终导致我们对于体育异化问题认识上存在局限性。

据此，本书对体育异化概念的定义是："体育异化"是指体育在活动过程中，在不自由的状态下变成异在于其本真活动结果的现象。其主要内涵如下。

首先，在宏观层面看，体育背离了其本真追求：体育作为一种人类促进自己生命发展，提高自己生活质量，实现生存价值及意义的特殊教育活动，它的终极目的应该是人的全面、自由发展与解放，同时又受到其所处社会历史阶段内人的具体的工具价值的制约，所以，以往体育的本真追求都体现着价值理性和工具理性的矛盾性，也尽力实现着二者之间的和谐统一。然而，当我们考察人类体育的发展历史便知，自从人类进入阶级社会（实际上原始社会末期已经开始）以来，体育的工具理性就一直占据首位，尤其是到了现代，这种现象不仅没有消退的迹象，反而愈来愈严重。虽然人们已经认识到了这种不合理现象，而且学术界不乏有益的反思和批判，但囿于当前社会形态下体育的体制，体育的工具性理念在现实中有增无减，使得当代体育的现实背离了其本真追求。

其次，在中观层面看，体育违背了其固有的发展规律：体育是"人的"体育，体育的目的是人全面、自由的发展，同时又受到其所处社会历史阶段内人的具体的工具价值的制约。因此，当人们在确定体育目的时，必须要以一定的社会历史条件以及个体身心发展的规律为前提和依据。所以，无论从理论层面由学者们经过对体育概念和范畴进行理性分析后所提出的体育目的，还是从实践层面由国家或集团名义提出的体育目的，都应该是符合体育的发展规律的，只有合规律才能对体育实践产生现实的指导意义，违背体育发展规律的所谓体育目的要么是空洞的，要么就成了体育发展过程中的绊脚石。但现实的体育在具体的实践运作中往往达不到体育本真追求所应然的状态，在某些方面或某种程度上不自觉地变成体育本真活动结果的异在。

最后，在微观层面看，体育的目的与手段颠倒：理论上，无论是采用何种实施过程或测评手段，体育活动中的任何具体操作原本都该是为了实现人的生命发展和生活质量的提高。但现实中，体育对于人的生命发展和生活质量问题却始终受制于体育过程和评价手段，竞技体育就是最突出的例证。体育的这种目的与手段的颠倒造成了"人"在体育中的失落，也是当今体育最需要反思之处。当然，体育的这种目的与手段的颠倒有其非常复杂的客观原因，我们将在后文分析。

我们之所以如此界定体育异化的概念，其初衷和意义在于：力求突破人们在研究体育异化时将"体育异化"和"体育过程中人的异化"混为一谈的现状，力图将研究的着眼点从"异化了的人"转移到"异化了的体育"上来，为今后人们更深层地探究体育异化的原因提供有益参考。因为，在现实社会中，人的异化是个普遍的现象，而且异化原因错综繁杂，不仅体育中存在，而且在其他领域也存在，如果将着眼点仅囿于体育过程中的人的异化的话，我们的研究将会陷入庞杂而混乱的情势中。因为，在整个体育过程中的人的异化原因不单单是体育所致，更多的原因很可能来自体育之外，这样的论域就等于是"人的异化"，而使论题的限定词"体育过程中的"失去意义；另外，如仅仅只框定体育过程中由体育而造成人的异化的原因，又会使问题研究本身陷入难以触及其真正实质的困境。那么我们应该如何去合理地探究"体育异化"问题呢？我们的观点是：只有异化了的体育，才会异化体育过程中的"人"，这是普遍的逻辑，当代的体育之所以异化了"人"，原因就在于体育背离了其本真追求，违背了其固有的发展规律，使得体育的目的与手段颠倒。然而，又是什么使"体育异化"了呢？其实在我们探讨当代体育过程中人的异化问题时，体育本身早已变成了体育本真活动结果的异在，也就是说，体育本身已经异化了。只有当人们真正找到异化体育的原因，才有可能深入探讨体育之所以成为异化人的力量这一现象背后的深层原因。从这个角度上讲，我们对"体育异化"概念给予新的界定不仅具有重要的理论意义，而且具有重要的现实意义。

需要特别强调的是："异化本身是一个中性的词汇，并不含有否定的意义，也不带有贬义的色彩，更不等同于'失误'或'失误过度'。同时，在马克思主义理论那里，异化现象是人类社会历史发展过程中阶段性的必然，只有当人的自由完全得以实现的共产主义社会才可能真正超越和扬弃，而在此之前，异化是不可能消除的。"① 据此，我们也完全有理由说，当代体育存在异化在一定程度是必然的，被异化的体育并不一定是失败的体育。

---

① 梁清：《批判与扬弃：教育异化论》，博士学位论文，东北师范大学，2006年，第4页。

第二章 体育异化路径之研究

第一节 体育的原始"丰富"

我们说体育的原始"丰富"，并不是说原始的体育就是比我们现在的体育更加丰富，而是从以下两个方面而言的：一是从当时体育内容所占人类已积累的文明总量比重看，它具有"丰富"性。因为，原始社会是现今人类历史上最早、经历时间最长、生产力水平又最为低下的一种社会形态，所以，那时的人类所积累的文化还非常有限，可以说当时体育的内容也就是教育的全部内容，这些内容又近乎囊括当时人类生产、生活的全部。正是由于当时文化总量的有限性，就个体来说，所接受到的体育内容相对于体育的所有内容来说却是丰富的。这里需说明一点，这种"原始的丰富"并不指人的自由发展的结果，而是人的一种未开发的状态。据此，马克思曾说："在发展的早期阶段，单个人显得比较全面"，他还说，"留恋那种原始的丰富，是可笑的"①。二是从当时体育与整个人们生命、生活的紧密性看，它具有"丰富"性。"在人类的初民时期，体育所负担的使命是使人们掌握逃避猛兽袭击的技巧、技能需要（跑、跳、攀爬、摔跤等），捕猎工具

---

① ［德］马克思：《经济学手稿（1857—1858 年）》，《马克思恩格斯全集》第 46 卷（上），人民出版社 1979 年版，第 109 页。

使用方法的需要（投石、射箭等），克服大自然阻挠的技能需要（如面对河流、湖泊及洪水时的游水等），学会社会生活的各种行为规范的需要（宗教祭祀礼仪等）等。这些都超出了遗传和生物本能的范围而属于'超生物经验'，个体获得这些'超生物经验'必须要经过身体教育。也正是因为如此，原始社会的体育不仅是与生产、生活紧密结合的，而且更确切地说，体育本身就是现实地在生活之中的；同时，由于原始社会是没有阶级的社会，所以人人平等，人在体育中也自然而然地处于人人平等的状态。"①

原始社会初时，严酷的生活条件迫使人类必须不断地增强体力和智力。人们在社会生产和生活中，发展了走、跑、跳、投、攀登、游泳和搏斗等各种技能。五十万年前的北京猿人，能猎获肿骨鹿、斑鹿、羚羊和三门马等善跑的野兽，具有快速和持久的奔跑能力。二三十万年前的北非猿人，与鬣狗、犀牛、狮子和剑齿虎等凶猛的野兽伴生，在同这些猛兽做斗争的过程中，锻炼出很强的自卫能力。

原始人在长期的采集和狩猎生活中，发展起来的体能和技巧比现代一般人强得多。这种情况，可以从几百年前尚未脱离原始生活的民族中得到印证。我国明清时期，台湾岛上居住着一些原始人，从事农耕和狩猎。他们的足皮很厚，赤脚在棘刺上行走如履平地，跑起来，既快又远，速度不亚于奔马，一天能跑300多里路。18世纪，在非洲好望角过原始生活的霍屯督人，具有各种惊人的技巧。他们在大海中游泳，身体直立，两臂伸出水外，行动宛如走路。当波涛汹涌之时，他们能随之起伏，轻松自如地舞动在波峰浪谷之间。霍屯督人的投掷技巧也相当神奇，他们能在百步之外，用石头击中半个铜圆大小的目标。

显而易见，人类在原始社会的生产和生活中获得的各种技巧，也就是体育运动中某些基本动作和技能的渊源。

---

① 何维民、苏义民：《关于体育原点的思考》，《武汉体育学院学报》2010年第8期。

人类在原始人群时期，度过了 200 多万年的漫长岁月，到距今 10 万年前后，进入了氏族公社时期。这时，社会生产力提高了，人类的思维能力也发展了。人们把工具和武器的生产提高到了一个新的阶段。生产工具和技能的发展，为体育的产生进一步创造了前提条件。4 万年前，生活在氏族公社时期的许家窑（今山西省阳高县）人，已能大量制造石球。最初，它是狩猎用具，用以制成投石索，后世演化出了球类运动和投掷链球运动。在法国，两三万年前的克罗马农人发明了投矛器，它是弓箭的前身。我国两万八千年前的峙峪（今山西省朔县）人发明了弓箭，从而演化出了后世的射箭运动。

生产工具的改进，劳动技能逐渐多样化与复杂化，使原始人必须一代一代地传授他们的技能和经验。这种传授最初在劳动之中自发地进行，后来则变成劳动之外的自觉行动。于是，就产生了原始社会的劳动教育。这种教育包含的主要因素就是体育。在我国东北大兴安岭的原始森林中，生活着鄂温克族，解放前他们还过着原始的游猎生活。为了适应狩猎生活的需要，长辈很注意向孩子们传授狩猎的知识和技能，如跳高、滑雪、角力、射箭和搬家等，其中绝大部分成分是体育。国外也有类似情况。太平洋岛屿上的密拉内西亚居民，当儿童年龄稍长的时候，男子就教他们使用投枪，使用石斧、树皮制的盾、棍棒，教他们攀树、掘土，以便捕捉有袋的动物。澳洲的土著塔斯马尼亚人，也是由成年男子向少年们教授狩猎技能，如跑、跳、投等。他们投掷的一种飞镖，是一种弯棒武器，投出去还能飞回来，有人称为"飞去来器"。以上这些都表明，在原始的劳动教育中，已经首开了一支体育的源头。

原始人征服自然的能力很小，对自然现象惑而不解，曾认为万物有灵。他们既崇拜自然又崇拜祖先，这就是原始人的宗教信仰。他们在举行宗教活动的时候，常常利用舞蹈、游戏和竞技来表达这种信仰。原始的舞蹈既包含艺术因素又包含体育因素。传说，我国黄帝时代，曾用《云门》舞举行祭祀。唐尧时代，曾用《大章》舞祭祀上帝，用

《咸池》舞祈祷五谷丰收。虞舜时代，曾用《大韶》舞歌颂舜的贤德。大禹时代，曾用《大夏》舞颂扬禹的功绩。在澳洲的土著部落中，人们定期举行一种成年仪式。他们的少年男子到成年时，必须经过考验，通过宗教仪式，才能被认为是氏族和部落合格的成年成员。参加成年仪式的男子，必须预先进行各种身体技能的训练，并学习宗教仪式的规矩。然后，在这种仪式上，当众接受考验。在考验的项目中有许多类似体育运动的内容，如用标枪击败沙滩上的野兽，投掷飞镖，参加角力和障碍赛跑，以及跳狩猎舞等。在原始宗教活动中，涓涓滴滴出现的这股体育的小泉，就是后世祭祀竞技的渊源。古埃及的祭祀体育表演，以及古希腊的奥林匹克运动会，无不导源于此。

在氏族公社时期，文化艺术有了重要发展，人们开始从事一些文化娱乐活动。《尚书·益稷》记载的"击石拊石，百兽率舞"，描写了人们跳舞欢庆狩猎胜利的情景。澳洲土人的娱乐活动，不仅有舞蹈，还有投掷和球类比赛。这些原始社会的文化娱乐活动，便是后世娱乐体育之源。

原始社会，人们的生活简陋，卫生条件极差，食物不足，饥饱无常，因此造成了一些病患。原始人在同疾病做斗争的过程中，逐渐积累了一些经验，这就是原始的医学。据我国古籍《路史》记载："阴康氏之时，水隤（颓）不疏。江河不行其原，阴凝而易闷，人既郁于内，腠（揍，纹理）理滞著而多重腿（坠，腿肿）。得所以利其关节者，乃制之为舞，教人引舞以利道之，是谓大舞。"这段记载的大意是说，唐尧时代，大水泛滥成灾，气候阴湿闷热，人们积郁成疾，许多人得了腿肿病。于是，有人发明了一种舞蹈，以活动关节，疏导郁闷，消除肿胀。这种疏闷、消肿的"大舞"，以医疗疾病，增进健康为目的，是医疗体育的渊源，也是体育的产生有其生物学原因的例证。

在氏族公社后期，出现了原始战争。初始操刀动斧是为血亲复仇，后来大兴干戈则多为掠夺财产和奴隶。这时，氏族公社已变成了"自治的武装组织"（恩格斯语），因此，军事教育应时而兴。我国古籍

《拾遗记》记载："太昊……造干戈以饬武"，记述了传说中的伏羲氏造兵器教民习武的情况。《淮南子·谬称训》记载，禹伐三苗时，三苗败而不服，于是禹改以"执干戚舞于两阶之间，而三苗服"。在古代阿拉伯人的氏族军事教育中，男孩从幼年起，就学习角力、赛跑、负重、使用矛枪、射箭、设伏和袭击敌人。在非洲一些部落的军事教育中，孩子们必须学习跑、跳、投掷标枪和军事游戏。以上说明，在原始战争和军事教育中，又开了一支军事体育的先河。

人类经过长期的生活、生产实践，逐渐积累和沉淀自己的一些技术、技能，并将其外化为具有一定功能，而且被广泛认同的社会经验和知识。这种社会经验和知识从本质上讲，它是人类一代代共创的文化产物，也可以说是人类对自己生存能力的高度概括。对于单个个体而言，这种生存能力靠种族遗传是不可能获得，也不可能只凭借单个个体在社会生产中用体验的方式获得，为使所有社会成员能更好地掌握这些文化产物，适应社会生存、生活需要，只能依靠代际间有意识地传授和学习的方式而获得。于是，在共同进行的劳动过程中，老年人把如何弥补和超越先天自然缺陷与生物匮乏性的经验、知识以及使用工具的方法和技能传授给年轻一代。可以说，这一时期，所有的少年儿童在群体劳动和共同生活中都无一例外地同等接受像走、跑、跳、投、攀爬等技术、技能的体育教育。我们说，这一历史时期任何人所受的体育内容是无分别的，而且体育对于人人也是平等的。另外，这一时期由于原始人类文化积累存量的有限性，所以获得维持生活和从事生产的技术、技能是体育教育过程中的全部。

到了父系氏族社会末期，生产工具大大改进，生产技术不断提高，劳动产品也随之逐渐丰富，不仅可以满足氏族成员的食用，而且出现了剩余。随着剩余产品的出现和人们社会生活内容的不断丰富，社会形态和人际间的平衡也随之出现变化。有了专门负责部落社会生活、生产的首领——酋长，"议事会"和"人民大会"这样的机构也随之出现；另外，为了地域的扩展和食物的掠夺，部落之间的摩擦和冲突不断，导致战争日益频繁，部落里出现领军打仗的军事首领也是必然之事。随着酋长和军事首领等特权人物的出现，他们不仅慢慢脱离了生产劳动，而且逐步垄断了当时人们所拥有的所有文化和知识，从而出现了所谓的脑力劳动者和体力劳动者。一些特权人物，一是把体育当作手段和工具，为了达到维持、维护和提高自己的权力、威信和地位的目的；二是将其变成他们娱乐享受的一种方式；三是将体育作为他们支配、奴役社会成员的工具。可以说，这时的体育已经逐渐脱离了生产劳动，而脱离了生产劳动的体育也具备了一部分人将其作为支配另一部分人的工具的性质。

原始社会中的体育来自于生产和生活实践的需要，并且与生产、生活的实践活动紧密结合。在很长一段时间里，体育与生产活动融为一体，密不可分。这就是我们不能用现在的眼光去看待原始体育的一个原因。随着其他社会现象的不断出现，以及为适应这些社会现象的需要，这一时期的体育才逐渐与生产劳动分离，分别与宗教、战争、娱乐和医疗等相结合。结合的结果，扩大了萌芽状态体育的社会职能，推动了萌芽状态体育的发展。

原始社会是一个没有阶级、没有剥削的社会。这一时期，体育还处在自发的，完全是跟生产、生活混沌一体的状态，它只是一种朴实的社会活动，不存在阶级区分，也不存在专门从事体育的教练、教师等职业。这一时期人类只是作为大自然中自在和自足的存在物之一，人们的人性具有朴素的、原始的丰富性，这一时期人们的发展虽然不可能是自由而充分的，但我们完全有理由说，当时体育中对象化的关系还没有转化为异化的关系。体育中对象化的关系真正转化为异化的关系发生在原有社会形态被打破，人人平等的局面被瓦解之时，换句话说，"阶级出现之日，便是异化产生之时"①。

随着社会的进一步发展，拥有特权的统治者利用身份和手中权力

---

① 项贤明：《教育过程中人的异化及其扬弃》，《社会科学战线》1997 年第 1 期。

占有了绝大部分发展成果，利用这些成果满足自己享乐和发展的需要，为获取最迫切的生存需要而斗争的大多数劳动者却被迫丧失了全面发展的可能。这一切，可以说都因社会分工而产生，因为社会分工是把双刃剑，它既可以把人在劳动中的位置固定下来，达到精细化，使劳动效率提高，推进生产，也可以使人在具体劳动中的能动作用补削弱，剥夺人类活动的交换，更可以把生产部门的分工变为奴役人的枷锁，使人被自己的活动所奴役，成为局限的和片面的人。体育作为培养人的社会活动，它的真实应该是在上述的发展历程中一点一点被肢解，逐渐被异化。可以这样说，体育走过原始的状态以后，其异化的发生和演变就几乎是与体育发展同步的。

第二节　体育异化的产生

一　制度化体育之初的特权属性使体育沦为工具

如前所述，原始社会的体育基本是在生产生活和其他一些社会活动过程中进行的，当时既无专门的体育组织机构，也没有用文字记载的材料供人们习练。当原始社会解体后，人类社会出现了两个突变：一是人类社会的第一次大分工。随着生产力的发展和提高，社会成员中的一小部分人（阶级社会里的统治者）逐渐退出体力劳动，而去专门从事管理活动。二是当人类有了文字记载其历史的文明时期。众所周知，文字是唯一能够记载人类文化知识和经验的工具，因此我们说，只有文字出现并已被普遍使用以后，专门进行体育教育、组织教学、训练的场所才会大量出现，进而也使得专门从事体育教育、身体训练活动以及专门从事类似这些知识和技术学习的人成为可能。也就是说，文字的产生为当时社会形态下体育的发展提供了先决条件。如我国夏（约公元前21世纪—前16世纪）、商（约公元前16世纪—前11世纪）和西周（约公元前11世纪—前771年）奴隶制时期，已出现了为奴隶主贵族培养政治、军事人才的各类学校，并逐步形成了一个比较完整的教育体系。这些由官府主办的学校，教学内容主要是"六艺"（礼、乐、射、御、书、数），其中"射"、"御"和部分"乐"的内容，是我国早期的学校体育。但这一时期的体育，同其他物质财富和精神财富一样，不属于奴隶所有，而为奴隶主所垄断，是奴隶主用以巩固奴隶制的工具。体育被打上了阶级的烙印，并受奴隶主贵族阶级的思想意志所制约。在《奥德赛》中，史诗描述的宴乐竞技等也印证了在欧洲的这种特权属性。当时社会生产力虽然较之前有了提高，但是生产者还不能摆脱非常繁重的原始劳动，一般人都向往休闲娱乐，贵族奴隶主更是好逸恶劳，追求享乐。竞技具有欣赏价值和自娱价值，在当时社会条件下，便被纳入了贵族阶层的宴乐等活动之中。埃及法老在四处征战的同时，也沉醉于享乐腐化的生活，把娱乐体育作为他们享乐生活的一个部分。当时，古代埃及已有职业体育表演者，其中还有许多妇女。这些人受法老以及贵族奴隶主们的驱使，为之表演射箭、摔跤、翻筋斗、体操、戏球、斗牛以及舞蹈等。

马克思在论述异化时曾精辟地指出，人类生产活动发生物化、异化，形成一种物的力量与人对立，不是一开始就有的，而是社会分工的产物，是社会分工的本质体现。展开来讲，马克思认为，人的本质的异化是人类进化与社会进步的必然，也是社会分工的产物。在人类漫长的发展过程中，人们在生产劳动中结成了一定的社会关系（包括个人之间的关系、个人与群体之间的关系、个人与国家之间的关系），当这种社会关系在社会生活、生产过程中一旦变成统治与被统治或束缚与被束缚时，即变为了异化的社会关系，这种社会关系的异化是人的本质异化的前提，也是社会其他形式异化的基础，人类社会的其他形式异化只不过是社会关系异化的不同表现而已。人类社会的第一次分工产生了脑力劳动者和体力劳动者，并使二者相互分离，也就形成了统治者和被统治者的存在，与此同时，体育也就慢慢在某些方面脱离了与生产劳动的关系，并且受制于社会各种关系和力量，逐渐走向了异化的道路。从某种意义上讲，体育的这种与生产劳动脱离，一方面反映了人类社会的进步和社会生产力的提高；另一方面也大大促进了其赖以存在的社会形态的发展。但这种脱离所产生的最大结果是，拥有特权的统治者利用身份和手中权力占有了绝大部分发展成果，利用这些成果满足自己享乐和发展的需要，为获取最迫切的生存需要而斗争的大多数劳动者却被迫丧失了全面发展和享乐的可能。因此，可以说，体育成为一种独立的社会活动后，特权属性也就伴随着专门化的体育教育而行。在这种社会条件下，一个人即便是拥有优异的天资，可能因社会分工的需要导致他无条件接受体育教育和训练。因为，统治者已把体育变为奴役人的枷锁，取消了绝大部分劳动者在具体体育活动中的能动作用。即便是在马克思看来制度远优越于资本主义社会的社会主义初级阶段这种状况也无法摆脱。马尔库塞在描述社会主义的第一阶段时说："这是一个这样的社会，在其中，以前的生产力对象第一次变成人类个人，他们有计划地使用他们的劳动工具，以实现他们自身的人的需要和能力。在历史上人们第一次能够受制于并依赖于限制他们自由和人性的必然性，而自由地集体地行动。"① 同时，他又特意强调说："人的劳动工具对人的奴役，仍以高度合理化的、广泛有效而且有前途的形式继续存在着。"② 换句话说，即便是在社会主义社会里，人的异化也不是短期内可以超越和消除的。因此，体育这种社会活动，在社会发展的长河中也会一直被当作手段和工具来发挥其作用的。

通过上述分析可知，在阶级萌芽以前，体育还处在自发的、完全是跟生产、生活混沌一体的状态，它只是一种朴实的社会活动，不存在阶级区分，也不存在专门从事体育的教练、教师等职业。这一时期人类只是作为大自然中自在和自足的存在物之一，人们的人性具有朴素的、原始的丰富性，这一时期人们的发展虽然不可能是自由而充分

---

① ［美］赫伯特·马尔库塞：《单向度的人》，张峰、吕世平译，重庆出版社 1988 年版，第 12 页。

② 同上书，第 37 页。

的，但我们完全有理由说，当时体育中对象化的关系还没有转化为异化的关系。体育的真正的异化发生在人人平等的局面被打破的时候，或者说"阶级出现之日，便是异化产生之时"①。

二 战争的需要进一步强化了体育的工具性

从原始社会"公天下"的解体到"家天下"的奴隶制国家的出现，是历史发展的必然。尽管奴隶制是一个极其残酷的剥削制度，但是，"在当时条件下，采取奴隶制是一个巨大的进步"（恩格斯《反杜林论》）。奴隶劳动不但改进了工具，发展生产力，创造了巨大的物质财富，而且依靠从劳动中发展起来的聪明才智，创造了一个高度的古代文化，从而为萌芽状态的体育创造了继续演进的条件。与此同时，统治阶级为了维护自己的统治利益，经常发动战争，为了培养和选拔战争需要的勇猛、善战的杀戮工具——军队将士，不仅使体育形成人的片面发展，更使得体育成了人类互相杀戮的工具。

在我国，夏、商和西周时期，军事活动十分频繁，体育与军事进一步结合，从而兴起了主要为军事斗争服务的军事体育（包括射、御、角力、田猎和一些兵器武艺）。

在非洲东北部，公元前 3000 年左右，埃及建立起世界上第一个统一的奴隶制国家。从那时起，至公元前 332 年被希腊征服为止，这段古代埃及的历史，共经历了 31 个王朝，历时 3000 年之久。② 古埃及的国王被称为"法老"。公元前 15 世纪，埃及第十八王朝当政时期，出现了一个武功卓著的法老吐特摩斯三世。他多次发动大规模的侵略战争，北征地中海东岸，西侵利比亚，南犯努比亚，建立了地跨非亚两洲、空前强大的军事帝国。他的儿子阿门诺裴斯也是从小学习一切武艺，在赛跑中，他两脚生风，快步如飞，谁都赶不上他；在划船比赛

---

① 项贤明：《教育过程中人的异化及其扬弃》，《社会科学战线》1997 年第 1 期。
② 杨文清：《源远流长的世界体育》，人民体育出版社 1983 年版，第 7 页。

中，他站在 200 人划的大船尾部，甩开粗壮的臂膀，奋力摇着 20 英尺长的大橹，催舟猛进。他的箭术练得最为精湛，不仅射箭准确，而且开弓有力，在设有 4 个阀隔，各 20 英尺的铜靶的演武场上，从疾驰的战车上瞄准，能够箭箭透靶，能一气拉开 300 张弓。公元前 1436 年，吐特摩斯三世死去，阿门诺裴斯即位。这时，他才 18 岁。这个法老继承父业，武力称雄，曾几次远征，给埃及奴隶主带来了大批的奴隶和财富，保持了埃及的强盛。①

在欧洲的希腊，"数百个各自独立的城邦，从未牢固地团结在一个统一的政治体系中。城邦之间经常兵戎相见，战争频繁。因此，战争对古希腊人的生活有很大的影响。战争要求希腊人具有强悍的体格和敏捷的行动能力。古希腊城邦采用各种方法培养符合战争需要的人。希腊人的尚武精神使他们把体育锻炼当作头等大事。尽管各城邦体育制度各有不同，但准备战争却是共同的目的"②。苏格拉底曾道出古希腊体育与战争的关系，他说："每个市民绝不能成为体育的门外汉，应该具有最坚实的身体条件，一旦国家危急便能随时出征，尽自己保卫国家的义务。"③

公元前 8 世纪，在希腊半岛南部的伯罗奔尼撒，斯巴达人开始强盛起来，后来战胜雅典，取得了在希腊的霸主地位。他们为了加强统治，便厉行尚武教育。这种棍棒教育是残酷的，也是片面的，少年儿童没有欢笑，也没有爱抚。斯巴达人只长于武功，而乏于文采。不过，把尚武教育作为国家和社会的重要职责，建立国家教育机构，重视增强人们的体力，培养勇敢、坚毅的精神，并提出女子的体育锻炼与军事训练，这虽然在当时历史条件下，都具有进步意义，起到了强族、兴国的积极作用。但尚武教育的目的，除了镇压奴隶和平民的反抗，同时也为了进行掠夺战争。

---

① 杨文清：《源远流长的世界体育》，人民体育出版社 1983 年版，第 10 页。
② 任海：《奥林匹克运动读本》，人民体育出版社 2005 年版，第 19 页。
③ ［日］今村嘉雄：《西洋体育史》，日本体育出版社 1961 年版，第 34—35 页。

据《荷马史诗》记载，在公元前 11 世纪到公元前 9 世纪时，统治者已把体育当作军事训练和表演、祭祀战争英雄及宴会娱乐的工具，并给予优胜者丰厚的奖励。

《伊利亚特》描述了一场葬礼竞技。在特洛伊战争中，希腊英雄帕特洛克罗斯不幸阵亡，阿喀琉斯王子为他举行葬礼，他悲痛地火化了战友的遗体，然后，命令部队在海滩上围坐成一个大圆圈，于死者的墓前举行葬礼竞技（项目有战车比赛、射箭比赛、摔跤、投掷铁饼比赛和拳击比赛等）。他叫人从船里拿出了大锅、三脚鼎（价值十二头公牛）、灰色的铁块、黄澄澄的金子、高头大马、驯顺的骡子、健壮的公牛，还有心灵手巧、最能干活儿的女奴隶（价值四头公牛）等，把这些都作为竞技的奖品。

这种竞技的形式和过程说明了两个问题：一是当时部族间经常互相攻伐，对外进行掠夺，战争需要发展人们的军事技能，在这种社会背景下出现的竞技，必然带有比较浓厚的军事色彩；二是奖品的丰厚表示对死者的葬礼隆重和怀念深切，也反映了当时对竞技的重视和鼓励。但从另一个层面可以明确地看出，当时的这种竞技已带有明显的功利性。当时社会刚刚发明用铁，在铁器昂贵的前提下，奖给胜者的铁锅比奖给败者的女奴隶竟价值高出两倍。奴隶主把奴隶当作会说话的牲畜，可随意使用、惩治和杀害，拿奴隶作奖品正是这种阶级关系在竞技中的一种反映。

奥运会"初期的比赛项目也反映了战争与古奥运会发展的关系。从公元前 776 年开始的长达 500 年间，奥运会项目逐步扩大，从单一的赛跑逐渐发展为有摔跤、混斗、拳击、战车赛、赛马、武装赛跑、五项竞技运动等的综合运动会。这些比赛项目，多与军事技能有关，反映了战争对奥运会比赛项目发展的驱动作用。"①

---

① 任海：《奥林匹克运动读本》，人民体育出版社 2005 年版，第 21 页。

三 人才选拔制度使体育形成人的片面发展

在阶级社会里，一个人如想得到人们的认可以及统治者的赏识，也就昭示着得到了人生宴席的某个席位，但在你落座的同时意味着别人对此席位的丧失。纵观我国体育发展的历程，体育在人才选拔过程中一直扮演着重要的角色，也在社会分层过程中显示出其重要作用。因为，体育作为培养人才的活动，自古以来就和人才选拔制度紧密相关，但要成为一场竞争的成功者，必须得按一定的标准和程序付出艰辛的努力。在这个过程中，人们的注意力在标准和程序上，而不在人的全面发展上，导致人们只重视考核指标，而忽略了对人来说更重要的其他内容。因此，这种人才选拔制度的单维性特征，在一定程度上可以说对人的片面发展起到了决定性的作用。同时，我们也要看到人才选拔制度对体育发展起到的重要影响。

中国历史上借助体育来选拔人才的制度由来已久，古代称其为选士制度，是国家通过体育来选拔士人用以补充官员队伍的制度，也就是从尚属平民百姓的"士人"中按一定的标准和程序来选拔官员队伍的后备力量。

夏、商、西周时期，就出现了为奴隶主贵族培养政治、军事人才的各类学校，并逐步形成了一个比较完整的体育教育体系。这些由官府主办的学校，教学内容主要是"六艺"（礼、乐、射、御、书、数），其中"射"、"御"和部分"乐"的内容，是我国早期的学校体育。

春秋时期，楚庄王就通过田猎挑选武士。据《说苑·君道》说："楚庄王为猎。大夫谏曰：'晋楚敌国也，楚不谋晋，晋必谋楚。今王乃耽于乐乎？'王曰：'吾猎将以求士也。其椫丛刺虎豹也，君是以知其勇也；攫犀抟兕者，吾是以知其劲有力者也；罢田而分所得，吾是以知其仁也。'"[1]

---

[1] 朱季海：《朱季海著作集》第一卷，中华书局2011年版，第46页。

武则天为了选拔将才，于公元 702 年创立"武举"制度。这个制度的创立，把体育作为人才选拔的工具性推到了一个最高的位置。据《文献通考·卷三十四》记载，武举制的内容有"长垛马射、步射、平射、筒射，又有马枪、翘关、举重、身材之选。翘关者长一丈七尺（1 尺 ＝30 厘米，折合市尺一丈五尺三寸），径三寸半，凡十举，右手持关，距出处无过一尺；负重者，负米五斛，行二十步，皆为中第"①。我们从这一段文字中，可以了解到当时武举制的内容，包括了作为一个军队将官必须具备的身体素质和军事技术。学习和掌握这些内容的过程，就是一个身体锻炼的过程。唐以后的宋金及明清各代，也仿照唐代实施武举制度。

"武举"是科举制度中的一个内容，选士在性质上属于政治制度，而不是体育制度，但它的任务恰好与古代一些体育的目标相吻合，也就是说，选士实际上就是"学而优则仕"在制度上的保证，体育的直接动机和结果就是要使人们顺利通过选士而入仕为官。这样一来，选士制度就成为古代体育重要的一种宏观调控手段，并且，这种传统的影响延续至今，以至于体育专业考试在今天依然对学校教育有着决定性的重要影响。

第三节　体育异化的加剧

当代竞技体育的发展与运行方式，基本游离了体育的本真——促进生命发展，提高生活质量，实现生存价值和意义，以及丰富人性的本真，取而代之的是功利化的奖杯或奖牌。于是，人们把体育活动中的"征服"和"竞争"视为人生的常态，所谓胜者为王，败者为寇。为了获得比赛胜利，争得冠军，获取更多名利，人们不得不采取有悖人体自然规律、人类道德良知，大运动量、高强度进行训练和比赛，甚至服用

---

① 许友根：《武举制度史略》，苏州大学出版社 1997 年版，第 38 页。

危害身体的违禁药物等。正是在这种功利的驱使下，当代的竞技体育也就几乎变成了功利化的体育，这种功利化的体育在使人异化为功利的工具时不知不觉地也使自身降格为工具的工具。从现实情况看，体育异化的现象和程度逐步陷入一种难以自拔的境地。竞技体育之所走入如此境地，在某种程度上是因为它对于个人、团体乃至国家的功利性价值。无论是从体育对个人，还是从它对国家、对社会的功利性作用来看，体育都被赋予了众多的职分和期望。从个人层面，体育应该起到强健体魄、张扬个性、培养情操和启迪智慧等作用；从国家层面，起到展国威、树形象、育人才、促兴旺等作用；从社会层面，起到传文明、讲民主、倡自由、爱拼搏、促和谐、尚友谊的作用。但是，愿望毕竟是愿望，它根本无法替代现实，体育当下的确吸引了不少人的眼光，这应该说对于体育肯定不是什么坏事。但我们必须得保持一个清醒的头脑，假如不珍视体育的真谛，加强其内核的建设，当代体育不仅不是辉煌，反而孕育着我们无法估量的负面结果。总之，关于体育异化的加剧问题，社会上不少有识之士已经予以关注，究其原因，既有来自体育之外的众多"引力"的作用，也有来自内部的理念和信条的影响。

一 "体育科技化" 的影响

人类社会进入 19 世纪，以科学技术为基础的大工业生产得到迅速发展，尤其是当代，人类的科学发明、创造是空前的，不仅发明了卫星，征服了宇宙和太空，而且基因的重组，也在征服着人类自身、生命自身。"科学差不多改变了人类的生活方式，成为上帝之后的新的'造物主'，导致人类对科学技术的迷信和崇拜。与此同时，技术异化作为技术广泛应用的副产品也普遍地显现了出来。技术作为客体性的异己力量逐渐地吞没了人的主体性，使人的行为失去了目的性和自由的权利，转变成为'单向度的人'。"[1] 科学技术本身没有错，但人类

---

① ［美］H. 马尔库塞：《单向度的人》，刘继译，上海译文出版社 1989 年版。

对科学技术的迷信和崇拜达到痴迷而不能自拔的状态时，不得不引起人们的关注。科技在给体育带来发展和便利的同时，也给人们带来了种种对体育的反思。当人们在为新的发明而欢呼，执迷于一项项新的技术的时候，却忘记了体育中人这个主体生命的自身。如1972年奥运会上光电技术、电子测距技术的广泛使用，替代了裁判一直使用的皮尺、手动秒表等工具。从而，体育技术已经成为现代运动发展的主导性力量，技术规则成为现代体育运动建构的基本规则。这些给体育发展带来了科技化的困境与挑战。

体育本来应该是以人为主题，以游戏为主要形式，以生活为基础，以意义追求为指向的人的生命体现、生命确立、生命发展的有意识、有目的的教育活动。所以，人是体育运动的主体，运动是人的身体活动，科学技术是人进行体育活动的辅助手段。但在运动技术日趋完善的情况下，人们越来越把提高成绩的希望寄托在体育科技的改进上。例如，1963年玻璃纤维撑竿的使用，使当年撑竿跳高的成绩提高幅度大大超过了过去20年的总和。近年来又出现的体育竞技参与者比赛时穿戴和使用的产品，如"鲨鱼皮"泳装、踏拉板式的速滑鞋等。在人的欲望的支配下，科技发展表现出对竞技体育的主宰态势。更可怕的是，在科学技术统治人的体育过程中，人渐渐适应了科技对自己的支配，并把这种异化当成了常态，这就使人们在享受科技带来的诸多方便的同时，甘愿接受它对人所造成的异化。目前，"通过运用技术改进运动器材来提高运动成绩的办法，正在逐步地被心理干预，其至基因技术办法取代的趋势。人们期望有一天在基因技术的帮助下，通过改变运动员自身基因结构，激发自身的运动能力，从而获得优异的运动成绩。我们如何评价借助于科学技术的帮助而大幅度提高的运动成绩？这到底由人自身创造的，还是由科学技术创造的成绩呢？人们肯定认为这样成绩是由人与科学技术共同创造，这样运动主体就成为一种'技术—运动员'的复合体，我们可以把它称为'技术人'。'技术人'这一复合体取代了人独立的主体地位，从而造成了人主体地位的缺失。所以，运动员也成为技术控制的对象，物化为技术改造之物，成为技术规则的附属品。这样的体育运动还叫人的体育运动吗？体育运动中人如何才能把自身的主体地位找到，这关系到体育运动的命运问题"①。

另外，自20世纪60年代以来，在奥林匹克运动中对使用兴奋剂的斗争始终没有停止过。兴奋剂的使用与奥林匹克理想背道而驰，它不仅损坏了运动员的健康，而且瓦解了公平竞争的基础，使诚实的比赛堕落为欺骗，使竞技运动的教育价值和"更快、更高、更强"的口号成为可笑的讽刺。萨马兰奇曾对使用兴奋剂下过著名的"死亡定义"，他说："服用兴奋剂就是走向死亡。它引起生理上的死亡——通过使用不正当的操作手法严重改变人体正常的生理作用（有时是不可逆的）；它造成肉体上的死亡，正如近年来一些悲剧性事件所表明的那样；它导致精神和理智上的死亡，即同意进行欺骗和隐瞒自身的能力，承认在正视自我和超越自身极限方面的无能和不求进取；还有道德上的死亡——拒绝接受整个人类社会所公认的行为准则。"②

实际上，兴奋剂的泛滥不仅是体育道德的问题，更是体育科技异化的结果。兴奋剂的泛滥是现代体育运动的毒瘤，体育运动如果不战胜兴奋剂就会被兴奋剂灭亡。反兴奋剂就是一场高技术之间的斗争。那么，兴奋剂为什么会如此严重泛滥呢？这有多方面原因，但体育科技是不能忽视的原因之一。因为，"一项兴奋剂检测技术、办法的出现总是滞后于一种新的兴奋剂的产生、使用。一方面，人们要弄清兴奋剂的物质种类、含量以及使用方法；另一方面，又要研制出可以有效检测的方法和程序。所以，兴奋剂的检测总是落后于兴奋剂的研制，而且当一种兴奋剂被有效地检测出来的同时，又有更多的、更加隐蔽的、代表着更高技术水平的新型兴奋剂被研发和使用，这就给反兴奋

① 董传升：《科技奥运的困境与消解》，东北大学出版社2004年版，第183—104页。
② 任海：《奥林匹克运动读本》，人民体育出版社2005年版，第105—106页。

剂的斗争带来了不确定性、艰巨性。例如，红细胞生成素就是兴奋剂，但是由于没有可行的办法来检测人体内红细胞生成素的浓度变化和尿液中的排泄量。所以，国际奥委会根本就没有设立这一项目的药检。目前，人类面临着尴尬的技术逻辑悖论：一方面，我们要杜绝兴奋剂的使用；另一方面，兴奋剂检测方法和手段总是落后于新型兴奋剂的研制"[①]。目前，用基因技术来提升人体运动能力的想法，似乎正在成为一种普遍的观念。尽管这种"增强性"治疗遭到很多学者、体育界人士的坚决反对。但仍有一部分人一意孤行，并认为这正在成为体育科学研究发展走势之一，有人为了冒名顶替，以假乱真，为达非法目的，顶着巨大身体危害服用激素来改变骨龄和性别。体育科学研究如此发展下去，人类体育活动的未来命运是什么？这不仅是热爱体育的人，而且是关爱人类自身生存和发展问题的人们也不得不思考的问题。

还有，体育运动终极目标，就是应该促进人们健康水平的不断提高，实现人的全面而自由的发展。然而，体育科技统治体育运动的过程和结果，使人类逐渐成为运动器械的附属品。激烈的竞争，使运动技术难度不断增加。从而，运动员损伤的概率被不断地加剧。一方面，技术分析的办法是运动员完成高水平训练过程的基本依据，技术分析越透彻，对运动员的技术的协调性、一致性和熟练程度要求就越严格。但是，与机械流程不一样，人体运动会经常出现动作失范现象，而某个环节的失调必然会导致整个运动技术体系的破坏，从而运动受伤必然被加剧了；另一方面，科学技术的巨大效力，不断提高着运动器械的性能，也加剧了运动的激烈程度。从而，不断地加剧了运动员受伤的概率。因此，形成了运动水平越高，运动损伤的概率就越大，损伤也就越严重的恶性循环。从而，科学技术不仅提高了运动成绩，还给运动员的身体健康造成极大危害，体育运动因此而远离了为人身心健康、发展服务的目的，反而成为危害身体健康的大敌。

---

① 董传升：《科技奥运的困境与消解》，东北大学出版社 2004 年版，第 183—140 页。

二　体育的个人、团体乃至国家身份赋予作用的影响

体育对个人身份赋予作用就是体育对一个人的社会知名度、社会地位、经济地位等身份的影响作用。不同层级的教练员、运动员们数十年如一日，不惜一切代价争取摘金、夺银，目的就是追求和提升体育身份（某某冠军、某某第一名），并通过这个体育身份获取个人的社会地位和经济利益。在当今社会中，这种现象比比皆是。体育冠军们因这个身份处于社会的上流，获取高额的经济报酬，而没有获得冠军或名次的大多数人则落得个浑身伤病，就业困难甚至生活无着落或在家待业。因此，我们说因体育身份不同而导致人们社会地位和获得利益的不同，教练员、运动员们也因体育身份的改变而产生各阶层之间的社会流动。正是基于此，许多人们渴望自己或自己的孩子参与体育和争取夺冠，目的是进入上流社会，占据有利的社会地位，获取更多的社会资源。

20世纪80年代以前，中国的家长通常情况下是不愿意把孩子送入体校的，送孩子进体校也是不得已的选择。因为，觉得孩子实在是无心向学，当运动员也算是有一技之长，万一真的出了成绩，也能够出人头地。然而，到20世纪90年代以来，体育的身份功能的内涵早已经发生了巨大的变化，其影响的广度和深度远非过去所能比。首先，随着中国社会的急速市场化和商业化，出了成绩的运动员和娱乐明星一样成为广告界的宠儿，大众的偶像。成为世界冠军、奥运冠军意味着收入的大幅度增加。优胜者可以不经必要程序就成为高级别官员；成为中央政府和地方政府的重奖对象；成为身载数百万、数千万金钱的广告明星。体育明星不再会去靠变卖金牌，或者当搓澡工来维持生活了。正是因为这样，冠军梦激励着无数年轻的运动员，因为奖牌已不单纯是荣誉。[1] 这种"成王败寇"的金牌主义的强势逻辑和体育身

---

[1]　闾丘露薇：《我们对体育尊重吗》，《中国青年报》2008年8月23日第T6版。

份的功能作用，使得一些运动员、教练员和体育官员千方百计，不择手段去谋取不该属于自己的胜利。其次，在学校中，部分学生由于有体育的一技特长而顺利进入名优中学，加之高考加分，进入大学深造，从此改变人生。但我们要问，这样的动力究竟有多少是出于对体育本身的热爱呢？如果仅仅是因为金牌梦的激励，那算不上一种事业，就算我们有再多有能力取得金牌的运动员，我们依然不是一个热爱体育的国家和尊重运动员的社会，依然不是一个体育大国，而所干的是让体育误入歧途的事业。

体育对团体乃至国家身份赋予功能的表现就是国家锦标主义。国家将夺取金牌的数量作为竞技体育的唯一目标，以此来显示制度优越，标榜国家实力的工具。把奖牌视为国家综合实力的象征，不惜举全国之力去铸造金牌，竞技体育完全成为政治工具，利用竞技体育以实现种族主义、霸权主义、恐怖主义、政绩主义、锦标主义的目的。如1936年柏林奥运会上希特勒宣扬"雅利安人种优越论"；1952年美国对苏联赫尔辛基奥运会提出资格异议；1972年巴勒斯坦"黑九月"组织杀害以色列运动员。中国举全国之力冲击奥林匹克运动会金牌榜首地位，但群众体育却极其落后。中国第十一届全国运动会耗资700万元打造开幕式，而举办方山东省的人们的体育意识又有多强？声势浩大的竞技盛会最后成为体育界的GDP"造神"运动，成为昙花一现的政绩显摆。[1]

我们知道，竞技体育是从政治中诞生的，在古希腊时期，正是在城邦给予公民自由和平等的基础上才使得竞技体育有了诞生和发展的可能。现代奥林匹克运动的创始人顾拜旦在恢复奥运会的时候希望改善国家间的政治关系，确定以国家和地区为单位参与奥林匹克运动会，竞技体育一直没有完全独立于政治之外。萨马兰奇也说："体育与竞技运动不可能如一些人所声称的独立于政治。它们是我们生活中的一部分，因

---

[1] 杨其虎：《追寻竞技正义：竞技体育伦理批判》，中南大学出版社2015年版，第116页。

此也像其他所有人类活动一样受到社会的制约。所以我们必须与那些保证我们社会的发展与顺利运行岗位上的人们合作与讨论。"毋庸置疑，实践上，在一个主权国家，其政府拥有管理本国体育的职能。从一定意义上说体育是一个国家的文化组成部分，也是一种公共产品。政府在体育的整个运作中提供着公共产品，保持宏观经济稳定和协调发展，调节收入和财富的分配，弥补市场的不完全性和信息的不对称性。所以，政治对竞技体育进行干预具有一定的合理性。但这种对体育的干预一旦过度，就会使体育背负起本不该背负的职责，势必使其成为政治的工具并走向异化之路。

三　商业化运作的影响

体育职业选手的出现由来已久。公元前 4 世纪，马其顿征服希腊，进入泛希腊化时期，奥运会不再是全希腊神圣的祭典和民族文化的集会，而成为追逐名利的场所。到公元前 4 世纪中期，战车赛优胜者所获奖赏的橄榄油的价值，相当于一个熟练手工业者 1186—1680 个劳动日的价值。到公元 325 年，君士坦丁大帝下令拆毁了德尔菲的竞技场，奥运会也演化为少数职业选手追逐金钱的职业竞争，出现了专门参加各种赛事的"流动运动员"。他们以谋利为目的，周游各地，参加各种赛事，如撒森城邦的赛甘尼斯在一系列比赛中，获得 1400 多项物质奖励。奥林匹克的精神价值为物质利益的追求所取代，奥林匹克精神被淹没在物质利益的贪欲中，奥运会比赛中也出现了营私舞弊、损人利己的不良倾向。[①] 而将其形成职业联盟，以商业化模式运作则出现在近代西方国家，到了当代这种商业化体育更是普及全世界。

"商业体育实际上是一种独特的生意。"[②] 那些所有者与赞助者和主办者一道进入商业体育时，不仅希望体育有娱乐价值，能够为自己

---

① 任海：《奥林匹克运动读本》，人民体育出版社 2005 年版，第 34 页。

② ［美］杰·科克利：《体育社会学——议题与争议》，管兵等译，清华大学出版社 2003 年版，第 458 页。

和自己的其他非体育产品树立良好的公众形象，更重要的是还要赚钱。由于体育被商业化，自然导致那些控制体育的组织的变化。由于公司利益支配着体育，体育经常不得不服从运动队的所有者、代理商、广告公司管理人员、传媒人士和公司赞助商的政策建议。在公司赞助商的利益面前，体育的利益靠边站了。当体育开始依赖自身创造的收入时，控制体育的组织通常就会离运动员越来越远。事实上，运动员经常会失去对自己参与的体育环境的有效控制。这些环境越来越控制在总经理、运动队所有者、赞助商、广告商、传媒人士、营销与公关人员、专业管理人员、会计师和代理商手中。不加控制的商业化运作已经影响到某些体育运动的结构和目标方面的变化，以及那些卷入体育的人和对体育实施控制的各种组织的取向。当商业利益成为首要考虑因素时，体育的利益在与之发生冲突时就往往成为牺牲的对象，最终导致体育变为某些个人和组织赚钱的工具。这一点明显地表现在电视转播对奥运会的巨大影响方面。例如，"汉城奥运会的许多比赛本来应该在下午或晚上进行，但这正是美国东部时间的夜间，因此，组织者不顾其他国家甚至美国队的反对，将比赛改到早晨 8：00 进行，以适应美国东部电视的黄金时间"[①]。这种改动显然会严重影响运动员水平的正常发挥。这种不合理的时间安排，在后来的历届奥运会上都不同程度地出现过。不仅如此，电视转播已经对不少运动项目的规则产生深刻影响，使之适合电视转播的需要，一些不适合电视转播的项目面临生存危机。难怪杰·科克利在其名著《体育社会学——议题与争议》中写道："我不认为，奥运会的本质与我们经常用来描绘它的壮丽词汇有很大的关系。它基本是商业企业，每隔四年就竭力去挣尽可能多的钱（美国 ABC 新闻总裁鲁恩·阿利奇的话）。"[②]

　　我们必须坦率地承认，在人类发展史上，体育确实发挥过无比巨

---

① D. Klatell and N. *Marcus for Sale.* Oxford University Press，1988，p. 184.

② ［美］杰·科克利：《体育社会学——议题与争议》，管兵等译，清华大学出版社 2003 年版。

大的力量，甚至曾使人几乎无所不能。然而，也正是在功能极端化之时，各种深重的危机就开始酝酿了。体育原本是人们生活的一部分，生活本身才是目的。现在的竞技体育也应是如此，也应该是人的发展的手段。人们对竞技体育的设立、规制、管理的目的是使竞技体育能够在人的理性支配下排除竞技体育的负面作用，让竞技体育尽可能好地为人的发展服务。但是，当体育被职业化后的商业操作过程，目的与手段却被颠倒了！这在当今的职业体育中表现得尤为突出。在职业化所建构的体育世界里，人们对于运动的高技术、高技能追求成了最终的目的，教练员、运动员的一切生活都是为了这个目的，而生活本身反倒成了手段。为满足组织者、管理者和观众的意愿，达到追求动作的危险性和观感的刺激性，教练员在平时的训练及比赛中摒弃人的正常的发育和发展规律，要求运动员超极限地进行运动，造成运动员躯体上、精神上、生活上的不幸。我们不夸张地说，为了竞技，为了利益，人们忘却了自己，忘却了生活，甚至牺牲了自己和自己的生活……于是就产生了这样的结果：利益得到之时，也是人自身、人的生活被异化之时。这是商业化后体育的悲哀！

第三章　体育异化的表现

对于体育现状而言，不管是体育理论研究者抑或是体育实践工作者，也无论是体育业内人士或者是行业外的普通老百姓，大家共同的感受和认识是：当今的体育是"生病"了，而且还病得不轻，主要的表现是在促进人的全面发展和实现人的自由与解放等方面没有起到应有的作用，相反却使人在体育的视野中渐行渐远，导致在体育过程中一系列的问题。也就是说，体育背离了其本真状态，走向了异化之路。从现有的资料看，国内外对于体育异化的现实表现认识各异。

法国学者伯特兰·杜林认为，"体育的逻辑是：体育精神是体育的基础，也是对人们进行教育的基础。运动员不能像造汽车一样造出来，虽然两者都有能量和功能。运动员也不能像电脑一样制造出来，尽管两者都承担人类一定的处理信息功能。分析工作可能使我们严格按照字句训练，而不是领会精神"①。

影山健以马克思的劳动异化论为依据，对竞技体育运动的异化现象进行深入的研究和批判。他认为竞技运动中异化现象三个本质特征是"外在性"、"疏远性"、"贫困性"。影山健在此基础上从三个方面分析了竞技运动的异化现象：第一，竞技运动本身的异化。影山健认

---

① ［法］伯特兰·杜林：《体育精神、体育文化及教育》，学民译，《体育文史》1994年第4期。

为，竞技运动是人创造的一种文化，本来应当满足人的各种需求，但是"竞技运动的体制化却剥夺了人参与竞技运动的愉快和喜悦，使竞技运动变成了一种与人疏远的东西"。第二，竞技运动过程的异化，也就是"技术过程和组织过程"的异化。技术过程中的异化主要表现为只注重运动技术、技能。这种倾向的不断膨胀就会产生运动技术的绝对化，从而造成失去运动爱好者、淘汰运动技术落后者、盲目地强化运动技术训练等一系列异化现象。组织过程中的异化主要表现为，竞技运动中的商业化和政治化剥夺了人们更广泛参与竞技运动的机会。第三，竞技运动成绩的异化。影山健认为在现代社会中，运动成绩大都与政治、经济密切相关，它往往成为狭隘的民族主义和商业主义的手段。①

在国内，有很多学者对体育的异化问题进行了有益的研究，其中周爱光、卢元镇两位学者是较早对体育异化现象进行较为系统、深入的研究者。周爱光把体育异化的表现分为"政治干预的异化"、"社会舆论的异化"、"兴奋剂的异化"、"金钱的异化"、"暴力的异化"和"权利的异化"六个方面。②

卢元镇认为竞技体育有三种异化。一是竞技体育本质的异化，主要是指竞技体育与人的关系的失调。主要表现为：竞技体育的技战术、组织管理和行为方式不断被客体化，成为支配人的一种强制力，进而反过来支配人；竞技体育的参加者丧失自主意志和兴趣爱好，参加竞技体育活动是在高额悬赏的诱惑下，在求职、改变社会经济地位，或其他各种社会目的的驱使下进行的，所以不能充分发挥创造性和主动性；竞技体育不能直接与参与者的终身幸福相关联，往往造成他们的精神上、躯体上、社会性上的不幸。二是竞技体育过程的异化，主要是指在运动训练与运动竞赛过程中，一些非理性、非科学、非人性、

---

① ［日］影山健：《竞技运动与异化》，《华南师范大学学报》（社会科学版）2004 年第 4 期。
② 周爱光：《现代竞技运动中异化现象的类型分析》，《体育学刊》2000 年第 5 期。

其至非法手段的采用导致竞技体育过程的变质。主要表现为：运动训练的野蛮化。在运动训练中强调人的生物属性，忽视人的社会属性，即不尊重运动员的人格，采取侮辱、打骂、威胁、惩罚手段，轻视运动员必要的文化教育，不顾忌运动员的生理极限和心理极限，盲目加大运动负荷。更有甚者，在训练中使用违禁药物与方法，等于拿运动员做活体药物实验。运动竞赛的局外操纵。出于商业利益的目的、体育赌博的目的和其他政治目的，用暗示、"君子协定"、"假球"、"黑哨"、"场外交易"、运动员资格作弊，其至黑社会介入以致伤、致残、致死运动员和裁判员等手段操纵比赛结果。竞技体育中失范现象日趋严重，如球迷骚乱、球场暴力、体育暴行频繁，成为危害社会的毒瘤。运动成绩充斥谎言，运动成绩的真实性遭到普遍的怀疑，最终导致竞技体育在人们心目中的地位和受到支持的程度急剧下降。三是竞技体育结果的异化。竞技体育主要成果——人的塑造和关照被忽视，在狭隘民族主义和商业主义的垄断下，竞技体育基本丧失了文化教育本原，沦为政治工具和商业手段。运动员成王败寇，不成功者成为社会弃儿，成功者被捧为社会贵族；商业成为竞技体育的主宰，竞技体育的资源跟着购头者的货币选票走，最终流向那些出价最高的人，而不一定是最需要的人；竞技体育附着了更多的政治符号，为民族沙文主义、民族歧视和民族分裂提供了机会，成为政治狂热的发泄地。[1]

　　杨其虎先生在赞同卢元镇教授观点的同时，对其具体表现有他自己的认识。他认为，关于竞技体育的本质异化除了上述表现外，"竞技体育异化的典型表现形式有国家锦标主义，国家将夺取金牌的数量作为竞技体育的唯一目标。把奖牌视为国家综合实力的象征，不惜举全国之力去铸造金牌，竞技体育完全成为政治工具；竞技体育本质异化的现象还有利用竞技体育进行种族歧视；利用竞技体育进行国际报

---

[1]　卢元镇等：《竞技体育的强化、异化与软化》，《体育文史》2001年第7期。

复"。"竞技体育结果的异化是指获胜者所获利益超越了人们的承受范围，落败者遭到不公正对待。比赛结束后在竞技体育中出现超强群体和弱势群体的巨大反差。"①

谭华教授认为，"当体育还是一种现实性的'工作'的情况下，违背体育的本质性规定，即对现实生活世界的暂时性有意遗忘时，就一定会表现出体育活动中的人丧失主体地位、甚至被物化的体育所支配的异化现象"②。

除此而外，我国近年来有不少学者在研究体育异化时探讨了体育异化的表现问题，但总体上还是周爱光、卢元镇两位学者观点的重复或不同表述，在此不再——列举。

以上学者们对体育异化现实表现的看法和分析为我们认识和理解体育异化现象奠定了良好的基础。依据我们对体育异化问题的理解与把握，对体育异化的表现从体育内在诉求的异化、体育内外功能指向的异化、体育活动现实过程的异化以及体育实践客观结果的异化几个方面来进行分析理解，更便于从宏观上对体育现实进行正确的把握。

第一节　体育内在诉求的异化
——体育目的的肢解

按照马克思的观点，只有人才能自觉地预先设定活动目的，并使他的活动服务于这个目的。因此，体育作为人类进行的一种对象性活动，它不是漫无目的、没有预先设定的，而是一种有意识、有目的、有计划地以促进人类生命发展，提高生活质量，实现生存价值和意义的教育实践活动。换句话说，真正的体育应该是以人为主题，以生活为基础，以意义追求为指向的人的生命体现，生命确立，生命发展的教育活动。

---

① 杨其虎：《追寻竞技正义：竞技体育伦理批判》，博士学位论文，中南大学，2012 年，第 112 页。

② 谭华：《体育本质论》，四川科学技术出版社 2008 年版，第 6 页。

我国著名学者方万邦先生曾对目的与目标的相互关系进行了精辟的论断："目的是指示取向的最高标准，目标却是在目的中分析出来，指出特殊要点；因为目的是较目标远大而高超，所以目的是不一定能实现，而目标却是易于到达，可是目标却是达到目的必经的阶段，指示我们接近目的的进行途径。"① 体育目的就是人们在进行体育活动之前规定体育要实现的结果或要达到的标准。体育目的所强调的是未来，着重有预定的指标。同时，体育目的是体育科学研究的基点问题，它制约着体育内容、体育计划、体育过程及体育结果等各个方面，对体育科学其他问题的探讨，往往要回到对体育目的的反思与重构上来。也就是说，体育目的既是体育科学研究的出发点和依据，也是体育科学研究的归宿。它决定着体育的方向，规定着体育的进程。

从理论上来说，"每一个具体的目的都有它从起点到终点的固定方向。一个视线直达的视点是目的。一个视线只能达到一个视点，即'目无二的'。射箭的靶子，只有靶心才是的，靶面不全是的"②。正如马克思所说："一个目的如不是特定的目的，就不成其为目的。"③ 在实践中，一个行动只能按一个方向和一定的行为方式去达到一个目的。若再要达到另一目的，这就需要采取另一个目的所决定的方向和行为方式。采用一个方向和一种行为方式想要达到多个目的，这是不可能的。在现实中由于受各种因素的影响，往往事与愿违。

纵观体育的发展史，体育的目的无外乎两种表达方式：一是成文的目的，也就是社会从体育过程外部给予体育活动要实现的结果或要达到的标准；二是不成文的目的，参加体育的个人或不同的机构各自在头脑中预先观念地存在着的所要取得的结果。但无论是成文的目的还是不成文的目的，他们都要受制于最终的和普遍的目的，因为这些最终的和普遍的目的基本上是由社会确定下来的。虽然一个国家或一

---

① 方万邦：《体育原理》，商务印书馆 1933 年版，第 117 页。
② 吴翼鉴：《体育目的问题之我见》，《体育学刊》1995 年第 3 期。
③ 《马克思恩格斯全集》第 42 卷，人民出版社 1979 年版，第 287 页。

个地区依据自己的客观社会现实和特殊文化背景制定了自己当前的体育目的，但它同社会一般目的一样，也是那些参加体育活动的个人意志行为与主观选择的结果。

理论上，各主体参与体育活动的目的应该是统一的，但由于体育目的是主体对于体育这种社会活动预期结果的价值取向，所以，不同的主体代表各自对体育结果的不同预期，这些不同的主体对体育的目的各有侧重和偏向，因此，存在着多种选择的可能性。这种对体育目的的多选性，导致体育目的与结果之间常常存在着一定的误差，要么只关注这个而忽略了那些，要么只关注了这些而忽略了那个，总是达不到人们预设的结果，因而形成了导致体育异化的原因之一。

一　体育目的的发展历程概述

第一，文明社会以前，由于体育还未从生产、生活中完全分离出来，体育是结合在生产生活过程中或某些仪式中进行的。所以，当时的体育目的就是现实的功能，主要是传递生存、生产和生活经验，以保存自己和人类本身。虽然那时体育还不能自觉地提出高度概括的、明确的体育目的，但它事实上也的确起到了促进人类生命发展、提高生活质量这个作用。

第二，文明社会以后，关于体育的主要目的多见于教育史上，以著名哲学家、教育家为代表的涉及身体的一些教育思想中。因为，从古至今，"体育一直包含在教育中，是教育的组成部分。体育与教育的关系表现为教育是类概念，体育是种概念，种概念包含在类概念之中。因此，研究体育中的任何一个理论问题，都不能将问题置于类概念范畴之外。否则，脱离教育的体育研究，就不是真义的体育研究"①。

马克思曾指出："统治阶级的思想在每一时代都是占统治地位的思想。这就是说，一个阶级是社会上占统治地位的物质力量，同时也

---

① 李薇：《论体育的目的和目标》，《体育学刊》1998 年第 2 期。

是社会上占统治地位的精神力量。支配着物质资料生产的阶级，同时也支配着精神资料的生产。"① 从历史角度来看，在人类社会发展的各个不同阶段中，由于处于统治地位的阶级不同，体育的目的便为不同的阶级服务。对于古代的体育目的，由于受宗教观念和奴隶制、封建制度的影响，主要以形而上的体验确认人之自我与世界、与他者之间存在"荒诞的墙"，故强调坚持自我，承认并坚守人生自我的限度，可以说悲剧性地触及了人生存在的真实底线，人之自我总会不期而遇他者的介入，寻找自我这一行动在精神上常常会演变成对他者的寻求，从而树立起某种超越自我的终极性追求。实际上，它假设某种超验的终极实体并将这种超验的终极实体作为追求目标，把一切都作为这种终极实体的变相，终极实体构成了古代体育目的的第一根据和原因。例如，在奴隶社会，奴隶主占有生产资料和奴隶，体育也就被用来为奴隶主服务。奴隶主利用体育训练甲士，用以镇压奴隶和平民，并对外进行征服和掠夺。在教育方面，体育也为培养效忠于奴隶主的武士和残酷镇压奴隶的统治者服务。进入封建社会，奴隶变成了农民，有了人身自由，有了一些自发参加体育活动的可能性，出现了一些民间体育，但整体来说，封建社会各朝代体育的目的，仍然是为封建统治阶级服务。他们利用体育来训练士兵，选拔武士，对青年一代进行教育，培养符合他们需要的接班人。这种为统治者服务，对终极实体目标的追求，就连一些贤者也不例外。如苏格拉底（前469—前400），他虽然有"不能表现身体的力量和美是一种耻辱"这样的名句，但他的目的不是人，而是国家或神。他说："每一个市民绝不能成为体育的门外汉，应该具有最坚实的身体条件，一旦国家危急便能随时出征，尽自己保卫国家的义务。"但也认为"人们应该服从神更甚于服从人"②。柏拉图（前427—前347）深受斯巴达的军事教育制度影响，认为教育为国家培养卫国者，"女孩子和

---

① 《马克思恩格斯选集》第一卷，人民出版社1972年版，第52页。
② 《体育史》编写组：《体育史》，人民教育出版社1990年版，第18、35页。

妇女也要知道这一切。做女孩子的，她们应该练习各种跳舞和作战，做妇女的要练习排队和装卸武器的方法。她们所以要知道这些知识，是因为一旦全体男性公民抛弃城市开赴前线去杀敌，她们就能担任看护儿童和城市的工作"。"而且，国家一旦很好地行动起来，就会像轮子转动一般，以越来越快的速度前进。因为，良好的培养和教育造成良好的身体素质，良好的身体素质再接受良好的教育，产生比以前更好的体质，这除了有利于别的目的外，也有利于人种的进步，像其他动物一样。"① 亚里士多德（前384—前322）也认为："身体运动能使年轻人身强体壮，以便在战时能保卫雅典，和平时服务于雅典。"② 另外，斯巴达的男女青年进行身体训练是为了创造一个个擅长厮杀的战士，他们生来不是为自己，而是为国家。③ 虽说古代体育也主张体育对于促进人种的发展和完善人性的意义，可他的目的是训练和培养"上帝的奴仆"或"统治者的奴仆"。这种只追求人对国家或神灵的贡献而不重视现实的人的生命活动的现实需求的体育目的，实际上抹杀了体育中人的主体地位，最终使"人"在体育的视界中失落了。

由于历史的变迁和社会的发展，近现代体育史上关于体育目的的观点纷繁复杂，具有代表性的有如下四种。

一是人文主义体育目的。这是由近代人文主义先驱针对封建社会专制压抑人的自然本性与个性的现实状况提出的。人文主义体育目的在对人自身的尊严、价值重新认识的过程中肯定了体育是以人为核心的运动；在倡导人的意志自由和个性解放中认识到了体育能促进人的身心全面发展；在批判禁欲主义，倡导尘世享乐中认识到体育是追求幸福，满足人性需要的手段，是新兴资产阶级追求"享乐、幸福、自由"的生活方式。④ 一些先驱在现代体育思想逐渐形成的同时，也努

---

① ［古希腊］柏拉图：《理想国》，郭斌、张竹明译，商务印书馆1996年版，第375、136页。
② ［古希腊］亚里士多德：《政治学》第7卷，秦典华译，中国人民大学出版社1994年版，第263页。
③ 胡小明、石龙：《体育价值论》，四川科学技术出版社2008年版，第23页。
④ 谭华：《体育史》，高等教育出版社2005年版，第150页。

力将这种新的体育思想付诸实践，进行了现代体育的早期尝试和探索，此前主要作为军事训练、民俗娱乐的许多身体活动被改造为教育手段，逐渐完成了体育的教育化转变。① 但在文艺复兴以后，古典人文主义教育却逐渐丧失了人文主义精神，沦为脱离现实生活的形式主义的教育了。此时体育的目的主要是培养绅士。表现为"虚饰重于实用"，"学校科目中几乎完全忽略的东西，却是同人生事业最有密切关系的"②。随着时代的变迁，后来它本身也成为反思的对象。

二是自然主义体育目的。这是以"自然人"为人性假设而提出的旨在造就人的自爱、自主、自立、自制人格的教育目的，认为体育是一切教育的前提，也是阶段性教育的基础，主张身体教育，必须遵循自然的要求，顺应人的自然本性。这里的自然本性是指儿童自身的生长规律以及生理和心理特点。③ 自然主义体育目的的提出是法国自然主义教育家卢梭，后来他的教育观经裴斯泰洛齐、福禄倍尔、巴塞多等人的理论和实践得以发扬光大。自然主义体育流派的三位代表人物德国的古兹姆兹（Guts Muths，1759—1839）、杨（Jahn，1778—1852）和施皮斯（A. Spiess，1810—1858），他们被称为"体育之父"，形成了各有特点的自然体育思想，但其本质上都是强调遵从人体自然规律，铸造人体。④ 之后被奥地利体育课程改革的推动者高尔霍夫尔（Karl Gaulhofer，1885—1941）吸收和深化，提出按照儿童生长发育规律、体育活动的生物学价值和儿童的运动兴趣来设计针对儿童发育成长的体育课程，并形成自然主义体育学派。⑤ 自然主义的身体教育影响深远，以至于时至今日人们还坚持认为体育活动必须顺应人的个体特征，必须坚持循序渐进等原则。

三是功利主义体育目的。这是英国教育家斯宾塞提出的教育目的。

---

① 谭华：《体育史》，高等教育出版社 2005 年版，第 154 页。
② ［英］斯宾塞：《教育论》，胡毅译，人民教育出版社 1962 年版，第 29 页。
③ 谭华：《体育史》，高等教育出版社 2005 年版，第 185 页。
④ 杨文轩等：《体育学原理论著选读》，广东高等教育出版社 1996 年版，第 186、213 页。
⑤ 胡小明、石龙：《体育价值论》，四川科学技术出版社 2008 年版，第 62 页。

他认为体育科学教育就是实现个人"完满生活"之首要，也是人类生存竞争之需要。他根据人类"完满生活"的需要，按知识价值的顺序，把普通学校的课程分为 5 个部分，排在第一位的就是生理学、解剖学，并指出，这是提供"防止丧失健康来直接保全自己的知识"①。它阐述了生命和健康规律，指导人们保持良好的健康，充沛的精力和饱满的情绪，这是保证人们从事一切活动的最基本的知识。这种科学知识是"合理的教育中最重要的一部分"②。他指出："在训练儿童的时候，使他们不只在心智方面适合于面临的斗争，也在身体方面经得起斗争中的过度损耗，就显得特别重要了。"③

四是社会本位的体育目的。这种体育目的是 19 世纪资产阶级民族国家形成过程中的一种教育思潮，也是 20 世纪资产阶级专制、集权社会的教育思想。其代表人物有赫尔巴特、涂尔干、孔德等。此目的主张确定教育目的不应该从个人本性出发，应该从社会需要出发。从体育角度讲，就是预期通过体育来实现社会改造的理想，这种体育目的一般是以官方意向提出的。国内外近现代的政治家大部分有这样的思想主张。

在现代体育广泛传播和开展的同时，世界政治格局发生了重大的变化，由于连绵不断的大规模军事战争的需要，在现代体育中的军国民主义思潮也逐渐严重。

第一次世界大战之后，德国统治者不满战争结局，鼓吹极端的民族主义和国家主义。在社会达尔文主义的影响下，逐渐走向了极端反动的法西斯主义。法西斯主义作为 20 世纪前半期的一种世界范围的特殊历史现象，形成了德国、意大利和日本三种类型。德国的普鲁士军人精神、意大利的罗马好战精神、日本的和魂尚武精神，与当时的社会环境相掺和，在世界大的动荡变化中容易爆发。体育活动在这样的

---

① ［英］斯宾塞：《教育论》，胡毅译，人民教育出版社 1962 年版，第 13 页。
② 同上书，第 4 页。
③ 同上书，第 114 页。

社会背景下很快被作为全民皆兵的训练工具。希特勒在《我的奋斗》中强调："一个民族国家的整个教育的主要目标，决不可以只是灌输知识，而是要造就十足强健的体魄。"① 他宣称一个德国青年应该"像猎犬那样敏捷，像鞣过的皮革一样坚韧，像克虏伯工厂生产的钢那样经受过锻炼"②。希特勒要求德国学校中要增加体育训练的时间，让体育课成为一门重要课程，并加大军事体育训练内容，学校体育中，把青年锻炼身体看成是一种国家意志，为准备强壮的士兵服务。按照集体原则进行身体训练和教育，"蕴藏于合理体操中的国家政治价值"的德式体操得到广泛推广。可以说，军国民主义是体育的社会价值步入歧途之滥觞。

日本在脱亚入欧时期，经过大批官员到各国的多次考察，引进了德国的国家主义指导下的体操体系。20世纪前期迅速膨胀为有东方特色的法西斯主义——日本军国民主义。它借助于日本武士道文化传统，渗透侵略扩展野心，将整个国家生活置于"军事需要"控制之下。军国民主义主导当时的日本社会，日本的学校体育也形成了一股军国民主义思潮，体育全盘军事化。"在儿童进行体操训练的时候，采用兵式体操，让他们记住术语、枪的操作法，这样，当他们应征入伍就可以缩短征兵训练年限，万一情况下在国民中征兵，也能够大为节约。"③日本在《关于振兴兵式体操的建议》中指出："在学校中振兴兵式体操，既有利于德育也益于体育，鉴于帝国教育之现状，人们确信这的确是紧要而不可缺的大要务，希望政府从速采取适当的措施。"④ 日本军国民主义体育思潮与德、意法西斯主义体育思潮有所不同，它带有很强的封建性质。日本军国民主义以天皇崇拜为中心，强调"大和魂"和武士道精神，与传统文化掺杂在一起，其军事活动对周边国家的毒

---

① ［美］威廉·夏伊勒：《第三帝国的兴亡》，董乐山译，世界知识出版社1979年版，第353页。

② 德伯林：《第二次世界大战史》第一卷，上海译文出版社1978年版，第310页。

③ ［日］海后胜雄：《近代教育史》第三卷，日本诚文堂新光社1956年版，第186页。

④ 同上。

害尤其深重。

我国长期以来的体育价值取向是以"社会需要"为本位。近代西方体育引进时，中国正面临内忧外患，人们以国家民族为中心，从保家卫国这一角度出发认识体育的意义和社会价值。从近代许多政治家、思想家、教育家关注体育、阐述其体育主张的基本出发点看，首先是为了强种保国、民力强大，并把体育与振兴国家，实现政治目的联系起来。例如，严复从教育救国的思想出发，高度肯定了体育的社会效能。他认为："是以今日要政，统于三端：一曰鼓民力，二曰开民智，三曰新民德。"① 对于"鼓民力"的重要性，严复鲜明地指出："今者论一国富强之效，而以其民之手足体力为之基。"② 可见，在严复的思想里"民之手足体力"已经关系到了"一国富强之效"。从"救亡图存"、"强国强种"的角度出发，他特别强调身体的训练，提出"鼓民力"的主要方法是"以练民筋骸，鼓民血气者也"。他的"鼓民力"思想主要是从体育的社会作用的角度来强调体育的重要性，其主要目的是自强保种、强健身体，进而富国强民。

梁启超从"尚武强国"的军国民思想出发倡导体育。梁启超东渡日本之后，产生了以培养军国民强国救国的思想，提倡"中国之武士道"。他在《新民说·尚武篇》中论述了民族体质和尚武精神，认为："尚武者，民之元气，国家所恃以成立，而文明所赖以维持者也。"③ 可见，在梁启超的思想里，已经把尚武精神上升到了作为"自卫保国"的根本。对于民族体质与国家强盛的关系，梁启超提出："人种不强，国将何赖?"并提倡"体操之外，凡击剑、驰马、蹴鞠、角抵、习射击枪、游戏竞渡诸戏，无不加以奖励，务使举国之人，皆具有军国民之资格"④。尚武精神具有强烈的民族主义、爱国主义和军国民主义的色

---

① 王栻：《严复集》第 1 册，中华书局 1986 年版，第 27 页。
② 同上。
③ 梁启超：《新民说》，中州古籍出版社 1998 年版，第 182 页。
④ 同上书，第 191 页。

彩，主要目的是以尚武为救国之道，以振民力为宗旨，通过体操、击剑、驰马等活动的开展，以求改变国民身体文弱的状况而复兴中国。

中华民国成立后的第一任教育总长蔡元培先生，正式提出了学校实行"军国民教育"，① 并要求各级各类学校实行军事编制，开设以兵士体操为主的体育课。在蔡元培的军国民体育思想里，学校应一律提倡体育，使国民身体强健，再临时传授"军事知识"，以达到保卫国家的目的。

毛泽东《体育之研究》开篇即"国力衰弱，武风不振，民族之体质，日趋轻细，此甚可忧之现象也"②。可见，中国人接受西方体育首先是为了御侮救国，缺乏内在的思想准备，忽略了或者起码是淡化了体育对于增进人们健康、提高生活质量的本质所在。

第三，进入当代，社会本位的体育目的及功利主义体育目的在某些时段和某些方面可以说不仅没有减弱，反而有过之而无不及。1950年7月，毛泽东题写"新体育"，"发展体育运动，增强人民体质"。他认为"体育运动并且是培养人民勇敢、坚毅、集体主义精神，和向劳动人民进行共产主义教育的重要手段之一"③。强化新体育的思想政治教育作用，注重体育为人民群众政治利益服务，体育突出的是政治功能。新中国成立伊始，时任共青团中央书记处书记的冯文彬所做的《新民主主义的国民体育》的报告，就是官方意志的正式表述，"报告中正式地，也是第一次全面阐明了新民主主义体育的特征，即新的体育方针，就是新民主主义的。这就是说，体育应当是民族的、科学的、大众的。我们要把体育活动和一般新民主主义的建设结合起来，反对为体育而体育，脱离实际，脱离人民的思想和办法"④。"反对为体育而体育"

---

① 《蔡元培全集》第一卷，中华书局1984年版，第94页。
② 毛泽东：《体育之研究》，人民体育出版社1979年版，第1页。
③ 中共中央关于加强人民体育运动工作的指示：《中华人民共和国体育运动文件选编》，人民体育出版社1957年版。
④ 傅砚农主编：《中国体育通史》第五卷（1949—1979年），人民体育出版社2008年版，第8页。

的说法显示了官方对体育的基调，言外之意就是体育必须为政治服务，企图脱离政治独立运作是不可能的。① 随后，新体育的目标被确定为"为了增进国民的健康，为了发展新中国的建设和巩固新中国的国防"②。

1958 年，中国体育发展随着"大跃进"出现冒进思想，提出"在体育运动广泛开展的基础上，加速提高运动技术水平，争取十年左右，在主要运动项目上赶上世界水平"③。"某些项目出现世界冠军和世界纪录创造者。"④ 中国学校体育出现只搞单项训练，甚至以军训和劳动代替体育课的现象。群众体育则全面实行苏联的《劳卫制》。中国体育的发展受国内外政治因素的影响很深，"工具论"实际成了新中国体育价值取向的基本模式，并长期在实践中起主导作用。20 世纪 60 年代后，我国把体育发展重点确定在竞技体育上，并在"文化大革命"期间把体育当成了"无产阶级专政的工具"，体育的目的任务也就成了一些"政治口号"。

1978—1980 年通过三次全国体育工作会议的认识，标志着中国以竞技体育为中心，"思想一盘棋，组织一条龙，训练一贯制"的举国体制正式形成。⑤ 国家体委逐步形成了以青少年为重点的全民健身战略和以奥运会为最高层次的竞技体育战略发展的思路。之后，随着体育事业的不断发展以及社会对体育的越来越高要求，国家虽然相继于 1995 年 6 月出台并于 2010 年 10 月修订了《全民健身计划纲要》，确定了以全国人民为实施对象，以青少年和儿童为重点，系统地加强全民健身工作发展的目标任务和主要措施，明确了要有计划、有步骤地推动全民健身事业全面、协调、持续发展，更好地为国家经济建设和

---

① 金光辉：《从体育教科书和专著的立论基础看体育思想的演化》，博士学位论文，华东师范大学，2012 年，第 9 页。

② 傅砚农主编：《中国体育通史》第五卷（1949—1979 年），人民体育出版社 2008 年版，第 9 页。

③ 《体育事业大跃进的号角吹响了》，《体育文丛》1958 年第 3 期。

④ 《就十年赶上世界水平问题国家体委答本刊记者》，《新体育》1958 年第 5 期。

⑤ 国家体育政策研究室：《体育运动文件选编——1978 年全国体育工作会议纪要》，人民体育出版社 1982 年版，第 129 页。

社会发展服务。① 2000 年 12 月国家体育总局印发了《2001—2010 年体育改革与发展纲要》的通知指出："坚持普及与提高相结合，坚持群众体育与竞技体育相结合。"② 2002 年 8 月中共中央、国务院颁发了《关于进一步加强和改进新时期体育工作的意见》，明确提出："以满足广大人民群众日益增长的体育文化需求为出发点，把增强人民体质、提高全民族整体素质作为根本目标，积极开创体育工作新局面，为实现新世纪我国经济、社会发展的战略目标和中华民族的伟大复兴做出应有的贡献。"③ 实际上，我国体育近些年确实在向本真回归，但不容忽视的是，这种美好愿望被 1995 年 7 月出台并实施至今的《奥运争光计划》所遮蔽，这一时期体育方针的发展重点和核心任务依旧是为国争光，展现国家形象。2014 年 10 月 20 日，国务院以国发〔2014〕46 号下发了《关于加快发展体育产业促进体育消费的若干意见》，其目的是进一步加快发展，促进体育消费、扩大内需、增加就业、培育新的经济增长点。

二　体育目的的肢解分析

通过对体育目的发展与流变的历程梳理可以发现，所有的体育目的从总体上看无外乎两类：第一类是追求体育自身的内在价值（目的价值），第二类则是依据体育结果所依附的外在于其自身的价值（手段或工具价值）来评判体育的效果。所以，在分析体育目的肢解前，我们不得不对目的价值和手段（工具）价值做一简单介绍以利对我们对体育目的的肢解的进一步认识。

依据所满足的需要在主体生存发展中的整体性质和地位，人们常

---

① 国家体育政策研究室：《体育运动文件选编——1978 年全国体育工作会议纪要》，人民体育出版社 1982 年版，第 129 页。

② 国家体育总局：《2001—2010 年体育改革与发展纲要》，《中华人民共和国体育法规汇编（2000—2002）》，中国法制出版社 2003 年版，第 28 页。

③ 中共中央、国务院：《关于进一步加强和改进新时期体育工作的意见》，《中华人民共和国体育法规汇编（2000—2002）》，中国法制出版社 2003 年版，第 28 页。

将价值区分为"目的价值"和"手段（工具）价值"。目的是指对一定需要的满足本身，手段则是达到目的所需要的条件和过程。目的和手段是两种最普遍的价值。一切具体的对象或客体，都可以按它们对于主体的价值划分为这两类，或者是目的，或者是手段（工具）。

当然，这种划分具有一定的相对性，特别是在人类活动无限发展的历史上，某些具体的目的与手段犹如链条上的个别环节一样，并不是孤立静止的，它们之间的区别仅仅具有不断发展转化中的过渡意义。有些需要的满足是主体活动的目的本身，因此，客体满足这种需要所形成的价值，就叫作"目的性价值"。有的价值目标在局部看来它是目的，然而"这个目标进而又在更高的目标中具有自身的理由，对于后者来说，它又是工具性的了。这种与其他价值的实现与完善有关的价值就叫做工具性价值"①。但这并不妨碍我们对目的和手段一般关系的考察。

目的决定手段，手段检验目的。在社会生活实践的各个领域，包括经济、政治、道德、文化、艺术及教育活动、体育活动和日常活动中，都有目的和手段的关系。这种关系构成实践辩证法的内容，其中既有目的与手段之间相互作用的客观联系，又包含主体尺度和价值取向的能动作用。

作为实践的内容之一，目的是主体内部规定性的具体化和现实化，是主体价值选择的定向机制。马克思说，人的目的"是作为规律决定着他的活动的方式和方法的，他必须使他的意志服从这个目的"②。一般来说，在主体活动的每一时刻，他的体力和脑力、经验和理智、激情和意志、能动性和创造性都围绕着目的充分展开。在认识中，主体按照自己的目的，把客体分解为能否"为我"的物质、能量、信息等成分，从中发现主客体关系的前景，并规划达到这一前景的途径。在

---

① ［美］M. W. 瓦托夫斯基：《科学思想的概念基础——科学哲学导论》，范岱年译，求实出版社 1982 年版，第 583 页。
② 《马克思恩格斯全集》第 23 卷，人民出版社 1971 年版，第 202 页。

实践中，主体尽可能采取相应的手段，把这些成分实际地变成自己现在和未来结构中的一部分。就是说，对于人的价值活动而言，内在目的本身具有一定的客观性、必然性，而手段（活动的方式和方法）则相对地具有一定的主观性和偶然性，它们之间本质上是决定与被决定、选择与被选择的关系。

目的决定手段，选择手段，这是人作为有意识的、自觉的价值活动主体的特征。作为价值思维，它的第一个特征是自觉明确目的，敢于坚持目的，积极选择手段来为目的服务。但这里的手段之"择"便有一个合理性问题。我们知道，人只要是有目的地活动，只要他确实是打算实现自己的目的，只要他不是处于意识混乱的状态，就总是对手段有所选择，不可能完全不择手段。我们通常所谴责的"不择手段"，其实是指没有采取应当采取的手段，特别是指没有选择正当的手段。那么，什么是手段"应当采取和不应当采取"、"正当和不正当"的标准呢？这里往往有着彼此不同、又相互影响的两个标准，一个是主体目的标准，另一个是社会规范标准。

所谓主体目的标准，是指手段是否有利于达到主体的目的。对一定主体来说，有利于达到目的的就是应当的，反之则是不应当的。[①]比如要去瞻仰天安门，目的确定了，行进的方式和线路就是手段。从原则上说，能够通向天安门的各种方案都可以选择。所以手段是可以充分放开的、有高度选择自由的，但是，放开手段并不是目的，目的是要快捷、安全、经济地到达目标，因此放开是为了选择最佳的方案。选择手段的标准是：哪种方式和线路更快捷、安全、经济？为此就要解放思想，多几种选择和比较的可能，不能只是照习惯走老路。一般来说，主体目的标准是任何主体自己选择手段的标准，它必然包含着"选择"。手段有"择"，贵在自觉。这是一种必然的、明智的态度。相反有两种实际上"无择"或"拒择"的倾向，则是愚蠢而有

---

① 李德顺：《价值论》，中国人民大学出版社 2007 年版，第 127 页。

害的。一种是因手段而忘记了，或者不如说是放弃了目的。"运动就是一切，目的是没有的"这一机会主义态度，就像本应"选猫捉鼠"，结果却成了"为猫而猫"。另一种是以狭隘、凝固的眼光看待手段，不懂或不肯为了实现目的要灵活开放地对待手段，"只有白猫才能捉鼠，没有白猫，宁可让老鼠泛滥"。这种教条主义、经验主义的态度，可以和机会主义一样划入"不择手段"之列。它们都是导致主体碰壁之道。

所谓社会规范标准，是指行为是否为社会的政治、经济、法律、道德以及"以人为本"等各方面的规则所允许，允许的是正当的，不允许的是不正当的。[①]但社会规范标准不仅仅用于衡量手段，更在于衡量目的。从社会规范标准看来，所谓不择手段，是指采用了社会规则和人们的道德原则不容许的手段。出现这种情况的实质原因，主要不在于手段，而在于目的。我们可以看到，抱有不正当目的的人，必定会采取不正当的手段，这是他自己不会放弃的；而抱有正当目的的人，即使有时采取了有些不正当的手段，他自己也能加以改正和弥补。这就是目的对手段有决定性和约束力的表现。譬如目的是帮人和救人，那么发现手段有不利于人的效果时，目的就会出来纠正手段，只有目的就在于害人、损人利己时，那样的手段才会继续下去。

当代体育现实中的手段问题往往同目的有关，更多的是出于目的本身的不明确、不完整，或者在执行过程中偏离了目的。学术界每每提到体育的目的时，虽然大多数都是在体育内在目的的论域中演说的，但在实践中真正起支配作用的恰恰是后一种体育目的，这就使得体育活动的工具色彩过于浓厚，导致"金牌数量"、"社会经济效益"、"成绩提高效率"等成为事实上支配现行体育的主导价值观。换句话说，体育的实然目的在于满足某种政治、经济、社会需求，体育由此也就

---

① 李德顺：《价值论》，中国人民大学出版社 2007 年版，第 127 页。

变成了一种引导人片面追求功利（地位、金钱、权利等）的"体育"，一种指向明确的适应性"体育"①，在其中，很难看到体育对人的生活质量提升方式的指导和对人的整体精神培养及教化追求的迫切性。也就是说，体育在大多数情况下没有把人作为其实践活动目的。

　　当代体育要真正做到"以人为本"、以人为中心，必须始终把人当作目的，而不是当作手段、工具来看待②。"人是目的"，这是一个公理层次的命题。"以人为本"，正是这一命题最基本的体现，正是体现这一命题的不容商量的原则。人本身就是人的最高价值，是人的一切价值之源，是人和人活动的根本目的。从人出发，以人为本，就内蕴着反对一切背离人是目的的企图和行为。甚至，一个人把自己当作手段、工具也是不应该的。康德的如下"实践律令"，即任何时候都应该把人——自己和他人，"永远当作目的的看待，决不仅仅当作手段使用"③，仍然具有约束效力和令人敬畏的力量。

　　目前的功利化体育仍然总是把人分离成一个个单面的人、一张张体育目标的碎片或实现某些特殊目的的手段。在一定的历史时期，运动员在现实的社会生活中丧失了自身的独立性，人被异化成政治人、经济人、金钱人、奖牌人等，体育也就自然成为政治、外交、军事和经济等的手段。虽然体育的目的在于教化人，然而在现实中，我们的体育目的实际上是重国家、民族形象、社会经济效应而轻视甚至忽略了对人的关怀。我们的体育只关注运动员摘金夺银成名成家，而忽视

---

　　①　这种"体育"就是典型的为竞标主义服务的竞技体育，真正关乎广大人民生命、生活切身利益，对人具有发展教化的体育被淡化或被忽略，也被一定的社会目标所左右和束缚，缺乏对自身长远奋斗目标的考虑，在发展中出现忽左忽右的现象。

　　②　在具体的社会历史活动中，人与人之间是相互依存的，特别是当社会进化到一定阶段，社会分工成为效率、发展的必要条件，这时，一个（些）人把另一个（些）人当作手段，或者某些人把另一些人当作手段，往往既不可避免，也很正常。例如，医生请病人试用新药或新的治疗方案，公司经理请秘书代拟文件、打印材料，等等。事实上，由于社会分工的存在，任何人都以他人的存在和劳动为条件，任何人及其劳动又都是他人存在、发展的条件，人与人之间实际上是一种互相服务、互为手段的关系。

　　③　北京大学哲学系外国哲学史教研室编译：《西方哲学原著选读》下卷，商务印书馆1982年版，第313页。

了如何在使他们做人这方面发挥应有的作用。也就是说，在当今的体育目的中，依然是功利性目的遮蔽了非功利性目的，"应该追求的目的"被"实际追求的目的"所掩盖。虽然体育目的价值取向是以人为主题，以生活为基础，以意义追求为指向的人的生命体现，生命确立，生命发展的教育活动，但在事实上，体育塑造的却是"头脑简单，四肢发达"，再就业十分困难的"名人"。

尽管在个人本位与社会本位的争论之后也有人企图达到二者的兼顾与和谐，提出了一个所谓的以多元价值观的存在为前提，在人们的价值观念体系中处于主导、支配地位，体现价值体系的基本方向，统摄其他价值观念，反映现实生活和社会发展内在要求和趋势，规范行为、稳定秩序，提供精神动力支持的核心价值目标和价值导向的"当代体育的主导价值观"认为，"人文体育观作为体育的主导价值观，是以人的全面发展为核心内容，以尊重人作为完备的个体的价值实现为价值取向，以实现人的全面现代化作为当代人文体育观的实践目标。人文体育观反映了当代以人为本的科学发展观的价值取向，在体育价值观念体系中处于主导性和支配地位，体现了当代体育价值体系的基本方向，反映了现实生活和社会发展的内在要求和趋势，对规范人们的体育行为、引导体育健康平稳的发展，提供了核心价值目标和价值导向"①。其实际上是在价值观多元化基础上建立的主导价值观是一个复合体，是众多价值取向的总和。但在现实社会中，"体育不仅是为某一群体服务的，而且考虑微观的每一个个体的需要，还要从全人类的宏观层次来探索体育的终极目的"②。对于家长或个人来说，参与体育的一个最重要目的就是摘金、夺银、出人头地，毕竟花费了不菲的资金，付出了大量时间和不少精力，还要丧失一定的机会成本，要求回报无可厚非。对于国家来说，兴办体育、推动体育发展的着眼点主

---

① 陈琦、杨文轩等：《我国当代体育价值观的研究》，《体育科学》2006年第8期。
② 胡小明：《新世纪 新体育》，《体育学刊》2000年第7期。

要在公共性上，如何为社会政治、经济服务、如何通过体育提高国民素质，并在一定程度上保障社会稳定等作用上。换句简单的话说，国家层面上的体育目的往往是与个人层面上的体育目的不相一致，有时是相互矛盾的，因而，在现阶段要想达到一种所谓的体育和谐状态是不现实的。

从以上分析可知，体育目的是主体对于体育这种社会活动结果的预期，所以，不同的主体代表各自对体育结果的不同预期，提出和表述自己对体育目的的认识是在所难免的。现实也是如此，学者对体育的目的是从学理角度去理解和提出的；国家对体育的目的是从国家利益角度去认识和提出的；对于个人或者是不同的机构的一些不成文的体育目的是从自己狭隘的利益视角去认识的。可以看出，这些不同的主体对体育的目的各有侧重和偏向，相互之间不完全一致。究其原因，那就是不同的主体站的高度不同、所处的立场不同、观察的范围和视角不同，对体育目的的认识和表述也就不同，因此，始终不能达成体育目的总体平衡、和谐、适应和同构这样一个理想的现实性状态。尽管学者们提出了很多美好的关于体育目的的设想，但能被国家采纳的寥寥无几，而国家以一种强势的力量提出的宏观而合理的体育目的，却在整个体育运行的实践过程中又被不同的个人或不同的机构所肢解，将其碎片化，进而使体育过程和体育结果都发生一系列异变。正如现任国家体育总局局长在 2005 年年底的公开报告会上承认的那样："中国体育人口活动场地不到 1 平方米，35岁的男性从过去的 35% 降到去年的 15%；15—35 岁参加体育活动的只有 50%。而学校体育一直不如人意，学生身体的'三围'指数明显下降，学校体育课形同虚设，严重贻误学生健康。专业竞技中无人现象明显，长年训练的运动员'头脑简单，四肢发达'，再就业十分困难；这些体育实践中出现的异化现象，已经迫在眉睫，必须解决了。特别是中国体育体制内长期存在的利益壁垒，严重阻碍了中国体育的健康发展，受到越来越多的体育界之外的社会文化学者的质疑和批评。"①

第二节 内外功能需求指向的异化
——体育功能的失衡

一 对体育功能的认识

第一，功能的词源解释。"功能"一词源于社会学，它泛指某一社会构成对社会系统的维持和发展所产生的客观后果，是功能归属事项对功能的助益单位所产生的可观察到的客观后果。② 功能是一个在多个领域被广泛应用的概念。在《现代汉语词典》中，"功能"被定义为"事物或方法所发挥的有力的作用、效能"。《辞海》对"功能"的解释是：①事功与能力。②功效；作用。多指器官和机件而言。③同"结构"相对，指的是有特定结构的事物或系统在内部或外部的联系或关系中表现出来的特征和能力。③ 功能一词在英语中也同样具有职能、机能、功用、作用、职责等多种含义。

第二，社会学对"功能"的定义。在社会学视野中，有的国外社会学家认为，功能指的是客观结果，即"一种社会现象对于一个它所属的更为广大的体系来说所具有的被断定的客观结果"④。

而法国的社会学家迪尔凯姆认为，一个社会制度的"功能"就是这个制度与社会机体的要求合拍。⑤ 对于迪尔凯姆的这种界定，人类学功能学派的代表人物拉德克里夫·布朗进行了修正，他将功能、结构与过程三个要素联系起来，提出了更简洁的定义："功能是指局部的活动对整体活动所做的贡献。这种局部活动是整体活动的一个组成

---

① 石龙：《论西方体育人文价值的演变——兼论我国的缺失与回归》，博士学位论文，华南师范大学，2007年，第6页。

② 张行涛：《论学校教育功能替代》，《教育理论与实践》1996年第5期。

③ 《辞海》编辑委员会：《辞海》缩印本，上海辞书出版社2001年版。

④ 邓肯·G.米切尔：《新社会学词典》，蔡振扬等译，上海译文出版社1987年版。

⑤ 迪尔凯姆：《社会学方法的规划》，胡伟译，华夏出版社1999年版。

部分。"①

但是经过长期的发展，社会学家斯宾塞和涂尔干在 19 世纪发起功能论，逐渐形成了社会学理论的一个流派——功能主义。斯宾塞认为不同的社会组织满足不同的社会需求之现象正如同不同的人类器官满足不同的生理机能一般。而法国社会学家涂尔干深受斯宾塞的启发，他认为人类社会组织分化跟功能特殊化之间的关系，组织之间的功能互补成为社会稳定生存的重要条件。近代美国社会学家帕森斯整合这些功能主义的观点，奠定了结构功能主义的典范。但是，功能论者都承认任何一种文化现象，不论是抽象的社会现象，如社会制度、风俗习惯、思想道德等，还是具体的物质现象，如工具、器皿等都具有满足人类实际生活需要的作用，即具有一定的功能。他们中的每一个与其他现象相互关联、相互作用，都是整体中不可分割的一部分。

结构功能主义是现代西方社会学的一个重要理论流派，是在以往功能主义的思想基础上形成和发展起来的。它认为社会是具有一定结构或组织化手段的系统，社会的各组成部分以有序的方式相互关联，并对社会整体发挥着必要的功能。整体是以平衡的状态存在着，任何部分的变化都会趋于新的平衡。

美国社会学家帕森斯在 20 世纪 40 年代提出了结构功能主义这一名称，他在以后的许多论著中，为形成结构功能主义的系统性理论作出了很大努力，并成为结构功能分析学派的领袖人物。帕森斯认为，社会系统是行动系统的 4 个子系统之一，其他 3 个是行为有机体系统、人格系统和文化系统。在社会系统中，行动者之间的关系结构形成了社会系统的基本结构。社会角色，作为角色系统的集体，以及由价值观和规范构成的社会制度，是社会的一些结构单位。社会系统为了保证自身的维持和存在，必须满足 4 种功能条件：①适应。确保系统从

---

① ［英］拉德克里夫·布朗：《原始社会的结构与功能》，潘蛟等译，中央民族大学出版社 1999 年版。

环境中获得所需资源，并在系统内加以分配。②目标达成。制定系统的目标和确定各目标的主次关系，并能调动资源和引导社会成员去实现目标。③整合。使系统各部分协调为一个起作用的整体。④潜在模式维系。维持社会共同价值观的基本模式，并使其在系统内保持制度化。在社会系统中，执行这4种功能的子系统分别为经济系统、政治系统、社会共同体系统和文化模式托管系统。这些功能在社会系统中相互联系。社会系统与其他系统之间、社会系统内的各亚系统之间，在社会互动中具有输入—输出的交换关系，而金钱、权力、影响和价值承诺则是一些交换媒介。这样的交换使社会秩序得以结构化。帕森斯认为，社会系统是趋于均衡的，4种必要功能条件的满足可使系统保持稳定性。

美国社会学家默顿是结构功能主义的代表人物之一，他发展了结构功能方法。默顿认为，在功能分析上，应该注意分析社会文化事项对个人、社会群体所造成的客观后果。他提出外显功能和潜在功能的概念，前者指那些有意造成并可认识到的后果，后者是那些并非有意造成和不被认识到的后果。进行功能分析时，应裁定所分析的对象系统的性质与界限，因为对某个系统具有某种功能的事项，对另一个系统就可能不具这样的功能。功能有正负之分，对群体的整合与内聚有贡献的是正功能，而推助群体破裂的则是负功能。默顿主张根据功能后果的正负净权衡来考察社会文化事项。他还引入功能选择的概念，认为某个功能项目被另外的功能项目所替代或置换后，仍可满足社会的需要。社会制度或结构对行动者的行为影响是默顿著述中的主题之一。他认为，社会价值观确定了社会追求的目标，而社会规范界定了为达到目标可采用的手段。如果文化结构（目标与社会结构、制度化手段）之间发生脱节，就会出现社会失范状态，导致越轨行为。

结构功能主义的影响和评价在20世纪50年代美国的社会学中曾占主导地位，其代表人物还有 K. 戴维斯、M. J. 利维、N. J. 斯梅尔塞等社会学家。结构功能主义的研究涉及面很广，包括社会理论探讨、经验研究和历史研究，其学术观点涉及人类学与政治学等社会科学领域，并对现代化理论有很大影响。从60年代中期开始，结构功能主义受到相当多的批评，其中有的直接针对它的功能逻辑前提，特别是对它采用唯意志论和目的论的解释方式，即把系统各组成部分存在的原因归之于对系统整体产生的有益后果，进行了猛烈的抨击，还批评它只强调社会整合，忽视社会冲突，不能合理地解释社会变迁。

第三，哲学对"功能"的定义。有的学者从哲学的角度来探讨功能，认为功能指的是"一个事物系统所具有的对其他事物发生作用的能力或根本属性，它是物质存在的一个最重要的特性"。并且进一步认为"功能是事物固有的，但必须在与其他事物的相互联系与相互作用中才能表现出来"①。也有学者在分析了与功能概念相联系的概念或命题后，对功能做了进一步的概括，认为"功能是事物或系统的一个基本属性，表现为事物或系统与其相互作用的能力，它体现了一个系统与外部环境之间的物质、能量和信息的输入与输出的变换关系"②。

第四，教育学对"功能"的定义。在我国的教育理论研究中，功能的定义多种多样。有的学者认为，功能是某一事物在环境中所能发挥的作用和能力，是事物的客观属性，是不以人的意志为转移的。③

另外，在陈寒、林群主编的《教育学教程》中，他们强调功能和作用的不同。他们认为，"作用"有积极和消极之分，需要根据结果来判断，而"功能"则指事物或方法内含的、可能实现的效用。并且提出了把握"功能"定义的三点要求：第一，功能是指一事物或方法对于其他事物的作用。因此离开了该事物或方法与其作用对

---

① 胡海德：《论教育的功能问题》，《西北师范大学学报》（社会科学版）1999年第2期。
② 唐晓杰：《需求·结构·功能·效应——现代学校教育功能探究》，博士学位论文，华东师范大学，1993年。
③ 王丹丹：《浅析教育功能》，《社会科学家》2006年第2期。

象的相互关系的研究，就不能认识功能；第二，某一事物或方法的功能是它的自身所内含的，离开了事物或方法的结构就不可能产生功能，结构变了，功能必然发生变化；第三，功能在具有功能的事物或方法未与其作用对象发生关系时处于潜在状态。潜在状态的功能是否能变为现实还受对象的状态及环境条件的影响。因此，功能的实现是有条件的。[①]

除了对功能与作用的定义进行区分外，学者们认为，功能与职能有一定的区别：职能即职责与功能，它意味着必须完成的任务；功能仅是某一事物或活动对其他事物或活动的影响。职责的履行必然会产生某种性质的功能，而某种性质的功能不一定来源于职责的履行。职能更多的倾向于期待效应，功能一般倾向于实际效应。

由于研究领域的不同，学者们对"功能"的认识各不相同。但我们可以看出某些共同特征，即功能是某一事物或系统的一种属性，是事物或系统自身所具有的，而且某一事物或系统的功能是在与其他事物的相互作用、相互联系中体现出来的。在这里，基本设定的前提有两个，即某事物或系统的存在，以及与某事物或系统相联系的其他事物、系统或环境的存在。而功能则正是此者对彼者的作用与影响。[②]

至于体育的功能，我国体育社会学界于 20 世纪 80 年代初开始有益的探讨，最早成果见于《体育概论》[③]。该著作首次界定体育功能，并将体育功能定义为：体育的功能是指体育的社会效能。此后，也有学者尝试给体育功能予以界定。如卢峰把体育看作一个相对独立的系统，一个由人、人的活动、观念体系和物质因素等建构而成的社会人文系统。按照系统思想对功能的认识，认为体育系统是人类社会的构成部分，相对独立于社会其他系统，并与其他系统相互作用，表现出

---

① 陈寒、林群：《教育学教程》，北京师范大学出版社 2011 年版。
② 李琛：《高校图书馆教育功能理论与实务》，安徽师范大学出版社 2012 年版。
③ 曹湘君：《体育概论》，北京体育学院出版社 1985 年版。

相对特殊的社会作用和效能，这种社会作用和效能即是我们所说的体育的功能。① 傅煜、党群认为，所谓体育的功能是体育对自身和社会的作用和影响。② 高卫华认为，体育的功能，是指体育以其自身特点作用于人和社会所能产生的良好影响和效益。③ 韩鹏伟认为，体育功能是指体育对人体和社会所起的作用。④ 人、身体运动和体育意识是构成体育的三个基本要素，身体运动本身没有功能可言，它只是人体各器官系统相互作用下的身体运动。当人类有目的、有意识地利用身体运动达到某种目的时，身体运动才具有某种功能。

关于体育功能的分类，根据学者们不同的方法，大致有如下几种。

综合分析法分类。曹湘君将体育功能分为七个方面：健身功能、娱乐功能、促进个体社会化功能、社会感情功能、教育功能、政治功能和经济功能。⑤ 在 2004 年人民体育出版社出版的《体育基本理论教程》中也将体育的功能划分为健身功能、娱乐功能、益智功能、育德功能和社会功能 5 大功能。王德喜认为，体育功能是指体育对社会、对个人的可能的作用，主要有健身功能、军事功能、政治功能、社会功能、文化功能、教育功能、娱乐功能、经济功能 8 个。⑥ 2008 年北京奥运会提出了"科技奥运"、"绿色奥运"、"人文奥运"的理念，故而，有学者认为北京奥运会对体育功能的探索带来一个新的机遇，体育中的一些隐藏功能将会被挖掘和发展。如体育的科技功能、环保功能和人本功能等。⑦ 这种综合分析的方法对问题的认识比较全面，对尚没有综合概括体育功能的体育理论来说是一个进步。但是，这些观点难免有些罗列和平叙，没有从事物的内涵和外延上进行性质上的逻

---

① 卢峰：《体育功能的系统分析》，《成都体育学院学报》1999 年第 3 期。

② 傅煜、党群：《我国体育主要功能演进的拓展分析》，《西安体育学院学报》2000 年第 2 期。

③ 高卫华：《不同历史时期体育功能的特征》，《安阳师范学院学报》2006 年第 5 期。

④ 韩鹏伟：《体育功能研究》，《科技信息》2011 年第 27 期。

⑤ 曹湘君：《体育概论》，北京体育学院出版社 1985 年版。

⑥ 王德喜：《社会转型与体育功能的重构》，《北京体育大学学报》2009 年第 12 期。

⑦ 王恒、冯胜刚：《我国对体育功能认识的变迁》，《体育文化导刊》2008 年第 7 期。

辑分类。

此后，有人还从个体需求和社会需求的角度对体育的功能进行了剖析。一些专家认为，从发挥功能的对象看，体育的健身功能和娱乐功能主要是对个体而言，而政治功能、经济功能、军事功能、教育功能等主要反映群体和社会对体育的要求。因此，体育功能的分类应当分为个体功能和社会功能两类。这种从个体和群体两个角度来认识体育功能的观点较罗列方式的表达又前进了一步。

随着思想解放和研讨的不断深入，人们对体育功能的认识更进一步发展并逐步深刻，开始从体育的内涵和外延两个层面上去剖析体育的功能。将体育功能划分为本质（基本、主要、自身或固有）功能和派生（或衍生）功能等，进一步认为，体育的本质功能是供人们在游戏玩乐中获得欢乐，在运动中健康身心。而体育的政治功能、经济功能、军事功能、教育功能等，则是对体育功能的放大和利用，应称为派生功能或衍生功能。前者是本质，是基础，是源泉，而后者则是引申，是应用，是发展。发挥体育的本质特点，使其为人民健康、愉快和幸福服务是体育的基本功能。而扩大体育的社会功能，使其在政治、经济、军事、文化、教育等诸多领域发挥作用，则是体育的派生功能。体育的本质功能反映了人类对体育存在的基本认识，而派生功能则体现了社会对体育发展的新需求。体育本质功能与体育派生功能的统一和结合，构成了体育价值的完整实现形式。对任何一方面都不能低估和排斥。在体育运行过程中，体育的本质功能和派生功能之间，既融合统一，又相互对立，只有主从兼顾、相辅相成，才能全面发挥体育的功能，使体育完整地服务于人类社会。

无论怎样分类，都只是为了便于研究和叙述。当然，根据不同的分类标准就会有相应的不同类别划分。正如体育的目的是随着社会和体育本身的发展而由单一而逐渐趋向多元一样，体育的功能也在社会及体育本身的发展历程中经历着类似的嬗变。从古到今，体育的功能在不同的历史时期被赋予不同的解释和阐发。这既有认识层面的原因，也有实践中社会的体制和不同需要等方面的原因。

鉴于当代许多学科将其对象作为一个具有整体性的开放系统加以研究时，一般都要在探讨其内部结构的基础上，进一步探讨其整体的对外功能。我们根据体育内涵的丰富性特点，也尝试将体育作为开放性系统来探究，在了解其内部结构的基础上，进一步探究其作为整体而蕴涵的功能。因此，认为体育功能是指体育这一特殊的社会现象和社会活动能够引起个体或其他社会系统发生变化的效能。进而言之，体育功能就是体育自身所固有的根本属性和重要特征的外在表现，主要用来回答体育为什么能够存在和它对外界能产生何种影响的问题。所以，体育功能之根本要义就是要揭示现代体育之内涵，从而丰富与完善体育关爱生命、敬畏生命、融于生活和教化育人的体育本质，使体育更好地服务于人类，造福于社会。当然，尽管体育功能是体育自身固有特性的外在表现，但其只有在与其他社会系统的相互联系、相互作用中才能得以存在与呈现。即是说，倘若体育不能对与其相连的其他社会存在产生影响或作用，它的功能就无从展现或发挥，体育也就失去了其赖以存在的社会基础。但这种影响和作用，应该是体育系统结构要素之间通过相互作用、影响、联系和统一，达到总体平衡、和谐、适应和同构状态下发挥出的作用才是体育应该追求的功能，如果达不到这种状态，那就是一种失衡的状态，会导致副作用的出现。

我们赞同对体育功能按基本功能和派生功能的分类观点，但为了便于理解，我们把体育的功能分为直接功能（也就是学者们所说的基本功能）和间接功能（也就是学者们所说的派生功能）两种。直接功能是指通过体育活动对个体或社会产生直接效能的，如健身功能、娱乐功能和教育功能。间接功能是指通过体育这样一个媒介间接地对个体或社会产生的影响和效益，如体育的政治功能、经济功能和军事功能等。

二 体育功能的演进

从教育史、体育史的研究可以看出，体育在原始社会尚处于"萌芽时期"。但这种"萌芽状态"的原始体育，已在当时社会中发挥了强身健体，传习适应人类生产、生活需要的一些技能（如跑、跳、攀、爬、投掷及游泳、划船、武舞和格斗等）的功能。虽然当时的强身健体是无意识的，健身、教育、娱乐这三种功能间的界限十分模糊，但却足以说明体育的自身功能在人类生产、生活中所发挥的作用。《诗经》中记载："断竹、续竹、飞土、逐肉"描述一个完整的生存技能——射猎的过程，并通过"歌"的形式完成对人的教育功能，其中亦包含身体运动、愉悦性情的成分。可以看出原始体育无不是为了人的生活与生存，正是通过"体育"的这种多种生存手段的习得保证了人们生命的延续和生活质量的提高。

进入阶级社会，伴随着社会的进步，生产力的提高，人类对体育的需要显得越来越重要，渐渐意识到了体育的多元化功能。首先，导引、养生的经久不衰，正是人们渴望增强体质、健全身心、延年益寿的具体表象；围棋、象棋，以及宋代"瓦舍"中的体育活动，透视出人们娱乐身心、满足享受、陶冶情操、锻炼意志的心态；两晋南北朝时期出现的"虚试无对"的剑术、唐代盛行的"剑器舞"等，又从深层面表露出人们崇尚完美、和谐的情感与心境，也反映出体育与生产劳动脱离后，其自身功能日益为人们所领悟，人们不仅把体育当作健身、娱乐的手段，而且已经把其当作满足审美情感，追求美好生活的目标之一了。更主要的是体育的社会功能更加受到统治阶级的青睐，将体育作为教育的重要内容为其培养人才和维护统治地位的工具。如中国古代文武合一的学校教育中设立的"六艺"之"射"、"御"，在上层社会盛行的礼射活动以及蹴鞠、马球，"贵由赤"赛跑等活动；在军事训练中开展的射、御、田猎、武舞、拳勇、角力、举鼎等活动。在欧洲中世纪封建领主对其子弟进行的"骑士七技"之"骑马"、"游泳"、"投枪"、"行猎"、"击剑"、"下棋"等内容的学习，无不都是以体育为主的。这时的体育已不再是过去那种简单的为生存服务的生活技能教育了，体育不仅成为教育的一部分，而且与军事、政治、医学、艺术、宗教、休闲娱乐有了密切联系，并把体育作为一种富国强民的重要手段来对待，具有明显的阶级性和政治色彩。

文艺复兴运动之后，资产阶级取得了意识形态和文化领域里对封建文化的决定性胜利，生产力得到了极大的促进和提高，在经济和文化上为资产阶级政权打下了坚实的基础。体育也在这一时期逐渐形成了自身的科学体系，确立了人、人体、体育的新价值观。逐渐科学化了的"体操"及现代奥林匹克运动等体育实践的兴起，大大提高了体育对社会影响的深度和广度，与此同时也出现了专门从事体育科研的人员，吸收并借鉴了教育学和医学等学科的研究成果，使得体育的教育功能和健身功能进一步得到加强。另外，随着生产力水平的提高，人们有了一定的余暇时间，体育的健身娱乐功能也逐步得到加强。此时，除了体育的政治功能和军事功能外，随着体育社团和体育俱乐部的出现，体育以劳务的形式向社会提供服务产品，已经不是一种纯消费型事业，体育的经济功能开始出现。

第二次世界大战后，人类文明的进程发展加快，科技进步日新月异，生产力得到极大提高，各国经济迅速发展。在此背景下，体育呈现出科学化、多样化、终身化、社会化和国际化的趋势。随着现代工业化的发展，脑力劳动者的比例大大增加，许多体力劳动被机器所代替，人们也越来越缺乏运动，致使社会上出现了大量"肌肉饥渴者"、"运动不足者"，出现了现代社会的所谓"文明病"等现象。另外，随着人们生活水平的日益提高和余暇时间的增多，人们更需要善度余暇时间和愉悦身心。因此，在现代社会，体育的健身、休闲、娱乐功能得到了淋漓尽致的发挥。当然，这时期在我国体育的政治功能、军事功能也是占有相当高的比重。在西方一些国家体育已经发展成为国民经济中的第三产业，所占比重也越来越高，甚至超过某些传统的行业，体育的经济功能得到了充分发挥。

新中国成立初期，百废待兴，国民体质孱弱，国民经济恢复任务繁重，体育的功能主要体现在改善国民体质和促进生产发展上。1952年，毛泽东明确提出："发展体育运动，增强人民体质"的体育工作总方针。中央人民政府将体育的任务规定为："积极开展群众性的体育运动，努力为生产和国防建设服务。"

冷战时期，体育肩负的政治任务倍显突出，特别强调"打球中体现很大的政治任务"，在国际体育比赛中取得好成绩，可以"证明社会主义制度的优越性"[1]。

1979年国际奥委会恢复了我国的合法席位，中国竞技体育开始全面登上国际体坛。迅速提高竞技体育水平、为国争光不仅是国家的需求，而且是全民的迫切愿望，成为重要的政治任务。国家体委实行"普及与提高相结合，省市级以上体委侧重抓提高"的方针。迅速提高运动水平主要是从发挥体育的政治功能和社会功能，从时局需要考虑的。

2002年，在21世纪开始之初，在我国社会主义建设迈进了一个新的历史发展阶段之时，下发了《中共中央、国务院关于进一步加强和改进新时期体育工作的意见》；2007年中共中央、国务院关于加强青少年体育增强青少年体质的意见及2011年国务院关于印发《全民健身计划（2011—2015年）》的通知等一系列文件精神，都明确指出了当前我国体育的任务和功能。对新时期体育的功能做出全面的概括："大力发展体育运动，对于增强全民族的身体素质，提高人民的生活质量，振奋民族精神，增强国家和民族的向心力和凝聚力，扩大对外开放和交流，促进经济发展和社会进步，都具有十分重要的意义。"表明了新时期全面而深刻的体育功能观。体育功能的全面而完整的发挥才有了坚实的社会基础。[2]

---

[1]　田雨普：《新时期体育功能的辩证认识论》，《体育文化导刊》2003年第8期。

[2]　国家体育总局群众体育司、体育文化发展中心：《群众体育工作手册》，人民体育出版社2014年版。

三 体育功能的失衡

分析体育本质和价值内涵便知，体育作为一种教育活动存在于社会之中，而且有其自身的要素及结构，因此，当其自身结构的内部要素之间、体育系统与社会其他子系统之间的相互作用不协调的时候，势必产生体育的功能失调，因而，体育的各种功能经常处于一种不平衡状态也就在所难免。主要表现在认识和实践两个层面上。

（一）在认识层面上，体育功能失衡的原因

1. 人们从主体需要的角度来认识体育的功能，导致体育功能载体的倾斜。当社会动荡不安，战事迭起时，体育直接的基本功能被超前的军事功能所覆盖；当社会发展以经济建设为主时，人们就更加重视体育的经济功能，强调体育要为经济建设服务，创造尽可能多的就业机会和财富；当社会意识形态出现冲突时，人们就说体育有政治功能，德育或外交要放在前列……此外，像近年来人们又提出了一些新的体育功能，如体育的人文、环保和科技功能等，无论人们一时偏重哪种体育的功能，从某种程度上说都有其合理性，毕竟体育的功能都是被社会需要所赋予。在这里我们不得不承认，在一定程度上讲，体育这种人类活动是人而为之的事物，所以，人们是可以在自己需要导向下通过实践活动去创造它的功能和价值的，但创造也得有客观条件容许才行。遗憾的是，在现实社会中，人们只是根据自己的意愿期望体育对人和社会的所有问题都有所作为，但人们往往是在高期望有所作为的情况下而忽视了其前提条件，并全然遗忘了体育本身对于人和社会的特殊功能，这种不讲条件，只求结果，无限夸大现实体育功能的做法，反而使体育迷失了最现实、最基本的功能。

2. 体育功能的泛化致使体育基本功能的迷失。体育自从其产生，就以其独特的功能、价值，在个人和社会的发展中起着不同于其他文化形式的作用，这些功能、价值正是体育之所以成为体育而独立存在的依据。它不受时空、地域及意识形态的变化而改变，始终表现为较为客观的结果。在对体育功能、价值的探究和认识时，最根本的和最关键的应是认识它最独特和最基本的东西，不能感情用事、人云亦云、随意任性。但遗憾的是，纵观当今体育理论界对体育功能的研究和认识态势，总体的状况是趋于泛化，一些学者把与体育发生作用和影响的一切关系全数纳入到体育功能的范畴中，不经过认真考问和仔细辨别这种关系是本质的还是非本质的；是基本的还是派生的；是特有的还是普遍的；是稳定的还是松散的；是直接的还是间接的；是主要的还是次要的等，全部称为体育的某某功能。毋庸置疑，尽管在人类历史上体育对于政治、军事、经济、文化等方面起到了多种作用，自其产生以来也的的确确满足着社会在这几方面的功能需求，但我们必须得有一个清醒的认识，那就是只有强身健体、娱乐身心和教化育人才是最基本的功能。背离这样的基本功能，体育就不成为体育了，即成为社会其他系统的附庸品。因此我们说，人们对体育功能不管是从认识层面上，还是在具体实践层面上过于的泛化将必然导致其基本功能的淡化或迷失。

众所周知，体育对人发展的作用，直接体现在人人皆知的强身健体、娱乐身心及不被许多人关注的对人的教育作用上。因为，体育除了强身健体、娱乐身心外，它本身有一整套有形的（如规则、秩序等的强制手段和体育道德、舆论等非强制手段）和无形的（如体育过程中人们通过自身行为潜移默化地进行的体育习惯等）行为规范，用以维持正常的社会秩序，调整人们之间的关系，规定和指导人们的思想、行为的方向。另外，人的生命是短暂的，人类更替频繁，而体育则是要长期存在，这些人类通过体育创造的物质的和精神的文化还需继续积累和发展。因此，体育本身就担负了这些文化的传承功能，无论是思想观念的，还是技术、技能的等。总之，体育在优化人的素质，提高人们的生活质量，促进人的生命发展的基础上，还应在人类社会和谐发展的诸方面发挥其应有的作用。

然而，由于人们总是从主体需要的角度来认识和表述体育功能，即用理想化的方式来规划体育的应然功能，而疏忽了体育的各种功能之间还有着其自身内在的相互关系和相互作用、影响，而且这种相互作用和影响是需要有一定的前提客观条件保证这一事实。因此，在具体的实际当中，人们为了达到或满足一己之需，一味地根据自己主观的需要并刻意地过分强调体育诸多功能中的某一种或某几种功能，从而打破了各功能之间内在的相互联系、影响、和谐、适应及同构状态关系，致使体育的功能总是处于不平衡的状态。我们可以说当代中国体育的现实是：为政治、经济、社会服务在先，而谋个体发展在后；为少数人服务在先，求全人类共享在后。无论把体育功能如何分类，体育各功能之间的失衡状态都是不容置疑的。

（二）在实践层面上，体育功能的失衡主要表现在过度强调和突显了体育的外在功能

结构与功能一向是相匹配和相对应的，就我国体育结构的现实状况而言，工具性理念主导和支配体育功能的现象是有历史原因的。

1. 从国家及一些利益集团层面看。首先，1949 年新中国成立伊始，"还体育权于百姓"被视作一项紧要的政治任务。早在开国大典前夕，"提倡国民体育"就被写进了《中国人民政治协商会议共同纲领》，并且在 20 世纪 50 年代初期的群众体育确实开展得轰轰烈烈。在当时，乒乓球、排球、足球、游泳、长跑等简单易学的运动，成了普及率最高的群众体育项目。但拥有世界 1/4 人口的中国，作为参与国际比赛的竞技体育而言却不是那么乐观。在鸦片战争后的一个世纪里，因愚昧、战火和贫弱，又因政治因素遭遇西方的敌视和孤立而长期无缘世界赛场。因此，抹平"东亚病夫"这样一个精神伤疤，向世界全面展现我们民族的自信、自强便成了当时体育工作者的历史使命，与此同时，也使得"革命加拼命"这样一种特殊年代的工作作风成为中国体育史上一段佳话。1954 年，中央体委改成国家体委。自此，各种业余体校和专业队逐渐取代了从群众中层层选拔的方式，三级训练网也逐步建立。也正是在那个年代，在"向苏联学习"的口号下，火热

的群众体育逐渐向国家统管的专业培训体系过渡，日后成就中国竞技体育辉煌的"举国体制"已渐成雏形。"革命加拼命"是当时体育界的第一口号，训练方针是"三从一大"，即从难、从严、从实战出发，贯彻大运动量的训练原则。1956 年 6 月 7 日，广东运动员陈镜开，在上海中苏举重友谊赛上，以 133 公斤打破了由美国人温奇保持两年之久的 132.5 公斤的最轻量级别挺举世界纪录。这是中国人第一次打破世界纪录，洗刷了"东亚病夫"的耻辱。1959 年 4 月，容国团在联邦德国多特蒙德乒乓球世界锦标赛上创造了奇迹，以 3 ∶ 1 战胜匈牙利名将西多，为中国夺得历史上第一个世界冠军。由于他们的出色表现和优异的成绩，加之所处的那个年代，他们不经意地被推到了国家荣誉的最高点。陈镜开、容国团式的运动健儿在当时闪耀如天上的明星，他们和那个时代就此共同树立了国家英雄式运动员的模板。陈毅元帅更把运动员称作民族英雄——"民族英雄就是为国为民，像古代的民族英雄岳飞，为国尽忠。今日的运动员是为国争光。"许海峰 1984 年 7 月 29 日在第 23 届洛杉矶奥运会上以 566 环的成绩获自选手枪慢射金牌。中国人实现了奥运会金牌零的突破，中国人半个多世纪对奥运梦想的追逐终于变成了现实。至此，"奥运争光"、"锦标夺金"成为中国体育的第一任务和功能，乃至 1995 年 7 月 6 日国家体委发布《奥运争光计划》。虽然从指导思想看，提到了以建设体育强国为目标，以满足人民群众体育需求为出发点，为全面建设小康社会和构建社会主义和谐社会做出积极的贡献等。但实则还是在奥运会等国际大赛上取得优异成绩，目标在展现体育大国形象上，其功效在为国争光。

其次，随着近年来我国社会经济建设的需要，体育产业化、商业化速度加快。为适应新形势的需要，2014 年 10 月 20 日，国务院下发了《关于加快发展体育产业促进体育消费的若干意见》，扩大内需、增加就业、培育新的经济增长点。这从当前整个国家经济发展来看无可厚非，但从体育整体功能来讲，它不仅使体育功能失衡，而且是致使体育过程严重扭曲的一个促进因素。

2. 从个人角度看：首先，近些年的现实情况是，个人地位的取得与体育成绩的获得之间有着密切的关联，体育的社会分层功能显得越来越突出，并有进一步强化与扩张趋势。体育对人分层的合法化和制度化在某种程度上也使其变相成为社会某些利益分配变革的另一种调节和整合手段。例如，除前面我们所述的体育特长生进中学降分、上大学加分等现实现象外，在我国，退役的优秀运动员，要么成为体育官员，要么成为职业教练员者比比皆是。现如今，大学成了冠军的"归宿地"，世界冠军免试入学成为"大学生"已被制度化。2002 年，国家体育总局、教育部等多部（局）印发《关于进一步做好退役运动员就业安置工作的意见》，提出"鼓励运动员进入高等院校学习并通过高校毕业生就业渠道就业。获得全国体育比赛前三名、亚洲体育比赛前六名、世界体育比赛前八名和获得球类集体项目运动健将、田径项目运动健将、武术项目武英级和其他项目国际级运动健将称号的运动员，可以免试进入各级各类高等院校学习"，将进入高等学校学习明确作为安置退役运动员的渠道。此后，还把保送范围扩大到了现役运动员。[①] 这种貌似合情且合理地利用体育对人予以分类与遴选，并以此来决定人在社会中的归宿和位置的做法，必然会导致整个体育领域内人与人之间竞争的加剧，也是导致体育走向异化的原因之一。

其次，随着体育市场化、商业化发展，其经济作用日益巨大，也使得体育的地位在现实生活中日益提高。因此，一些优秀选手薪金和收入大大超出普通工作者，甚至出现薪金和收入在不同体育选手之间也存在着巨大差别的现象。另外，对于那些有突出贡献，为国争得了荣誉的教练员和运动员，国家和社会给予重奖是无可置疑和符合市场经济规律的，也是对他们长期刻苦训练和奋斗拼搏所付出艰苦劳动的

---

① 薛原、赵婀娜：《大学，冠军的"归宿"》，《人民日报》2008 年 9 月 23 日第 11 版。

一种补偿。但问题是重奖之下，一些教练员和运动员，包括一些裁判员变成了金钱和物质的附属品，造成他们对体育认识上的偏颇，即体育就是竞争、夺冠，夺冠就是拥有金钱和财富的不良观念，这种意识甚至波及整个社会。这不仅仅是体育功能偏失，也是导致体育异化的又一原因。

通过上述分析，我们可以对体育功能得出如下两点认识。

第一，体育是社会整体系统中的一个子系统，有其自己独特的功能与作用，但它与社会大系统的其他子系统既相互作用、相互依存，共同维持和满足着各自或社会的总体需求。子系统的功能需求通常意义上都可能对体育有所期望，而体育也是经过自身的活动过程将其功能结果回应着这些复杂而多方的需求，也在一定程度上或多或少地影响着社会其他子系统功能需求的结果。与此同时，社会其他子系统诸多功能需求反过来对体育的功能在某种程度上同样发生着一定的作用。问题在于，这些复杂的功能与功能之间往往出现矛盾、冲突的不和谐状态，常常导致体育功能的某一方面在某时、某地过度突出，而另外一些方面的功能被掩盖或被压制现象。

第二，整体效应是体育功能应然的展现。我们看到现实社会中，无论人们在主观上多么强调和渴望体育在某一方面的功能，但实际上体育依旧按照自己的方式在整体上对个人和社会发挥着应有的作用。在此过程中，虽然各功能之间互有牵制和制约，但遵循整体效应机制是不争的事实。例如，对于竞技体育，个人或社会虽然强调它较强的政治、经济功能，但对于人体的强健方面也同时发挥着其应有的功能，而且当参与者伤病累累时，其政治、经济等功能也无从实现；另外，就个人而言，虽然在名利方面有所建树，但在整个训练、比赛过程中却也造成了人格不同程度的扭曲和片面的发展，以至于现在的学者们一致发出体育的发展要"以人为本"的呼声。我们有理由相信，随着社会发展进步，体育功能的整体性效应会越来越强。

上述认识可以以前民主德国的"金牌体育"作为典型的佐证。当年的前民主德国"金牌体育"由于过分追求"金牌效益"，从而打破了体育和谐发展的天平。当时的前民主德国，由于内外环境的影响和变化，为了显示政治上的优越，也是为了追求立竿见影的效果，倾其国家全力发展高水平竞技体育，并使学校体育、大众体育等其他领域变成了竞技体育彻头彻尾的附属品，体育也彻底沦为统治阶层的政治工具。虽然在表面看似成绩斐然，但它早已脱离了体育本真的追求，也违背了现代奥林匹克精神。我们说，前民主德国的为金牌而体育和为竞技而体育，是异化了的体育，是走向邪路的体育，非但没有取得预期理想的功效，反而使体育的发展逐渐远离了人民、远离了社会，导致悲剧诞生，最终踏上了一条从最初就注定要失败的道路。

第三节　体育现实活动过程的异化

如前文所述，体育在阶级出现以前，基本是与人们的生产、生活密切地融为一体的，所谓的体育过程也就是教育过程，同时也是生产过程，它们是自然地和谐统一的，那时体育的目的和体育的功能都是为了人的生存和生活，是单一的。但随着人类社会的发展进步和阶级的出现，体育慢慢地从生产中分离出来，这时的体育目的逐渐趋于多元化，而且指向了人以外的其他事物，其功能也日渐多样化和精细化，与此同时体育过程也开始被扭曲，尤其是到了现代乃至当代，这种扭曲现象在竞技体育中表现得更加突出。所以，有学者认为：当代"竞技运动的过程就被一种无形的力量所操纵，人被沦为创造成绩的工具，所以活跃在未来竞技场上的将不再是人，而是一些没有主体意义的符号或工具"[①]。具体表现为如下几点。

---

① 庞建民：《对竞技体育中异化现象分析与研究》，《体育文化导刊》2007 年第 1 期。

一 政治操控

所谓体育过程中的政治操控，主要就是指国家或集团利用自身的权力规制统一体育价值观和体育道德，在体育的组织、竞赛过程，使用非理性、不正当及非法的手段或方法，致使体育过程脱离公平轨道，人为制造比赛结果以谋取利益。

1. 体育道德程式化。道德作为一个独立的文化系统的产生发展，最初也是源于人类对外部世界（包括自然界和人类社会）的观察和认识的。它并不是外在于人的价值经验的，而是人对价值经验、体验、领悟的结果，是有主体性的。道德从根本上说不是强制性的外在规范，而是属于形而上学的体验与领悟，得之所谓德者也。这也就是中国文化讲"德者得也，义者宜也"的意思。因此，道德不仅与文化教育或社会教化联系着，更是与形而上学，与宇宙本体论联系在一起。

应该说，道德化对于提高社会的普遍理性思维是起了重要作用的，特别是把对形上之道的思考变为社会化的日常生活的思维形式，对于提高整个国家和民族的道德理性所起的重要作用，是不可低估的。没有道德，人类就不会有高度的文明；丧失了道德，人类社会就会出现野蛮复归。但是，当道德化把人类对"道"的体验领悟变成一个超越人类自身存在的价值体系，或一种超越自我存在的外在力量时，也会使人的价值思维判断丧失主体性。更可怕的是，道德一旦变成了一个强大的外在力量，也就是人的心灵感觉到巨大的威慑，从而使自己屈服于这种异己的力量。虽然这种道德力量不像宗教力量那样神秘，但作为社会力量却比宗教力量更有现实性，特别是通过一系列道德纲目及社会舆论教化社会成员的时候，它比宗教更体现了一种社会意志和集体力量，常常使人不知其自得自善，而以为那些体现社会意志或集体力量的道德纲目及其宣传，也就是善了。

体育道德程式化就是要求运动员或其他从业者所思所想是"为国争光"、"为所在集团争荣"等。典型例证是 2010 年温哥华冬奥会短道速滑女子 1500 米冠军周洋所发表的获奖感言先"感谢爸妈"的话被全国政协委员、体育总局一位副局长不点名批评，称："说孝敬父母感谢父母都对，心里面也要有国家，要把国家放在前面，别光说父母就完了，这个要把它提出来。"并表示要加强对运动员的励志教育、德育。更可悲的后续发展是，周洋的父母替孩子道歉，当记者再次采访周洋时，她重新说了感言，把父母排在了国家、教练、工作人员之后的第五位。这事越抹越黑，影响就更恶劣了。其实，感谢父母是更真实的感受，拿到冠军就是给国家增光，就是做到了感谢国家。对运动员进行德育教育没错，要求运动员爱国更没错，但也不能因此抹杀运动员的个性，硬逼着他们时时刻刻把大话、套话挂在嘴边，这对运动员来说，不仅有点勉为其难，而且也有可能产生误导或消极作用，也必然扭曲整个伦理道德关系，使人的伦理道德判断发展到非愚即伪的地步。人皆父母所生，父母生之育之，其恩甚厚，不爱父母而爱他人自然是悖德，不敬父母而敬他人自然是悖礼。这种抛弃自我，以虚假的伦理道德把自己伪装起来，或者戴上假面具应对生活，不管这种思维和行为在世俗看来是多么真诚，多么具有价值，都不能说不是一种文化价值悖谬。

2. 权力的泛化。体育中权力关系往往与在什么条件下由谁来开展什么样的体育活动具有很大的关系。由于一些体育活动或比赛代表着一些富有国家的运动团体、公司赞助商及媒体组织的利益，所以为了取得某项目的参与及比赛的胜利，国家或集团利用自己的权力有组织地采用非理性、不正当及非法的手段谋取利益。体育运动中权力关系重要性的一个清楚的例证是，新的比赛项目加入奥运会赛事的过程。新项目往往反映出能够影响国际奥委会决定的那些群体和组织的利益。这就是非洲、拉丁美洲和亚洲广大地区的运动项目和比赛没有包括在奥林匹克运动中的原因。这也是沙滩排球作为新项目加进 1996 年亚特兰大夏季奥运会的原因。① 另外，对部分运动员在参赛资格上做手脚。"如改变职业、身份、年龄、性别来冒名顶替，以假乱真，尤其在体操项目中，运动员都要求年满十六周岁才能参赛，但十三四岁的人的柔韧性一般比十六岁以上的人强，所以在比赛中时有'以小打大'的现象。由于参赛是以检查人的骨龄为依据，为达非法目的，有些运动员冒着对身体的巨大危害服用激素来改变骨龄和性别。为防止此类事件发生，国际体操联合会规定：从 2009 年 1 月 1 日起，所有的成人及青少年体操运动员在代表自己的国家比赛时，都需要从国际体操联合会获得一个参赛许可证，许可证包括运动员的姓名、性别、国家和出生日期等信息，还将附带每个运动员参加全部各类比赛的年龄证明。"② 但这些所谓的证明在某些地方或某些时间完全是由管理者或组织者操控。

在我国一些省运会比赛及其他一些地方性赛事中，请"外援"或冒名顶替现象普遍存在，甚至一些大学生、中学生运动会假冒在校学生的乱象普遍存在。这种由政府或单位机构组织的作弊行为已完全脱离了体育的公平轨道，也背离了体育的教育本真，给人们造成了极为恶劣的印象，还有政府或单位机构该管的不管，不该管的全管，对训练和比赛造成了一些不良后果。

总之，这种权力的泛化原因，首先表现在国家层面上的权力运作，使体育具有了一定的强制性。国家层层设置体育的政府管理部门，体育实践的取向、原则和方式等被它们（当然包括下设的协会）操控并规定如何发展、如何运作。如奥运争光计划的实施，各大赛事的运作等等。其次，当夺标、争光战略实施到一定阶段，整个社会一步步把体育从社会的边缘逐渐推到了社会的中心时，绝大多数权力拥有者或一些官员都渴望利用自己所掌握的权力借用体育来为自己堆砌政绩，

---

① ［美］杰·科克利：《体育社会学——议题与争议》，管兵等译，清华大学出版社 2003年版，第 75 页。

② 杨其虎：《追寻竞技正义：竞技体育伦理批判》，博士学位论文，中南大学，2012 年。

这必然要产生对体育的僭越，使体育运行背离规律。毋庸置疑，完全与政治脱离的体育是不可能存在的，但权力的僭越无疑会使体育走偏方向，应当予以警惕。

二 商业操弄

随着竞技体育被职业化、商业化，"一些利益集团或商人利用他们的经济资源鼓励他人把运动定义为一项穿着合适的衣服，在合适的场地使用合适的设备，在合适的、与工作和工作场地相分离的社会场合所开展的一项消费活动"[①]。通过这种"鼓励"过程，以及发展关于运动形式和方法的共识（即许多社会学家所说的霸权），运动以一种利益的方式与经济紧密相连。由于这些商业的操弄，催化着竞技体育异化现象加剧，同时也受到体育理论界人士越来越多的关注。事实上，从竞技体育的发展历程来看，竞技体育的异化现象早已有之，已是客观存在的事实。早在"冷战"时期，竞技体育就已经被作为标榜国家实力、显示制度优越的工具；竞技体育的职业化也使得参与其中的教练员和运动员只能以牺牲自己的人格尊严或身体来谋求生存；而当代越来越明显的商业化几乎使竞技体育沦为商业利益的奴隶，人性在竞技体育中正逐渐被蚕食殆尽，具体表现如下。

1. 改变体育项目的结构和目标，操弄赛事安排。[②] 近些年来，出于商业目的，以使体育运动中的动作更扣人心弦、更容易为观众所理解，为了促进那些目标观众认为具有娱乐性的场上动作，更多地吸引这些人的眼球而改变规则的项目比比皆是。如体操动作要求的高、飘、

---

① ［美］杰·科克利：《体育社会学——议题与争议》，管兵等译，清华大学出版社 2003 年版，第 91 页。

② 按照美国体育社会学家杰·科克利的说法，与商业化过程相随的规则发展和规则改变通常集中在以下几个方面：（1）提高比赛过程中动作的速度，以使体育迷们不至于疲倦；（2）提高得分，以产生更多的兴奋；（3）让比赛势均力敌，以期能够产生具有不确定性的比赛结果；（4）使比赛中的戏剧性时刻最大化；（5）在比赛过程中提供商业性中断，使赞助商能够宣传他们的产品（这在北美最为常见。在那里，电视上的商业赞助比其他国家更为流行）。

难；乒乓球规格的改变；网球得分规则也做了修改，以迎合电视节目安排的时间要求；高尔夫巡回赛以单场比赛计分改为现在的以总杆数计分，目的是使大牌运动员不至于在电视转播比赛中的前几轮就被淘汰下来，等等。这一点在一些新型发展起来的项目中表现得尤为明显，如"极限运动"、室内足球、橄榄球、沙滩排球及滚轴冰球等。在已经定型的体育项目中，也经常出现这种现象，像人们熟知的，为了迎合奥运会的商业化运作，取消了一些不能吸引观众兴趣的比赛项目，增加了那些更能吸引新观众的新体育项目，尤其把项目的选择视线投向了那些有钱购买赞助商的产品的富裕国家的观众。典型的例证就是，"1996 年奥运会中的马拉松赛线路，就是由于全美广播公司为了赚取更大的利润而在奥运会赛程安排上做起手脚，把线路改成了坡度极陡、有无数上下坡的名胜古迹多的区域，致使本届的马拉松路线被称为'历史上最恶劣的马拉松线路'，这一切都是为了更多地收取巨额广告费（每 30s 广告收费 50 万美元）而被组织者所操弄"①。

2. 将运动员变为了艺人。首先，体育一旦被商业化，就通常会具有"推销文化"的特征（Gruneau and Whitson，1993）。像其他娱乐产业一样，商业体育要与出售公开表演及其相关产品相互磨合。体育一旦通过市场宣传来推销，就势必围绕运动员和运动队的身份而创造出来的神话和意象作为市场宣传的基础，也势必要求运动员除了成为本运动项目中的高水平选手外，还要充当演员，一些人甚至要成为名流。②

其次，与商业体育的推销文化相关，体育参与者的取向必然除了优美的动作之外，还要强调英雄般的动作。为了迎合观众心理，使体育尽可能吸引和取悦广大观众，达到比赛门票的高售出率或更多电视

---

① 姬上兵：《竞技运动商业化、职业化的利弊分析与对策研》，《河南师范大学学报》（自然科学版）2007 年第 2 期。

② ［美］杰·科克利：《体育社会学——议题与争议》，管兵等译，清华大学出版社 2003 年版，第 423 页。

转播的高签约率，商家及一些管理者赞赏并鼓动运动员尽情地表演与表现一些极为戏剧化的场面和动作，甚至一些运动员愿意尝试那些超越自己正常的生理极限以致威胁到自己安全和幸福的动作。因为，在他们看来体育项目在商业上的成功与否更主要的是依赖于动作的危险性，而不是动作的美感；另外，对于那些缺乏体育技术性知识的观众来说，他们通常可能更会津津乐道于运动员的某个简单动作（大力地灌篮等），而不是有助于球队取胜的配合默契的进攻或者防守。那些对滑冰技术知之甚少的人，对于三连跳或四连跳比经过精心设计并通过训练直至流畅、完美的舞步更能让他们高兴。在相当一些观众心目中，给他们留下印象的是那些由于超出身体极限而虚脱的运动员，而不是那些对自己身体的极限非常了解，能够参赛数年而不会透支的运动员，没有危险的跳跃，幼稚的观众会感到厌倦。

为了吸引更多观众的眼球、迎合商家的所愿、捞取更多利益，某些职业运动员因此放弃了体育真正的精神和遵旨，在商业化气息的影响下，在功名利益至上的"物化"心理充斥下，他们参与体育的意识和目的也就发生了质的变化。他们把竞技运动作为谋生的手段和生存的工具，不惜付出人性和身体代价，一步步把自己变成了只为名利的"单向度的人"，最终成了物质利益的俘虏而失去人性。

3. 控制体育的组织铜臭化，运动员成为傀儡。体育组织是指在一定的社会环境中，为实现体育方面的共同目标，按照一定结构形式结合起来，根据特定规则开展体育活动的社会实体。但正如前文所述，当体育进入商业运营模式，靠自身创造收入来维持和推动其运营发展时，体育控制组织通常会与商业组织或商业人士关系密切，反而会与运动员的距离渐行渐远。事实上，现在的职业运动员在通常情况下对自己的体育参与环境失去了有效的控制，整个体育环境被下列人员所控制：公司总经理、体育赞助商、运动队所有者、传媒人士、广告运营商、市场营销与公关人员、与运动队有关的专业管理人员、会计师以及协助运营的代理商，等等。控制商业体育运营的组织机构是非常复杂的，因为他们为了确保自己经济收益最大化的同时，还要协调上述所有人的利益。由此我们可以说，体育控制组织出台的许多有关体育的决定，极有可能反映的是与体育或运动员没有直接关系的人的混合利益。因为影响这些决定的力量根植于多种资源中，而且这些资源中许多甚至与体育没有任何关联。对于许多商业体育中的直接参与者——运动员来说，常常是被阻隔在了决策过程之外，即便是这些决策直接影响到运动员自身的健康、幸福，以及与他们直接相关联的利益分配等问题。因为，商业体育是利益支配着体育，所以，体育组织在制定政策时经常不得不服从于上述的那些机构和人的意见和建议，也正是他们把所有的赛事变成了一项项重要的买卖，而处在雇佣者身份的运动员，因其所占的利润份额较低则退居到了二线或者三线的地位。这样操作的结果是，把曾经的体育比赛场不仅变成了相关科技实力展示的场所，也使其变成了各路商人"比武练兵"的商场。竞技体育的铜臭味十足，就连西方体育界的有识之士也深感痛心。美国教练乔治·卡尔在评论已有50年历史的NBA篮球联赛时指出："贪婪和商业化是篮球竞赛的大敌，我们带着越多的钱和私心进入球队，所看到的情况就越糟。赛事变成了讨价还价的交易。我看不出这样的赛事有什么趣味，比赛本身完全被遗忘了。"①

4. 滋生和助长了体育腐败，导致体育乱象丛生。众所周知，近些年的商业运作在促进竞技体育飞速发展的同时，也把竞技体育推向了过度的商业化之路，使得原本公平、公正的竞技体育所蕴含的精神价值被人们所遗忘，正是这种遗忘使得服用兴奋剂问题屡禁不止，假球、贿赂、黑哨等丑闻屡见不鲜，球场暴力、赌博见多不怪。为了赢球赚钱，一些运动员已成了足球场上的"战术杀手"，他们采用推、拉、扯、撞、踢、绊，甚至咬的战术对付对方，从而使"力量型"足球重新走俏。以900万美元身价被巴塞罗那队收购的马拉多纳就是在迎战

---

① 赵勇：《黯淡的圣火——体育文化批判》，《体育文史》2000年第5期。

毕尔鄂队时，被对方"杀手"盖德查故意猛踢其小腿，致使马拉多纳因伤退出比赛，在医院躺了三个月才痊愈。[①]

另外，体育商业操弄中，比赛结果是唯一评判标准，只是以胜负论英雄，谁的成绩好、谁拿了冠军，谁获利就高。这种过度物质利益的诱惑，导致教练员、运动员的体育价值观念出现偏颇，极力强调比赛的结果，而忽视比赛过程。因为，奥运会冠军可以腰缠万贯，各种大奖赛的巨额奖金能使冠军成为百万富翁。如"2005 年 3 月 11 日，《福布斯》中文版公布了本年度中国名人榜 100 强名单，当时尚未从火箭队拿到巨额合同的姚明依然以 15000 万元稳居榜首。刘翔以 2300 万元排第三，进入 100 强的运动员共有 10 人之多，绝大多数都是世界杯或奥运会冠军"[②]。当然，我们并非是否定运动员的价值，对于有贡献的教练员、运动员予以适当的奖励是应该的，如果过度地予以物质奖励，拿金钱来衡量体育成绩，势必导致有些教练员和运动员不择手段、不惜一切代价去博取一块金牌，以便名利双收，一劳永逸。

三 科技崇拜

体育是以人类自身作为对象的活动，人类自身客观条件构成了人这样一个主体活动的应有范围和基本限度，违背自然规律必将会带来一些人们难以想象的痛苦，甚至是灾难。我们知道，人类并没有拥有对自我客体进行随意的改造和处置的能力，更没有践踏自我客体的权利。人与自然（包括自然的躯体）是不可分割的有机统一体，在尊重自然的客观限度的基础上适当地加以改造是无可厚非的，但不加节制地随意改造或践踏人类自身，就会像人类破坏大自然引来气候变化和环境恶化一样，给人类带来不可估量的后果。因此，我们说，作为人类改造和完善自己的体育运动，一定要遵守人体生理规律及人作为整

---

① 徐汶：《体育产业的发展与面临的问题》，《广州体育学院学报》1998 年第 2 期。

② 李育忠、刘芳：《奥运金牌背后的故事引发的思考》，《北京体育大学学报》2006 年第 7 期。

体和谐发展这一基本规定，否则体育是无法完成促进人的身体和人性内涵和谐发展任务的。遗憾的是，当代体育在"更高、更快、更强"的口号下，人们逐渐地把它视为奥林匹克运动价值的诉求。在不断地向自身的极限发起挑战，并获得了一次次超越"记录"的辉煌成绩的同时，却出现了对超越人类运动极限真正本意认识误区问题。即在体育运动过程中，人们普遍形成了借助于科学技术力量来最大限度地发挥运动水平，以达到超越极限这样的错误认识，导致人们忽略了人应依赖自身提高运动成绩的价值目标。这种借助科技，利用药物挖掘人体潜能，蔑视人体的生物自然规律，是对人的尊严的诋毁和亵渎。

1. 滥用违禁药物。现代体育中的运动员滥用违禁药物一直是困扰其发展的大敌。在国际范围内，运动员服用兴奋剂现象司空见惯。产生这种服用兴奋剂现象的原因有二：一是来自高水平竞技的决策者，从体育运动以外的政治利益考量，主动要求运动员而为，便是前民主德国运动员大量使用兴奋剂的根源之一；二是来自运动队自身内部的利益要求运动员而为，目的是让队员早出成绩，出好成绩，但无论是来自谁，其负面后果不堪设想。而在我国，体育已经步入到市场经济的大舞台，而与之相匹配的体育市场道德规范还不尽如人意，或者说还没有完善或没完全建立起来，所以，因为上述两种原因而使得运动员使用兴奋剂的情况在我国也时有表现，一些运动员滥用药物既有来自体育体制内的，也有有关人员体育价值观的原因，如全运会或一些全国性比赛中，个别地方官员及教练员纵容、姑息运动员服用违禁药物，甚至在一些地方的运动队，一些运动员不仅比赛服用，在日常训练中也服用，更可怕的是服用兴奋剂的行为已伸向青少年及非正规竞技活动（如大学生运动会和高考体育加试等）。体育对这类科学产品的依赖和盲目追求，产生的代价无疑是出卖自身的人性乃至自己和子孙后代的健康。"狂热的崇拜科技，可以提升体育的效果，特别是可以迅速提高竞技运动的成绩，但是也可以带来像癌症一样的兴奋剂之类的不良现象附着于奥林匹克，还可以引起诸如基因替换甚至整体克隆优秀运动员这样对体育的毁灭性后果。"① 我们相信，随着我国体育制度的不断完善和我国体育价值观的日臻成熟，中国体育在发展的进程中必将会克服和杜绝这些不良现象。

2. 过度依赖科技产品。从广义上来说，兴奋剂也是高科技产品之一，但我们这里所指的高科技体育产品不包括内服性间接影响竞赛结果的产品，单指体育竞技参与者比赛时穿戴和使用的器械，如"鲨鱼皮"泳装、玻璃纤维的撑竿、踏拉板式的速滑鞋等。

随着科学技术的日新月异，科技产品已进入到人们生活的各个领域，当然体育也不例外。在当今的体育中，随处可见具有高科技含量的产品，表现出人们越来越离不开这些产品，而科技对竞技体育有主宰态势。任由这种事态发展必将构成科技对竞技体育道德在两个方面的挑战：一是人的竞技能力和综合潜能将被现代科技边缘化；二是现代科技主宰地位的确立，势必对人的主体地位造成挤压。"发达国家把国防工业尖端技术用于高端体育竞赛，而非洲、拉丁美洲及南美洲等国将处于下风，器械的功能被推到极致，人的体能和技能让位于高科技含量的器材，沦为附庸，从另一个角度讲人的主体地位和尊严受到挑战。"② 长此下去，不仅体育竞赛的公平原则遭到极大的破坏，对人类长期形成的伦理也是一个潜在的损害。典型例证是：近年来，优秀的乒乓球运动员在上场比赛之前，总要把球拍的胶皮撕下来重新刷有机胶水，有的要刷上一二十遍。这种胶水在没有完全干透前挥发出的气体，可以使海绵内压力增高，击球时弹力加大，出球速度更快。但是，胶水挥发所含有的甲苯等有毒成分对人体的危害是明显的。如2005年波兰乒乓球选手患癌症去世；2007年日本运动员刷胶水粘胶盘时出现强烈的中毒反应，以致国际乒联理事会开会表决是否提前全面禁止使用有机胶水。由于使用这种水溶液型胶水对于擅长速度和旋转

① 胡小明、石龙：《体育价值论》，四川科学技术出版社2008年版，第155页。
② 同上书，第154页。

打法的亚洲选手有利，结果还是遭到多数乒乓球项目优势国家的反对。这种为了获得优异的运动成绩而对高新技术无所不用其极的方式和无视人健康的案例在高水平竞技领域是屡见不鲜的。①

四　过度训练

人的运动能力受其自身的局限性，它是有极限的，因而人的运动成绩也不可能是无限度地提高。运动训练学告诉我们，当人的运动成绩达到某一个极限时，想再提高不仅难以实现，甚至还会出现倒退。现代奥林匹克运动尽管倡导"更快、更高、更强"的精神，但这种理念是建立在人的正常发育、发展基础之上的，因为超越自身本来就是一种"自然"的延伸，并不是人的机能的突变。众所周知，从总体上来说，适量的体育锻炼对人体的心脏、大脑和骨骼都有好处，但为了争取身体潜力的极端发挥而超越人体承受极限，采用不科学的、过度的身体训练则会对人体造成难以想象的伤害。"我们的体育不是要某一个跳高运动员放弃其他一切事业和爱好甚至别的特长，一生只做跳高机器，而要通过体育，使他成为有丰富生活，能为人类有贡献的活生生的社会成员。在身心扭曲的情况下去突破与超越，那是人类畸形发展和变态发展，人的主动性和创造性已不复存在。"②

遗憾的是，当代体育，尤其是"高水平竞技体育的过程中，出现了一个为金牌而体育、为竞技而体育的怪圈。国家花费巨大财力培养运动员和教练员不是从人本出发，而是将一批高度社会化和体育化的运动员强行退化为只具有表达运动技术水平的'生物符号'，而教练员则退化为勾描这些符号的'绘图员'。他们作为'人'的其他价值已经被彻底剔除。在一次又一次的超高强度的、违反生理机能和心理极限的训练中，在兴奋剂的药罐里，人性或被戕杀，或被扭曲，而他

---

① 胡小明、石龙：《体育价值论》，四川科学技术出版社 2008 年版，第 155 页。
② 杨其虎：《追寻竞技正义：竞技体育伦理批判》，博士学位论文，中南大学，2012 年。

们恰恰是一代又一代的优秀青少年，在'奉献'的旗帜下前仆后继地倒下①。体育运动的"技术科学策略"强调控制和技能发展问题，而缺乏一种把青年人看作正常的人的全面理解。如果任由这种情况发生，那么教练就会变成"体育效率专家"，而不是给年轻人提供机会的老师，让他们学会控制自己的生活，成为自觉的、负责的决策者。

美国社会学者杰·科克利在《体育社会学——议题与争议》一书中举过关于两个孩子的事例说明过度训练对运动员的伤害。一位15岁且患有慢性精神压力分裂症的美国体操队员，当被问起她是如何从9岁起就同病魔做斗争时，非常平静地说："对于体操运动员来说，这太正常不过了。我们的教练告诉我们，如果他们去拍个片，他们会发现全身都是压力性骨折。"14岁的多米尼克·莫奇努（Dominique Moceanu）——一位很有可能赢得1996年奥运会奖牌的希望之星，就因压力性骨折困扰而不能参加全国选拔赛便失去了参加奥运会的机会。其实，这两个运动员只是许许多多有这种问题的运动员之一。在这些高绩效性的项目中，许多孩子只是靠吞食大量的消炎药片和其他镇痛药来坚持训练和比赛，以此让他们的教练和家长高兴，并为他们在每天数小时的训练和经常性比赛中的表现而自豪。

美国著名演员、健美运动员、美国加州前州长、政治家——阿诺德·施瓦辛格说："他认识的大多数知名运动员，包括他本人在内，到了四五十岁，骨头和关节里就像是塞了残破的皮球，这种感觉是由于他们在长期紧张的训练比赛中所承受压力造成的累积。"精英运动员们速度快，身体技巧高，强壮得足以和"悍马"型吉普车一较高下。但随着时间的流逝，他们开始为这种身体上的强大付出代价，因为，人体无法承受外界环境连续不断的冲击，哪怕他们从事的是非身体接触的运动。不科学的、过度的体育运动对人体的影响，如同五级

---

① 卢元镇、马廉祯：《观念与体制相互依攀的怪圈——东德体育教训之五》，《体育文化导刊》2005年第10期。

飓风刮过。即使你不是个著名运动员，但只要你举哑铃的次数越频繁，你的身体"房屋"被摧毁成为一片废墟的可能性就越大。①

第四节　体育实践结果的异化

长期以来，人们往往是单纯地从功利主义价值观去理解体育的目的和功能，没有给予体育应有的地位和正确的认识，导致"人"自身的发展和完善在体育中淡化了。所以体育的实际功用就像"墙头草"一样才会出现跟风似的摇摆不定。应该说，体育在自身的发展进程中是脱离不了政治、经济和文化的滋养，同时也反过来为社会政治、经济和文化的发展发挥着自己应有的作用，而这些作用的发挥首先是体育通过"人"而实现的，离开了人这个主体是无从谈起的。体育本来就是"以人为本"的事业，超越本真目的而过于追求外在价值与作用，只能使自己误入歧途。但体育在现实结果中却是以下表现。

一　体育中人性关怀的失落

当今社会，由于受市场经济的影响，其现实情况是，对体育的工具理性的追求盛行。其主要表现为，一是凸显了对自然界的控制，二是对社会结构的人为控制。久而久之，这似乎顺理成章地成为理性法则控制运作原料，并有其"霸权"之势。我们可以设想，一旦人们把世界当中的万物均作理性对待的时候，这个世界只会仅作为一个物性的集合体罢了，换句话说，物性是自然的统一性的一个基本属性，它可计算、设计、制造、操纵，甚至能够为我所用的物体，这是他所展示理性所在。在这之中的理性，其实它已经把人视同为

①　［美］迈克尔·罗伊森、迈哈迈特·奥兹：《YOU：身体使用手册》，译林出版社2006年版，第82页。

具体的客观存在的物件，并进行了某种精细算度而予以控制，或进行了某种人为的改造，这就使人成为物化的人，除此之外，别无他意。如果人完全变为一种单纯的物质而存在，并使其成为科学与技术的主要对象，人类似于物一样被批量地生产或制造，可以说人的尊严和精神就不复存在，人一旦没有了尊严和精神，人也就不成为人了。人与自然往往是密不可分的，但当工具理性对外部自然实现了控制，那必将对活生生的人产生千丝万缕的影响。进而言之，理性的绝对性势必在人性中独占鳌头。反观我们开展的很多竞技体育活动，为了达到某种"成功"，从体育器械、设备的不断精细化，一直到体育技术动作的精准展示，它的进步与发展无不隐含着人也是某种技术的奴隶，这就使得人不得不以追求功能化来适应这些技术的应用和发展，顺势之下，人也就愈加功能化。这就是说，这种对人的控制是受制于技术对自然的展示和控制的延伸。正像德国哲学家伽达默尔指出的那样："个人处于职能的相互联系中，从而个人形成的自由越来越少。作为我们整个文明进程的结果，个人日益限制于为职能服务，为作用着的自动化和机器服务。人类失去了支配自身能力的自由，失去了使某种意志形成成为可能从而表达出自我意志的自由，他所得到的是人类一种新的普遍的奴隶化。"① 这就是当今社会体育异化的真实表象——不仅"人"在体育中失落了，而且在整个社会中也处在一种被控制和支配的处境中。

　　另外，体育作为人类社会活动，理论上它的终极目的是促进人的全面发展，实现人的自由与解放，但现实是，在人类历史的演进和社会发展进步的长河中，体育总是受制于这样或那样的现实关系和条件，除没有能够实现其目的，体育本身也没有得到无限自由，时至今日，功利作为主导力量还在牢牢控制着它，支配着它。实际上，当代的体

---

① ［德］伽达默尔：《赞美理论》，夏镇平译，生活·读书·新知三联书店1998年版，第142—143页。

育可以说是一种"锦标体育"、"功利体育",在某种意义上它在人片面追求功利的征途中起到了或多或少的引导作用,获得奖牌的次数、金牌的数量以及获取经济效益的多少等成为如今体育追求的现实目标。现在的绝大部分体育参与者也是不但挣脱不了来自地位、权力、金钱和名誉等的引力,而且还主动顺力而为,因而体育的内在价值非但得不到自由而全面的追求和体现,反而在这些外在力量的驱使下,逐渐失去了它的初衷变成了自身活动结果的异在,也就是说体育被异化了,最终导致"人"在体育中也失落了。

(一)竞技体育对人性的丰富性的戕害

与人的发展相比,体育只是手段,生存和发展是人参与体育的最终目的。若把体育仅仅看作劳动力的培养、比赛中夺冠或为了经济利益,那就是手段的体育、工具的体育,而不是目的的体育、人的体育。人是目的,体育的目的是人,体育应该是人的体育。既然是人的体育,就必须关注人的生活及他(她)的整个生命①过程。因为,人是有血有肉的、活生生的、具体的、完整的、丰富的生命。体育应以具体的、现实的人为对象,就是要以生命为本,直面人的生命,关怀人的生命,提高人的生命,融入人的生活,任何偏离生命、脱离生活的体育都不是真正的体育。因此,体育应该更加关注到发生在运动员们身边的普通的生活、日常的生活、今天的生活及他们眼中的生活。也可以这样说,人们的体育生活本来应该是人积极主动地通过体育活动获得身体健康发展、参与社会活动能力提高和提升精神境界等价值的成长过程,意味着人对自我创造的生活过程负有理解、判断、选择和实践的责任。如果体育生活本身是一种抛开看似"琐碎"的现实生活,而由一些机构或他人以各种借口进

---

① 这里所指的生命是"完整的生命",是人的自然生命、精神生命和社会生命的统一体。自然生命是精神生命的载体,精神生命又作为一个"中介"将自然生命和社会生命紧密地联系在一起。生命是一个完整的存在,舍弃或偏废任何一方,都会造成生命的缺失或遗憾。因此,体育必须不仅要关注人的躯体健康问题,更要呵护和敬畏参与者的"完整的生命"。

行的强制塑造或预设的至善至美的生活，那么个人就无法担当这一自我创造的责任。因为，人一旦放弃了自己的积极性和主动性，而由他者当作一个没有自由意志和没有理性的"物"通过体育来强制塑造，他的生活目的和自我的价值都是他者为他规定好的，这个时候，人也就不是真正意义上的人了，而只是一个任由他者摆布的"物"了。

遗憾的是，在功利主义价值的影响下，当今的体育从根本上偏离了它本真的意义，成为一种在工具理性操作下的功利主义体育。体育脱离了生命的本原，成为满足社会需要的工具。人的工具化，导致了人性的虚无，人本体性存在价值被抹杀，大体表现为：第一，体育中完整生命的肢解。近年来，在体育界随着经验科学的逐步成熟，科学技术的迅速发展，科学理性极度膨胀以及实证主义的泛滥，而以关注人的精神生活、生存意义等为目的的形而上学逐渐淡化，人的生命变成了理性的存在，人因此成为"单向度的人"，成为没有信仰，没有人性的，只会创造"记录"的工具。第二，体育中的生命丧失了它的真正根基——现实生活世界。一方面，工具理性侵袭到体育之髓，把体育的生活世界变成纯粹和单调的训练世界、比赛世界，在这个世界中有的只是毫无人性的从难、从严、从实战需要出发，进行大运动量训练和近似军事化的管理，使越来越多的人生活在欠缺情感关怀的冷冰冰的所谓"理性世界"之中。人们在这样的世界中获得的不是生命的发展，而是外在于生命的"成绩"、金牌和金钱。表面看来，运动员在体育中也在生活，但若以生命的自由展现为标志来衡量，他们在体育中是在生活吗？我们的运动员在一个"神圣的地狱"，在一个"比监狱稍好一些的地方"，在一个"具有运动天赋的人的集中营"度日，他们过的是本该属于他们烂漫的生活吗？其实他们是被淹没在"体坛名将"、"世界冠军"、"取得桂冠"、"争得第一"和"为国争光"这样的思想海洋里"以苦作舟"，丧失了真正生活的意义和生命的乐趣。实际上运动员"每训练一次，都是与苦、累、伤斗争一次"①。难怪塞莫斯·古里奥尼斯说："锦标运动，试图将人类的身体转变成创造纪录的机器，它是一次有害的病变，是体育运动体内的一个癌细胞。"② 另一方面，把人当作"神对待"，强调理想的终极性，使体育成为"造神"、"造冠军"和"造明星"的机器，而非"成人"的教育。这虽然关照了人的价值，但这种价值缺少历史的和现实的根基，依然不是生活本身，如此极端理想的体育同工具的体育一样都是脱离现实生活的体育，是异化生命的体育。第三，体育过程中的人，没有被当作人看待、当作生命对待。生命特有的自由、灵性和创造被划一的体育制度、刚性的规划，被技术化、程式化的训练和比赛，被居于主体和霸权地位的管理者和教练所限制、所摧残，体育过程不再是丰富多彩的人的生活过程和活动，而成为机械化的生产，制造着一个个适宜比赛的"合格产品"。我们要说："金牌只有一枚，对无缘金牌的绝大多数运动员，难道可以不尊重和理解他们的感受和需求？对他们蔑视和漠视，就是对人类善良、友爱、亲情的毁弃。人不能被物化和异化到只关注金牌。忽略对人的关心，忽略对人类的关怀，必然使有关体育的行为失去终极目标。远离人的发展，拿再多的金牌也没有意义。"③

（二）学校体育对个体差异的无视

众所周知，对于每一个孩子来说，都有自己的兴趣和爱好，他们的身体条件也是各异的，从而使得他们在运动能力和对体育运动项目的选择等诸多方面是千差万别的。对待这样的现实，学校体育本应该在体育教学大纲及教学内容的制定和确立时考虑到学生的这种差别。遗憾的是，我国从小学到大学，绝大部分学校体育均是采用同一班级授课制，接受几乎没有差别的体育教育。这种统一班级授课的模式，

---

① 陈伟等：《体育道德论》，四川科学技术出版社 2008 年版，第 54 页。

② ［希腊］塞莫斯·古里奥尼斯：《原生态奥林匹克运动》，沈健译，上海人民出版社 2008 年版，第 136 页。

③ 胡小明、石龙：《体育价值沦》，四川科学技术出版社 2008 年版，第 198 页。

表面上看操场人头攒动，繁花似锦，实际上对于学生全面发展方面起到的作用并不像人们想象的那样乐观。不仅表现在学生肥胖人数的有增无减和高度近视率等单个身体指标上，而且反映在学生整个身体素质和应对生活的能力上。有人做过比较，近些年中国的孩子无论在身体素质还是生活能力方面，已经落后日本孩子很多，这不能不说与我们的学校体育教育有关。可以说，我们的学校体育不仅漠视了每个学生的个体差异，还在不同程度埋没了他们的个性。

首先，学校体育的统一性，埋没了学生丰富而鲜活的个性。对教师者而言，面对中央和地方政府所制定的统一教学大纲和教育目的任务，他们只能在统一的培养模式下对学生予以统一的规训。这样做，一是迫于完成任务，二是应对上级考核，而对学生个体的差异关照和人性的关怀在体育中基本丧失了。老师们基本上拿义正词严的语言和自己所掌握的所谓"精湛运动技术"来维持和树立其尊严和权威，而无暇展示其人格的魅力，作为教师对待学生应有的真诚、尊重、平等和关爱基本荡然无存。对学生而言，面对学校及教师的权威和压制，往往表现为一种无奈之态度，对于平时的体育活动兴高采烈、兴趣盎然，而对于体育课就是另一种态度——不去没成绩，去了没兴趣。因为，现在的学校体育对学生的兴趣、爱好不重视，对他们的个性不尊重是一个公开的秘密，整个体育课堂中教师是控制者，学生是被控制者，也是屈从者。学校体育课的这种现象对于学生会导致两种可能：一是学生会慢慢厌烦体育，二是放弃自我而匍匐在学校制度和老师的权威脚下。总之，学校体育如果长此以往，对于人（不论是教师还是学生）的发展而言有一点我们是可以肯定的，那就是他们在以后的整个生活和工作中要么潜意识里只知道服从，而全然不知如何自由地生活；要么出现全社会最不愿意看到的现象，不懂得尊重与宽容，而坚持固执的叛逆与专横。

其次，学校体育的评价，侧重过多地倚重体育学科知识，特别是竞技体育技术、技能这些反映学生运动的外部数据，而忽略对更直接反映学生身体健康状况、锻炼效果的生理内部数据、体育意识、交往与合作精神、情意表现、体育知识运用能力、创新能力和学生的进步幅度及人的个体差异等方面的综合因素。评价方法单一，在评价主体上侧重教师评价，淡化甚至剥夺了学生评价。在这样的情况下，学校体育本应具有的因人而异的原则荡然无存，考核、评价是对学生们无差别的、标准件似的甄别，对学生的个体差异和鼓励丢弃了，反映的只是对高分的偏爱和保护以及对低分的歧视和打击，埋没了绝大部分学生的个性与才华，压抑了他们的无限潜能，在客观上制约并破坏了学生的全面发展。

二 "体育" 的意义在体育中残缺

"体育" 意义的残缺或丧失就是指在日常体育生活中，"体育" 这个概念的各种用法中已经不体现或很少体现 "体育" 概念所共同遵守的 "核心标准" 或 "体育" 概念的 "基本用法"。也就是说，"体育" 用法中 "核心标准" 的模糊、残缺或丧失。在这种情况下，一方面，"体育" 概念的核心标准被掏空了，另一方面，沦为空壳的 "体育" 概念又被塞入了许多人们所欲求的东西。例如，一些家长和学生在选择体育这一职业的态度上，过分强调报酬高低，认为当运动员能出名、能赚钱，而很少考虑社会需要和职业理想；部分运动员、教练员、裁判员以及其他工作人员不是为了体育事业的发展而展现本人的才华，发挥自己的能量，而是围绕着个人名利左右着自己的行为；在大众体育中出现了一些更让人痛心的现象：单位或上级领导喜欢或参与什么项目，一些人不管自己喜不喜欢，便跟风似的也去参与，目的不是健身，也不是娱乐，更不是为了提升自己的什么，而是投其所好，借助体育而接近并讨好领导或上司。基于这样的认识，体育的具体目的即使不是恶的，起码也不是善的。体育的终极目的根本就不关注人们的身体，更谈不上关注人们的人格、世界观和健康生活方式的形成，而为了达到这样的功利目的，运动员、学生或一些别有用心的人们就算是牺牲自己的身心健康和人格尊严也无所谓，更谈不上什么自主性发展了。这不是我们在此故意危言耸听，在现实社会的体育生活中，这些东西正是现代一些运动员、教练员们对"体育"的期待，甚至可以说是一些孩子家长对于"体育"的期待。严格地说，现代国家及利益集团对"体育"的期待又离这种观点有多远呢？哪一个现代国家和利益集团不是期望通过体育来提高劳动力的素质，提高人们的凝聚力和国家乃至集团的对外及国际形象以及提升竞争能力呢？在这个充满功利主义和消费主义的时代，上述"体育"的内在标准已经很少在体育的机构里发现了。体育对于个体、社会和国家"有用性"取代了"善"的价值理想而成为各级各类体育机构所要遵循的首要原则，有的人甚至认为"体育就是夺标"、"体育就是争光"。体育的终极目的很少能够寻得到，人们期望从体育中寻找的是职业、地位、金钱和竞争的刺激，而不是良好的人格、科学的世界观以及健康的生活方式的养成。为了达到急功近利的目的，手段的道德性和过程的自主性都没有得到应有的重视，超出人的生理极限的"大强度"、"大运动量"、"诱惑"、"责骂"、"动作高标准化"等不道德的、有害人的身心健康和自主性发展的方法成为最基本的体育方法。在这样的语境中，人们还在谈论"体育"，殊不知此时的"体育"已经是没有"体育"意义的体育了，体育蜕变为"训练"、"比赛"、"金牌"、"争光"、"名利"等的同义词。

从类型上看，"体育"意义的危机有两种不同的类型。一种是"体育"意义的失落。所谓"体育"意义的失落是指其"核心标准"的丧失或不为人知，因此人们不得不采用在使用"体育"一词时加定语修饰语的方式来重构"体育"的意义。如"竞技体育"（利用激烈的比赛形式，给人带来刺激）、"快乐体育"（体育应该使人有积极的情绪体验）、"医疗体育"（通过锻炼治疗疾病，通过神经反射改善全身机能，增强体质，提高免疫力）、"休闲体育"（以娱乐身心，发展自我为主要目的的活动）等。我们可以试想，如果一种成为体育的活动，不能致力于人们获得愉悦的精神体验，不能够培养人们积极的思维和行动能力，阻碍人们的全面发展、主动发展和人的自主性的提升，而是摧残人们的身心健康，降低人们的生活意志，它还是否有资格被称为或自称为真正意义上的"体育"呢？另一种是"体育"意义的错位。所谓"体育"意义的错位是指在"体育"的日常用法中，"体育"的内在标准依然存在，但已经变得非常模糊，而且比起其他功利性的标准来说，已经退居次要地位，不是需要优先满足的价值目标或条件，而是可以延迟甚至根本不予满足的价值目标或条件。例如，人们常常会提到"'体育'以人为本"，但是在个体和整个社会功利主义的语境中，"以人为本"很少是指以健康人格、人的德性或人的生活形式等为本，大多数情况下是指以人的世俗性、功利性和个体性需要为本。正是由于上述"体育"意义的失落和错位，使得现代社会的人们不能真正地领会"体育"的意义，从而少"体育"的"真品"，多"体育"的"赝品"、"次品"和"废品"。

再者，爱的养成在体育中淡漠也是"体育"意义残缺的表现之一。美国著名黑人运动员杰西·欧文斯曾经有过这样一段精辟的话："在体育运动中，人们学到的不仅仅是比赛，还有尊重他人、生活伦理、如何度过自己的一生以及如何对待自己的同类。"时过近80年，我们国家的体育无论是在制度上还是在运行机制上，依然沉溺于运动成绩、名次和夺标、为国争光这样一些观念中，这种制度与机制理念所提倡和鼓励的是一种追求成功的竞争精神。"奥运争光计划"或地方的"全运夺金计划"除了为国家或为地方赢得荣誉外，无形中鼓励了参与者在竞争中战胜他人来证明自己并获得成功体验的思想，为国家、为地方赢得荣誉是值得肯定的，但过度的鼓励和激励会在某种程度上使人们在竞争的过程中从心理上阻隔人与人之间的爱，淡化人际间的关系，甚至还会使得人们过度崇尚运动成绩和奖牌而以运动能力僭越对体育的感受能力，导致只知其然，而不知其所以然。另外，我国现行的对于获得优异成绩的运动员的奖励、激励和安置措施，从一个方面讲是对这些有贡献的人们的认可和赞赏。但这种举措从另一方面讲，或多或少会使运动员逐渐沉溺于以功利僭越体育的一切，以实用为准则，使得任何参与体育的理想和信念都在急功近利面前望而却步。当代竞技体育只注重高、精、难的动作，采用的是"三从一大"训练原则，很少考虑运动员的情感体验，因而，运动员在整个体育过程中根本学不到如何去爱自己、他人、爱自然乃至爱整个世界。这样的例证在当今体育中比比皆是。如我们在观看一些体育比赛时会看到，某一运动员明明已经受伤，但为了赢得比赛，他（她）还得坚持比赛，哪怕伤情继续加重。当下的学校体育一味地追求以不受伤和不出事为结果，好多学校随意取消体育课或抽减教学大纲所规定的内容，根本不考虑体育对学生身心健康发展的意义，谈不上关注学生的天性以及学生的兴趣和爱好，更谈不上使学生在体育中学习并体验互相帮助、互相学习、互相照顾、关爱自己、敢于面对困难等一些方面的意义了。当然，这与体育比赛的特殊性和当前一些家长对独生子女的过度溺爱有关，但从体育本身来看，与体育中"体育"意义的残缺不无关联，也是一项值得人们反思的问题。

三　信仰追寻在体育中缺失

对于人来说，"信仰是一个人的基本态度（attitude），是渗透在他全部体验中的性格特性，信仰能使人毫无幻想地面对现实，并依靠信仰而生活"[①]。没有信仰，没有精神和道德生活，人生是否还有价值和意义？这是一个人生的价值问题，也是一个关于人的存在及其本质的问题。按照启蒙运动的理论来说，人没有了非理性的宗教信仰，没有了形而上学的宗教世界观，岂不是更得到了精神上的解放？岂不是更能过理性的生活？但是恰恰相反，上帝死了，人们反而变得肆无忌惮了，变得更疯狂、更没有理性了。没有上帝了，人愿意做什么就做什

---

① ［美］弗洛姆：《为自己的人》，孙依依译，上海三联书店1988年版，第11、184页。

么了，再也不必有什么顾虑了。善没有了，内心的恶也就被发动起来了。当时的人们，把私欲和内心的恶势力全部发动起来追求金钱！追求名誉！追求权力和地位！为了获得这一切，甚至不惜巧取豪夺，尔虞我诈，就像中国现在的一些人道德沦丧，一切"向钱看"一样。当人们这样疯狂地追求的时候，忘记了一条真理：人是精神的存在物，物的追求并不能满足人的精神生活。即使你家财万贯，这些巨大的财富对于人生来说，也是浅层次的东西，并不能满足人的深层次的精神生活的需要。没有精神生活，没有道德，没有信仰，人也就变成了一个赤条条的自我，一个没有灵魂、没有心肝的存在物。①

对于体育而言，体育如果没有自身的信仰②，不存在对于自然世界、人类自身的自然世界（身体）以及人类所创造的文化世界的终极关怀，也没有对于人类的精神世界的最高价值存在的虔诚与敬畏的话，可以说，体育就不会被称为真正的体育了。我们以为，真正意义上的体育必须要有自己的信仰或者说要有其核心的标准，只有确立了体育自身的信仰，才会始终保持自己的本质不变，才能完成其应有的使命。因此，我们认为，体育的信仰或者说"体育"的核心标准应该包括如下：第一，在具体目的上，体育所获得的"成就"必须是"善的"和"有价值的"，在终极目的上，体育必须帮助人们获得健康的"生活方式"，树立一般的世界观，而不局限于纯粹功利或职业目的达成；第二，在方法上，获得成就的方式必须是"道德的"或"无可非议的"；第三，在过程中，体育必须是有利于人们身心发展和自主性确立的。但遗憾的是，现实的体育不得不令人产生一些疑惑——体育究竟是为了训练实现适应社会工具性要求的人呢，还是为了实现人类价值生命的延续，提升人们生活质量而进行的教化、激励和养成性的教育？是

① 司马云杰：《文化悖论——关于文化价值悖谬及其超越的理论研究》，安徽教育出版社2011年版，第 238 页。

② 这里所说的信仰不是指对上帝、领导者、机器或成功的非理性信仰，而是指基于人对自身生产性活动之体验的理性信仰。

对人的急功近利的塑造，还是对人多方面潜能的长远性的开发？实际上，体育的内核就是对每一个生命价值的珍视，关爱每一个生命的所有，认识生命成长的规律，把握生命发展的轨迹，提升人们的生活质量。也就是说，珍爱生命、尊重生命的法则、提升生活质量，这才是体育真正的灵魂和根基所在。就当前情况看，体育的信仰已经被太多外在于它的作用力所遮蔽，被工具性和功利性充斥的体育，在它表面繁荣的背后却隐藏着信仰缺失而导致深层的寂寥。

一方面，由于对体育的学科特征、本质、意义和功能等基本问题缺乏足够深入的研究，缺乏对体育科学独特价值与科学品格的严谨认识和普及介绍工作，长期以来，体育科学往往处于种种窘境中难以获得健康发展。体育科学缺乏必要的自主地位和学科尊严，由此更加深了人们对体育认识上的模糊、混乱和对体育科学的轻视。体育科学不被重视而陷入困境，规范严谨的体育学学术论著被社会冷落，高等学校中的体育专业办学难而趋于萎缩，或改换门庭摇身一变为某些实用性技术性的专业（有的学校体育系为迎合就业，把体育专业变为社区物业管理的保安等专业）；有些学者为了能够发表文章而放弃体育理想与社会责任，盲从和追逐政治形势，急功近利的学术思想与浮躁盲动的课题热扭曲了体育的内在本真，所有这一切，都可能造成我们的学校、社会对体育真正理想的认识衰落的境况，促成体育的整个精神家园荒芜与杂草丛生的局面。

另一方面，由于现代体育与利益之间的联系紧密，功利性与工具性攫住了体育，所以，不仅各个国家、社会各个部门，就连体育的参与者个人也把体育仅仅看作谋取某种利益的工具、途径或手段。个人参与体育，是为了名利，为了有一份工作，获取更高声誉或敛取更多财富；国家要求体育，是出于政治考量，为了展示自己国家制度的优越和民族的素质；一些地方或部门要求体育，一是为了本地方和部门的政绩或赢得社会声望，起到宣传、广告效应，二是争取更多上级拨款。因此，体育一方面同个人利益相联系，另一方面同国家地位的提高相联系，若不是体育意味着更多的金钱或更高的社会地位，或至少一份相当体面的工作，那么费心参与竞技体育的人便会寥寥无几了。

在此必须要强调的是：我们批判体育实践结果的异化，呼唤体育回归本真，并不是说我们就否认以前的冠军获得者和国家过去、现在所执行的体育为国争光、发展经济等方面的必要性和重要性。目的在于我们的体育在发展的征程中，不论是参与者个人还是国家或团体，应该力图规避将体育过于功利化而遮蔽体育丰富内涵的应有发挥和展现，最终导致人的严重工具化和片面发展。

第四章 体育异化的原因及其分析

要探寻关于消解体育异化的办法，就必须要从分析体育异化之原因入手。纵观已有对体育异化原因的解释，大部分学者认为政治、经济、运动能力低下、伤害事故以及竞技运动自身所包含的非理性和非逻辑因素等是造成体育异化的原因。这些分析不无道理，体育异化与这些因素是有关联的，但我们以为，导致体育异化的原因是一个非常复杂的、综合作用的系统机制。

第一节 体育文化悖论使然

我们所说的"体育文化悖论"的使然，首先是指体育文化价值功能上的自我相关的矛盾性和不合理性；其次是指体育文化价值功能上相互矛盾或相悖的法则；再次是指体育文化建构的人的价值思维方式上的悖谬；最后是指体育文化创造对于它的主体（人）的悖谬。"文化悖论"的概念与一般形式逻辑中的悖论概念是不相同的。不是形式逻辑所讲的一般思维方式的悖论问题，而是指体育价值功能上的自我相关的矛盾性和不合理性及其运动变化所建构的人的价值思维方式、行为方式的悖谬。

一 体育文化价值功能上自我相关的矛盾性和不合理性

我们知道，就像人类栽培了五谷，制作了丝麻布帛，既可以养生送死，又可以侍奉上帝鬼神；人类创造了各种礼仪典章制度，既可以广教化、美风俗、正身防乱、排纷解争，使社会得到安定，又可以成千上万地"吃人"，不见刀剑而使无数生灵死于非命一样；人类创造了大刀长矛、武术技击活动，既可以强筋骨、防御或猎取兽类，又可以用来相互杀戮，造成血流成河，尸横遍野；人类创造的许多体育项目（如网球、高尔夫等），即可以带来快感和审美享受，但在某一时段又可以作为象征以辨贵贱，形成尊卑荣辱之感的工具，如此等等，"人类所创造的哪一种文化在价值和功能上不存在着矛盾性和不合理性呢？这种矛盾性和不合理性不是来自外部，而是来自文化内在结构上的自我相关性，来自文化的意义、价值、功能上的二重性和不确定性"①。就体育这种文化现象本身而言，人们适当、适量地参与其中，既可以强筋骨、健心智，一旦人们把它当成追求外在于它的功利价值与功能，采用过度训练等方式时，不但不能强筋骨，反而会对人的身心造成伤害和摧残，甚至有人会拿健壮的身体当作伤及别人或杀人的资本，本来可以鼓士气、调民意，达到人们友善、互助、团结等功效，一旦掌控不好，就会变为煽动闹事、挑起种族歧视，甚至民族对抗等。

二 体育文化价值功能上运动变化相互矛盾的法则

文化价值功能上运动变化互相矛盾的法则，是指文化的价值和功能依据自我相关的矛盾性运动变化并造成价值功能上的自我相悖。就像现代文明虽然取得了很高的成就，但它在社会和谐方面的成就却远不如中世纪，甚至比不上古代原始部落社会。原始部落社会用宗教、

---

① 司马云杰：《文化悖论——关于文化价值悖谬及其超越的理论研究》，安徽教育出版社2011年版，第4页。

巫术、伦理、道德等简单的手段解决了他们复杂的社会问题，而现代文明社会用极为复杂的手段却解决不了他们极为简单的社会问题，如像偷盗、凶杀等不安全问题一样。人类创造了各种社会制度，最初看起来是合理的、有价值和意义的，但是随着时间的推移和人们认识水平的提高，它们也就变成了不合理的、没有价值和意义的东西了。如我国在 20 世纪 60 年代提出的"三从一大"这样一个具有理论意义的竞技体育训练指导思想，它在促进我国当时运动训练水平和成绩的提高方面起到了巨大的推动作用，但从人的身体发展规律和人性关怀上讲，可以说是对人的一种不尊重或"摧残"。再如，知识的积累，科学技术的进步，极大地推动了人类文明的发展，也给予体育的方方面面带来了长足的进步，使得体育更加科学，更加合理化，但是当人类利用这些科学技术知识设计、改变和"重造"人类身体和运动动作技术，提高竞技体育成绩，使现代人们在体育运动中更加依赖高科技的体育装备而不能自拔，乃至于损伤自己的时候，那这种科技进步表示的是人类究竟是更文明、更进步了，还是更野蛮了？科学的道德化是进步了，还是退化了？正是面对着这种文化价值功能的悖谬，现代许多教育家对原始部落的教育方法深表赞许，甚至认为正是那些物质文化最贫乏的部族成就了我们认为最新的教育原理。它使许多社会学家、人类学家、哲学家、心理学家等通过宗教、巫术、神话一类非理性的作品研究原始理性，并且认为它们能够赋予空洞混乱的当今历史以新的价值和意义，能够对当代人类的非理性给予合乎理性的解释。这是文化价值功能的逆转性的变化。具体反映在体育中的表象有很多，如古代利用奥运火炬传递的方式就能够停息国与国、部落与部落之间的战争问题，而现代人们用许多制度却解决不了球场内外的暴力行为，更不要说只借用火炬传递的方式了。事实是近现代乃至当代，奥运正常举行而战争也仍然继续进行，甚至由于战争停办奥运会。这不能不说是人类文化悖谬在体育中的写照。

三　体育文化建构的人的价值思维方式上的悖谬

体育活动是一个由人类所创造的，由各种特质构成的有价值、有意义的属人活动，而人的体育价值心理和价值观念作为意识的思维方式，作为区别于动物本能的价值意识，乃是有价值、有意义的人类社会赋予的，是体育活动对人们心理生物机制不断构建的结果。人虽然有先天道德本性，有天机自然之心，然而当他这种心性存在还是一个心理生物机制的时候，离开体育这样一个社会实践的教育，离开了有价值、有意义的人类体育文化，它的一切活动与外部世界的关系，仍然是处于混沌之中的，是不可能真正成为一个属人的活动。然而，体育文化世界里既然存在着价值和功能上的不合理性和矛盾性，存在着意义上的模糊、混乱和不确定性，存在着价值和功能上的自我相悖的法则，那么，由体育活动所建构起来的人的价值心理和价值观念等思维方式，也必然会出现矛盾性和不合理性，出现价值、意义等判断上的模糊、混乱和不确定性，甚至出现整个价值思维方式上的悖谬。例如，在当代体育中，当人们不遗余力地只追求"锦标"、"金牌"、"奖牌"或"体育英雄"的时候，当人们按照某种片面的伦理观念和主观设定的目标进行体育价值判断和选择的时候，或者当人们囿于某种价值观念而不能自拔的时候，他们的体育价值心理和价值观念就陷入了非理性，他们的价值思维方式就陷入了悖谬。这是一种非理性的文化价值心理和观念的悖谬。1994 年世界杯足球赛哥伦比亚对美国队的比赛中，被称为南美大陆最好后卫之一的哥伦比亚队员安德列斯·埃斯科巴，由于制造了一个乌龙球，并因此在回国后不久被枪杀。这是一起典型的追求"锦标"、"金牌"、"奖牌"或"体育英雄"而使人的体育价值心理和价值观念陷入非理性或悖谬的案例，也不得不让人去反思，难道赢球、夺冠比人的生命还重要吗？

四　体育文化创造对主体人的悖谬

人类创造了各种各样的文化特质，创造了由各种各样的文化特质构成的有价值、有意义的世界，但是，它并不能完全为人类所利用和享受，反而成了制约人类自身的东西，成了人类存在以外异己的力量。这样，文化也就违背了人类创造它的初衷，成了背其天然之道而逆其生存之理的东西。这是客体对于主体的悖谬，手段对于目的的悖谬。而当人们抛弃了自我需要的生存大道，按照价值悖谬的文化塑造自己人格的时候，必然扭曲自己的心理、性格和行为。在人类历史上，有多少不可解的"情结"、催人泪下的道德悲剧等，不是和文化价值功能的悖谬有关呢？当《儒林外史》中的王玉辉为了"青史留名"，鼓励女儿自杀殉夫，而后又来"悲悼女儿，凄凄惶惶"，"心里哽咽，那热泪直滚下来"的时候，其迂腐的观念、愚蠢的行为以及内心的冲突、生命的挣扎，不正表现了文化价值对于人生的悖谬吗？同时，这也是人在文化世界中的自我失落、自我悖谬，甚至人越是被价值悖谬的文化所压抑、疏远、排挤，就越是苦苦追求这种文化价值！因此历史上产生了无数所谓的忠臣、孝子、烈男、节女，产生了数不尽的贪婪、虚伪、奸诈、狡猾、矫揉造作以及各种各样的人生假面具！在体育世界里，竞技体育，尤其是职业体育的训练、比赛是非常辛苦的差事，运动员们对苦的认识是一般人难以感受的，是刻骨铭心的，是无法用语言表达的。但当人们摒弃体育真正的价值追求和信仰，苦苦追求体育之外的东西时，无论你用"苦中自有津津乐"，还是"梅花香自苦寒来"等美丽的语言去描述，都会使人感到空洞和虚伪！当一个运动员身负重伤，明知会落下终生残疾或付出生命代价的前提下，还要在"敢于拼搏，勇争第一；永不言败，永不放弃；不甘平庸，敢于冒险；今日不搏何时搏"这样的"理想、信念"下坚持训练和比赛，这不正是面对着体育文化背其天然之道而逆其生存之理的价值功能悖谬吗？不正是体育文化价值悖谬造成的人生悖谬吗？

第二节　社会生产的发展与体育形式的演进

体育的异化并不是从其产生之日就有的。最初的体育是源于人类维系自身生命发展的一种内在客观需要，游戏是体育的主要表现形式，从当初体育自身来看，它的内容都是人类生活和生产过程中的基本技能和基本技术的再现，其目的①和功能之一是娱神、娱人、娱己；之二就是通过体育的游戏形式，再现生活、生产的现场场景，使下一代从中学习和掌握其中展示的生活本领和生产技能（跑、跳、投掷、攀爬等）。由于人类社会之初，我们的祖先过着在陆地栽培种植、下河捕鱼、上树摘果的群居生活，还要不时逃避猛兽的袭击，所以，生活、生产的全部也就是体育的所有内容，十分落后、很不发达，因此，可以说，那时的体育从地位看，还没有被外在于它的任何力量所主宰或控制，表现为本真、质朴、简单、实用，与人们的生产生活融为一体，体育的对象化活动还没有演变为异化②。那么，原始的体育因何表现为本真、质朴、简单、实用，与人们的生产生活融为一体呢？我们总结如下三点原因：首先，从宏观层面上看，那时的体育没有背离其本真的追求。由于人类之初，刚刚脱离动物本能，人类的思维和文化十分有限，所以当时的人们对体育还没有以观念、理念形式提炼出任何的所谓终极追求目标，但体育在人类现实生产生活中所起到的实际作用与上述需要是吻合的，它实实在在发挥着促进人类生命发展和提高生活质量的功效。其次，从中观层面上看，那时的体育还没有受"娱乐"和"培养人"以外的其他力量所主宰。按照马克思的观点，人的自由、自觉的生命活动是同动物自然生命活动的根本区别，因此，我们说，虽然原始人类的体育活动不是完全意义上的自由、自觉的。但我们依据马克思的观点起码可以称之为是"原始自由"的一种活动。

---

① 需要加以说明的是，由于体育产生之初，尚未形成任何以文字形式归纳概括的、以观念形式存在的体育目的，这里所说的体育目的指的是实然的、不成文的体育目的。

② 对象化与异化是有区别的。所谓对象化，它的第一层含义是人的活动总是指向一个对象，如自然界的某个事物，同它发生关系，对它进行加工改造，使之变成自己需要的东西，变成自己的产品。这是把人自己的活动外化、物化到一个外部的对象中去的过程。第二层含义是说，这些对外部事物进行加工改造的活动及其产品，最终目的还是人本身。产品本身不是最终目的，只是人为了自己的生存、幸福和发展服务所不可缺少的必要手段和中介。按照马克思的观点，如果这个统一的对象活动的两个阶段分离、分裂开来，这就是异化。

由于原始社会的性质和特点所致，毕竟，当时的体育没有被沦落为各种力量势力运作的工具，作为人类生活、生产的重要一部分存在于人类的生活、生产当中。最后，从微观层面上看，当时的体育目的与手段并未颠倒。原始的体育虽然没有明确概括出像"人是体育的目的"这样的问题，但在那时的社会现实条件及生产力水平低下的情况下，娱神、娱己、娱人、传授下一代生活本领和生产、生存技能已经体现了体育对人的最高价值和终极关怀，也就是说，体育的实然目的是人这样一个事实已经存在。

随着人类社会的发展和生产力的不断提高，人们的劳动产品除了满足当下的生活所用外逐渐有了剩余，而且这部分剩余产品被当时的部落首长和一些掌管生产和兵士的特权人物所占有，原始的平等遭到破坏和颠覆，随之产生了阶级、压迫和控制。与此同时，统治者把体育的祭祀、娱乐和传授生活本领、生产生存技能、经验等方面的独特作用垄断为己有，除了用于他们享乐之外，并逐渐被作为用来控制广大被压迫者和培养维护集权利益的守卫者及向外掠夺者的工具和手段。从此，体育也就逐渐迈向了异化之路。作为人类最为古老的社会实践活动之一的体育，在人类历史的漫漫长河中，从与生产、生活融为一体到逐渐分离，从原始的简单到现代的复杂，从过去的不成熟到当代的完善与成熟，但异化始终伴随着它的脚步，而且越来越严重。如今的竞技体育，已不再是关照人们生命发展与生活幸福的教育，而是国家展示制度优越、民族兴旺、培养建设者；一些社会团体或个人争取展示自己声望、获取更多资本的工具。

总之，体育发展到今天，我们可以说，是社会生产的发展使得体育从"在生活之中"发展到独立于社会生产生活的专门化活动，而随着专门化的体育形式的进一步发展，它甚至逐渐演变成了与人的现实生活毫不相干的另外一个系统。

第三节　社会形态的转变与人的依附关系的变更

马克思曾经从人的发展的角度把社会历史的发展划分为三个大阶段。他说："人的依赖关系（起初完全是自然发生的），是最初的社会形态，在这种形态下，人的生产能力只是在狭窄的范围内孤立的地点上发展着。以物的依赖性为基础的人的独立性，是第二大形态，在这种形态下，才形成普遍的社会物质交换，全面的关系，多方面的需求以及全面的能力的体系。建立在个人全面发展和他们共同的社会生产能力成为他们的社会财富这一基础上的自由个性，是第三个阶段。第二个阶段为第三个阶段创造条件。"① 依据马克思的这一论述，我们简单地把人的依赖关系的发展和经历大致分为三种基本形态：人的群体主体形态、个体主体形态和自觉的类主体形态这样三个阶段。而生产力的发展变化所带来的社会结构的变迁便是推动这一发展的根本动力和原因所在。

在原始社会，人以自认的、血缘的纽带和氏族等原始的人群共同体联系，处于必须依赖人群共同体的生存状态，是从自然的种群共同体获得人的力量的。个人既无独立的人格，又缺乏自主活动能力，个体之间也尚未形成明显的社会意义上的差别，像马克思所称的那样只是"一定的狭隘人群的附属物"。继而，这种原始的血缘关系又被奴隶制、封建制的人身依附关系所代替。奴隶依附于奴隶主，农奴依附于封建领主，他们根本不被当作人，而是被视为同属于奴隶主、封建主的畜生、土地一样。我们将之称为以人的依赖为基础的群体本位形态。

资本主义社会形式下（包括社会主义初级阶段），在市场经济的冲击下，上述人身依附关系被打破。农奴或者是在市场的吸引下，自

---

① 《马克思恩格斯全集》第 46 卷（上），人民出版社 1979 年版，第 104 页。

觉地以种种方式离开领主的庄园而奔向市场，或者是在市场经济巨大力量的催逼下被迫投向市场，脱离了人本身领域的种种限制（自然的、血缘的、人身依附的），而仅仅依赖于人所创造的社会产品、商品，个人砸碎了身上的人身依附的枷锁，具有了独立性，成为独立的个人主体。人的"自我意识"、"平等意识"、"主体意识"开始强化。人的地位代替了神的地位，人对自然神、上帝的崇拜变成了对人的肯定，人被提到社会历史图景的中心位置。从此，人也开始以独立的个人身份来安排和决定自己的生活和活动，至少表面上是如此。然而，现代社会（尤其是市场经济社会）本质的影响，对人的发展又有着很大的局限。人摆脱人身依附关系而走向独立，可是这种独立又是以"物的依赖性"为基础的。刚刚独立的人又陷入了另一种束缚，成为物的奴隶、资本的奴隶。人依赖物，物变成人的主宰，人依然没有能够达到完全驾御自然、驾御社会、实现自身充分发展的水平，人被物化了。我们可将其称为以物的依赖性为基础的独立性的个人本位形态。

通过以上分析，我们也许可以得出一个结论：在一个利益化越来越严重的社会，当人们把追逐利益作为根本的甚至是唯一的目的，作为逐利者主体的人，就陷入了"拜物教"的怪圈，并最终将包括自己在内的所有人予以"物化"，在这一过程中，人的尊严荡然无存，"这种普遍的物化过程，表现为全面的异化"①。

建立在人的全面发展基础上的自由个性的类本位形态，是人的全面的物化和异化现象被克服的时期，也就是马克思所说的社会主义和共产主义社会形式时期。马克思认为共产主义是"私有财产即人的自我异化的积极扬弃，因而是通过人并且为了人而对人的本质的真正占有；因此它是人向自身、向社会的人的复归"②。在私有财产存在的条

---

① 《马克思恩格斯全集》第 46 卷（上），人民出版社 1979 年版，第 486 页。
② 《马克思恩格斯全集》第 42 卷，人民出版社 1979 年版，第 120 页。

件下，人的本质异化了，一方面，人的对象化的本质——他所创造的产品——人化的自然界同人相异化；另一方面，人本身的能力也不属于他自己，同他异化了。私有财产的扬弃，使得人能占有自己创造的财富，自由地发挥自己的能力，因此也就真正占有了自己的"人的本质"。人对自己的本质的占有也是"复归"，是向"社会的"人的复归。马克思认为，人按本性是相互需要、补充的存在物，所以必定结成社会。社会本质是主体内部固有的，为一切人所共有。人既然相互需要，就应进行无私的交往，可是现实社会中人们却互为工具，相互隔膜、对立、敌视，失去了真正的社会性。就像在宗教中人把自己的本质异化到天国一样，在现实社会中，人也把自己的本质异化到政治国家和货币之中。扬弃了私有财产，也就扬弃了与私有财产相联系的政治国家和货币这些异化形式，使人的社会本质复归自身。

体育作为社会的一个子系统，在不同的社会形态中与人之依赖关系间又存在什么样的联系呢？我们认为，随着历史形态的变更，体育必然呈现出一定的阶段性特征。但体育中"人"的地位以及体育对"人"的观照程度，注定是社会发展不同阶段中人之依附关系的变更在体育中的体现，同时，体育结果的衍生功能又对人的依附关系具有一定的调节作用。

在自然依附关系普遍存在的社会形态里，由于体育自身不具有超越其所处历史时期的力量，因而这一阶段体育的形态与这种自然依附关系紧密联系。我们认为，在没有阶级的原始社会，作为个体的人由于受制于当时生产和生存条件的落后与险恶，只能完全从属于或完全依附于他所生存的群体，这种完全意义上的共同生产生活使每个个体在整个群体中的地位也就处于完全平等状态，人与人之间没有高低贵贱之分，相互依赖的程度也是同等的，在这种社会形态中对象化的关系还没有演变成为异化的形态，"人"在整个的生产生活中始终表现为目的，体育这种人类活动没有被"促进生命发展，提高生活质量，维持生存"以外的力量所主宰和控制，也还没有沦为工具。换言之，尽管原始社会的体育还处于萌芽状态，并不是现代人们概念中完全意义上的体育，但它尚未失去本真，毕竟"人"是它的目的。随着原始社会的解体，出现了阶级，人与人有了高低、贵贱、统治者与被统治者之分，体育也就首先被统治者所垄断，将其变为阶级统治的工具，因而这时的体育已逐渐失去了体育的本真意蕴，已被外在它的力量所束缚、所掌控、所利用，如除了用于统治者消遣享乐外，还用来训练战士、维护集权者的利益，甚至在一些时候已经用于追逐个人名利的工具等（具体参见体育异化之路），体育恰是从这个时期开始走向异化的。

在物的依赖关系社会中，人们不遗余力地赚取个人名望和地位、捞取更多财富，以赢得社会认可是不争的事实。当然，体育也就不可避免地成为人们赚取个人名望和地位、捞取更多财富的工具和目标，随着社会的演进和体育自身的发展，这种现象越来越严重，甚至发展到当今人们对体育夺标或夺冠达到了一种迷信和崇拜的地步，体育的工具化现象愈加严重，"人"渐渐失去在体育中的地位，使体育异化的程度进一步加深。原因就在于，随着体育的不断发展，尤其是进入市场化、职业化以后，体育具有的个人身份赋予的实然功能逐渐被人们所认可，无论是国家、社会团体还是个人都意识到体育比赛夺得冠军、获取第一对于他们意味着什么。

当今，"在体育运动中，社会身份置于生理存在之上。体育运动赋予某种身体特征和技艺以价值，并对其他方面加以贬低，由此肯定关于心灵和身体怎样相关、社会世界和自然界怎样联系的某些理解。因而运动员的身份并不是生理自然成长的结果，而是一种社会建构……"① 的确如此，无论在体育行业还是整个社会里，运动员身体特征和运动技艺所具有的个人人力资本存量标识功能，使其在体育运

---

① ［美］杰·科克利（Jay J. Coakley）：《体育社会学》，管兵、刘穗琴等译，清华大学出版社 2003 年版，第 14 页。

动行业的劳动力市场以及社会其他行业的影响力都具有了重要的意义。

首先，运动员身体特征和运动技艺在职业体育行业的劳动力市场上被视为一种筛选装置，通常在体育运动员的选材中就是依照其身体特征和运动技艺，帮雇主把具有运动天赋的苗子从众多参与者中识别出来。其次，运动员身体特征和运动技艺所具有的这种标识功能对于运动队、运动队的所有者及相关的人们来说还具有风险防范的机制。我们知道，对于一个运动员来说，在比赛中能不能获得第一并不完全直接取决于身体特征和运动技艺（还有运动员的心理等因素），也不能简单地把二者完全画等号，但是运动员的身体特征、运动经历、获得冠军的次数和等级在运动队的所有者看来是有助于降低他们投资风险的。再次，运动员身体特征、运动技艺、运动经历、获得冠军的次数和等级具有个人人力资本投资的收益功能。我们知道，一个运动员一旦顺利进入他所心仪的运动队，他（她）所具备的这些资本不仅决定着他（她）的薪资水平，影响着个人今后的体育生活，最主要的是当他（她）取得优异的体育运动成绩、获得高级别赛事的冠军，退役后将拥有很高的社会地位，步入上层或大把敛金，过着其"名人"或"富翁"身份的生活。正是运动员所具有的这些名利价值特点，也驱使当今社会上的许多人们把谋求"锻造"身体，进而达到提高运动能力，获取尽可能多的高级别冠军或奖牌视为人生得到更多的升迁机会、获取更多的社会财富的有效途径，而往往不关心，甚至忽略了体育的本真意义和其所具有的内在价值。在当今的社会现实中，的确存在着这样一种现象：由于过多地去追逐名利，社会上已经普遍存在着这样一种不良心理，某某项目能出名、能赚钱，家长就让孩子从小去参与此项训练的现象；为了使孩子能进入高校或被更好的学校录取，赢得一个文凭，为在社会人力资源竞争中获得一张护身符，人们不择手段、不惜一切代价为孩子获取一个加分或直接进入高等级学校的运动员等级证书。可以说，这种现象对体育的健康发展造成诸多不利影响，形成在体育发展过程中恶性循环，并进而加剧体育的异化程度。

更为严重的是，"以物为本"的社会关系，在利益的驱动下，运动员开始为了成名获利，不择手段、铤而走险滥用兴奋剂，并把此当成了提高成绩的灵丹妙药，破坏了公平竞争的原则，背离了体育精神，并对人体健康造成了伤害。另外，技术异化使竞技运动轻精神重物质，重竞技性轻实用性，越来越不受公正比赛精神的束缚，沦落成低层次的娱乐消费，这些都背离了体育的最初价值观，导致对人生命意义的缺失和漠视，引起人文精神的背离。

总之，当人依赖体育，并通过体育赚取名利的时候，体育的目的已不是"人"，而是一种控制人的力量，体育也不再是以促进人的生命发展，提高生活质量，实现生存价值和意义，并最大限度地发掘人的潜能的有意识、有目的的教育活动的途径了。当这种依赖关系越来越被强化时，体育在异化的路上也就越走越远。但我们必须要清醒地认识到，随着全球一体化基础上全人类意识的逐步确立及可持续发展成为国际社会的共识，人与人、人与自然、人和自身都会由个体本位的对立走向本质的统一，现代人必将超越现阶段所谓独立的、自由的狭隘个体意识，被逐步明晰化的"类意识"所整合，在此基础上也会自觉地把生命的本质定位于"类生命"。

当然，"类生命"不同于没有人之个性的群体主体，而是将"小我"纳入"大我"之中，在"大我"中显示个人的独特个性。当达到类本位的社会形态时，群体本位和个人本位的极端都将得到扬弃，形成既具有主体间的整体性又具有个体的独立性的类性，社会性和个体性的和谐统一。只有到那时，才会是"人和自然、人和人之间矛盾的真正解决，是存在与本质、对象化与自我确证、自由与必然、个体与类之间的斗争的真正解决"①。在此之前，异化一直存在。

---

① 《马克思恩格斯全集》第42卷，人民出版社1972年版，第120页。

第四节　体育理论自身的"失真"

我们在探讨体育异化的原因时，除关注来自体育外部的因素外，体育内部也有着致使体育背离其本真的力量和因素。众所周知，体育在我国是个"舶来品"。在它的理论发展过程中，自然会出现一些让人们困惑之地，如引进者和翻译者对体育从理论层面的认识及语言、文字表述上的偏颇；本土理论与外来理论结合的偏差；体育的主体的目标定位及体育理论研究群体的立场和利益，等等。这些因素或多或少都会影响到体育的健康发展与对其本真的把握，致使体育不自觉地走向异化。

一　本土理论与外来理论结合的误差

我国虽然有着5000多年的文明史，但体育一词却是近代以来的舶来品。虽然我国有着丰厚的体育及养身的文化思想遗产，但是我国的体育学却并没有在此基础上完成本土生成。相反，中国的体育学从诞生之日起就走上了引进的道路。据张天白先生的考证，中文的"体育"一词最早是在1897年由日本引入我国并见于文字。[①] 并且这一源自日本的体育概念，无论是在日本还是中国其含义都不是一成不变的。就连日文中的"体育"一词，也非日本固有的，它是来自于对西欧语名词的翻译，[②] 且含义随着历史阶段的变化也在充实变化。直到1977年，日本颁布的新中小学《学习指导要领》中"运动的教育"取代了"通过运动的教育"。此后，"通过适当、合理的运动实践"，"促进身体健全发展"，"培养运动能力、过健康、安全的生活态度"，成为"体育"3个不可或缺的要素。[③]

---

① 张天白：《"体育"一词引入考》，《体育文史》1988年第1期。
② ［日］水野忠文：《体育史概说》，杏林书院1961年版，第245—248页。
③ 孟凡强：《体育概念在我国发展演变过程述评》，《天津体育学院学报》2008年第3期。

在我国，从体育一词的最初引入到"五四"新文化运动以前并不为人们所熟知，而且在 20 世纪 30 年代以前体育一词并没有教育的含义。民国二十二年（1933 年）出版于上海商务印书馆的《体育概论》对体育进入中国及其含义变迁作了详细的介绍，将 20 世纪 30 年代以前中国体育概念的变迁划分为如下 5 个阶段：体育就是"体操"；体育就是"运动"；体育就是"游戏"；体育就是"健康"；体育就是"教育"。① 也说明，20 世纪 30 年代以后，我国才出现了体育是"身体教育"，"体育是以身体活动方式之教育"的表述。

新中国成立后至改革开放以前，由于认识上的局限性对体育概念的规范表述比较少见，甚至在 1961 年由人民体育出版社出版的《体育理论》教材中都没有看见对体育概念的界定。这一历史也表明对体育本质的认识受到社会发展水平、教育发展水平等多方面因素的影响和制约。与此同时，因历史和意识形态关系，我们的许多理论又是从苏联输入，当时出于战备和政治等因素，体育的着眼点不在"人"，而把体育定义为一种为争取荣誉而进行的比赛，缺乏人文意识和人文关怀。以足球和篮球为例，现代足球发源地英国对足球是这样理解的："足球的本质是培养会踢球的全面发展的人"，我国却认为"足球是用脚踢球，两队同场攻防的比赛"；篮球发源地美国认为"篮球的本质是通过篮球运动培养人"，而我们则认为"篮球是用手投篮，以得分多少决定胜负的比赛项目"。竞技目的是"人"还是"物"（比赛成绩和物质奖励），就由此显而易见了。② 20 世纪 70 年代末 80 年代初又在对外开放的背景下对美国等西方发达国家的体育理论顶立膜拜，这种自始至终"眼睛向外"的发展使中国的体育学深深陷入本土理论贫困的尴尬。但又因各国体育实践所处的文化土壤和制度环境等方面都存在的巨大差异，我国体育学在学习和引进的过程中也就难免失之片面，

---

① 周西宽：《体育基本理论教程》，人民体育出版社 2004 年版。
② 古文东：《当下竞技体育中异化现象的致因探析》，《体育与科学》2011 年第 1 期。

这对中国的体育实践无疑又形成一种异化的力量。

二 体育理论导向的偏差

我国体育理论的阐释句式中，最常见的就是体育要为某某服务。如由最早的为军事服务，到后来的为政治服务，再到当前的为经济建设服务等。这种单纯的"服务"导向把体育本身置于一个从属和奴仆的地位，使得体育自身的真实"信仰"和追求迷失，蕴含的诸多重要的价值和意义弱化。换句话说，体育就在这种外在强制予以的"服务"导向促使下一步步地沦落为不折不扣的工具。就当前我国体育的作用展现在整个社会中的表象是：人们看到的是其外在价值，漠视了其内在价值；加强了其社会服务功能，淡化了其诸多的内在功能；强调了体育对国家、社会团体及个人的显性作用，而忽略了其在人性提升等方面所应尽的职责和应有的作用。目前就世界范围讲，体育的确得到了异乎寻常的重视，什么奥运会、世界杯、洲际赛、大奖赛等，今天各国争取主办权，明天各家争夺电视转播权，轰轰烈烈一片繁荣的景象，不能说不重视。与此同时，体育的地位也相应得到了空前的提升，国家发展需要它、民族兴旺需要它、人民的文化生活需要它……但依我们对体育现实的分析认为，被看好的只是体育所带来的国家声望、社会经济效应以及个人地位的提升和经济收益的提高，被提高的是体育工具性的作用，被重视的是体育的工具价值。由于当代的体育无法坚守自己的本真和"信仰"，自身也顺应追求着社会对自己的这些期望和要求，使自身沦落到只剩下"被利用"的价值这样一个尴尬的境地，丧失了自身。

总之，从体育自身来讲，它永远不可能脱离政治、经济、文化和军事等而存在，在历史上和当前的现实中也的确在这些方面为之起到过一些特定的作用，但我们要强调的是体育无论在何时何地都不能放弃自己的本体功能，那就是：以人的生命发展和人的生活质量提高为己任。

三 体育理论研究群体的立场和利益所致

第一，学术立场问题使然。近年来，对于体育理论研究者总体而言是正面的，但有少部分学者出现了放弃体育的原则，亵渎体育的神圣，蔑视体育的理想，看风使舵，逐利投机的现象。如当国家或社会发展有新政策出台时，就有部分学者为了发篇文章，不顾体育的本真和"信仰"，有意迎合当局的意图而随声附和、强拉硬凑、一味跟风。须知，理论与党的方针、政策有密切关系，不可能截然分开，但两者毕竟不能等同，如果把政策等同于理论，那么政策就会失去检验的标准，这在实践中是极为有害的。"一个成熟的理论来源于实践又超越实践，它不能停留在引述、整理和解释层面，而要对实践进行理论提炼和构建，对实践具有一定的超前和预见性，换言之，理论不应随着政策左右摇摆，为政策作注解，相反它应该充当政策的理论基础，具有一定的诠释能力、包容性和开放性。"① 在这里我们要说，任何理论（当然也包括体育理论）的魅力不是靠政治权威树立起来的，一种理论如果没有实现与时俱进的创新，如果思维不彻底，缺乏说服力，缺乏对宇宙、社会、人生的理解和改造力，那么它势必会因为无法令人信服、无法深入人心而遭受冷落。外在的宣传、动员，或者只有横向挪移，没有纵向提升的低水平重复的学术研究等，做得再多恐怕也于事无补。

第二，学术规范问题所致。从体育理论问题的讨论中我们可以看出，学术规范问题是与相关知识素养或学术素养相联系的。按照学术规范，学者们不应使用未经自己批判地审定过的概念，在讨论问题的时候，也应该首先给概念下一个明确的定义，由此出发来阐明与此相关的学理。然而，我们却看到，在体育理论研究中并不是这么回事，

---

① 陈慧平：《科学技术时代的人文精神反思：马克思主义辩证法的深层探索》，中国社会科学出版社 2011 年版，第 23—24 页。

因而也就不免产生了许多的隔膜和龃龉。如在现有的学术论著中，不要说不同学者的作品，即便是同一学者的不同论著，对体育的描述也存在大相径庭的现象。行文需要体育是教育时，便说体育是教育；行文需要体育是文化现象时，便认为体育是一种文化现象……这种学术成果导致了人们对体育本质认识上的误读和体育实践中行为手段的偏颇，而对探寻体育的真知起不到任何有利的作用。假如，参与体育理论研究的一些同事们不去认真加以反思、予以规正，甘于接受目前的状态，可以说，我们的体育理论在实际的操作中要么被忽视，要么成为对体育实践误入歧途的助推剂——对于那些宁愿相信自己的经验而不求助于体育理论的实践工作者而言，它显得可有可无，而对于那些寄希望于体育理论的实践工作者而言，体育理论又会成为一种异化力量，最终还是不能有效地为他们提供切实的指导、有益的启示抑或有力的警戒。

第三，学术研究者的利益问题影响。除学术立场、学术规范外，体育理论研究群体的利益也阻碍着人们对真理的接近。人们热爱真理，但常常只爱自己的真理，即自己找到的真理，无法爱上他人发现的真理，知识所有者的世俗利益，倒成了语言高产中最隐秘的原型语言，成了文本繁荣中最隐秘的原型文本。现代传媒输送着太多的学术符号，现代体育教育培养一批批从事体育问题的学术从业者。因此我们选择某个学术立场，可能是出于兴趣和良知，出于人生体验和社会使命的推动，但在很多情况下，也可能仅仅取决于知识生产的供求格局和市场行情，甚至取决于符号游戏中一次次"学术旅行"或"学术洗牌"。如在现实社会中，一个喜欢安静，不怎么愿意运动的人很可能"误取"体育学学位；一个性格最为自负专断的人却可能碰巧写下一篇关于体育民主和自由的论文，一个经常横行霸道、打架闹事或流氓成性的人很可能投机选取体育法学为自己研究的方向。"这样做是要顺应潮流，还是要钻营冷门，并不要紧，要紧的是话语一旦出自我口，就很容易被言者誓死捍卫。它们本身不再是游戏，而关涉到面子、聘书、职称、地位、知名度、社会关系、知识市场的份额、出国观光访问的机会、在政权或商界的座席——这些'好东西'已供不应求。在这种情况下，如果说权利可以产生话语，那么现代社会中的话语也正在产生权利，产生着利益特有和权利扩张的火热要求。"①

第五节　个人在体育选择上的博弈②

现有文献显示，在体育异化的原因分析中，人们往往忽视了个人的体育选择这个因素。但在现实体育异化的事实上，导致体育异化的因素之一就有个人在体育选择上的博弈问题，而且还是一个关键的致因。我们把这种博弈分为两个方面。

一　选择体育之初的博弈

众所周知，受中国文化传统的影响，家庭在我国人们的心目中不仅地位非常重要，而且在人们的精神世界里具有不可替代的价值和意义。因此，在中国的传统社会里，一个家庭成员所扮演的社会身份、所处的社会地位、所承担的社会责任、所取得的社会价值、所拥有的社会声望以及所获得的荣誉等，都与家庭密切相关，可以说是一荣俱荣，一损俱损。历史上出现过不少"一人当官，鸡犬升天"、"一人犯法，株连九族"的事例。时及当代，这种现象依然存在，如20世纪60年代至70年代，因"家庭出身不好"或"家庭成员有问题"影响到整个家庭成员工作与生活的事例不计其数。时至今日，在择偶、婚配，以及某些场域的用人等，都还能看到这种追查家庭背景的影子。所以，在我国的所有家庭，一个孩子的降生，意味着这个家庭或家族

---

① 韩少功：《在后台的后台》，人民文学出版社2008年版，第123页。
② 在这样的背景下来谈个人体育的选择，在普遍意义上讲它并不代表单个的个体在体育选择上的意志，从根本上说，它体现的是个体所在的家庭或家族的态度和意向。应该说，随着社会的进步，人们普遍对个性尊重的意识、观念的提高，这种想象也在逐渐减少。

后继有"人",在他（她）的成长过程中便自然地承载了家长或家族的理想——望子成龙、望女成凤。尤其是在当今这样一个注重物质利益最大化的社会里，人们渴望"出人头地"，获得足够的物质财富是不争的事实。因此当一些家长，一旦发现孩子文化课成绩不好，升学渺茫，则把目光转向体育，不惜重金培养孩子的体育技能，试图通过体育找到升学的捷径或为孩子的未来找个出路（这种情况下，作为孩子本身也是一种无奈的选择）。还有一些家长，由于孩子本身有一定的体育天赋和特长，也看到了当前体育明星们名利双收的现象，不惜放弃孩子的学业，便投入重金培养孩子的体育技能，鼓励孩子刻苦训练，将来夺冠、成名、挣大钱，为家庭添光加彩。这种对待体育的心态，要不是体育意味着更多的金钱和更高的社会地位，或至少是一份体面的工作，或许费心选择体育的人便不会那么多了。好多家长承认，让孩子选择这条路就像是在赌博。殊不知，这样选择的博弈彻头彻尾的使体育工具化了，而工具化的体育颠倒了体育的目的和手段之间的关系，正在使体育走向生命的对立。

二　选择体育之后的博弈

个人在体育选择上的博弈，还表现在整个参与体育的过程中。当人们一旦选择了体育之后，目的也不是体育事业的发展，也不是从"人"的发展角度把体育与自己的生命和生活联系在一起，而是不惜身体损伤和道德沦丧，一切为了在竞争中夺标，以此来"成名"、"成家"，进而赚取更多的财富。此时的博弈，可以说是拿自己的根本——身体和道德良知在赌博；拿体育的诚实、公平、公正、尊严和公平竞争的道德及精神价值赌博。例如，"1984 年洛杉矶奥运会前夕，鲍勃·戈德曼（加拿大反对滥用药物组织主席）对 198 名优秀运动员做了一项心理测验：有一种药物，它可以让你在 5 年内在包括奥运会在内的所有比赛中战无不胜，但服用 5 年之后可能死亡，你们还愿意吃吗？结果 130 名运动员（52%）的回答是愿意。从这个令全世界震惊的调查中我们可以看出，体育科学技术自己本身是登不上主宰地位的，其异化完全是人类价值选择的结果"[1]。这样的选择最终是见物不见人。

综上所述，关于体育异化产生和加剧的因素及原因错综复杂，既有来自人类所创造的文化自身的悖谬因素，也有来自个人在体育选择上的博弈行为因素；既有来自像体育理论的导向、体育制度的限定等体育系统内部自身的原因，也有来自像政治的干预和经济利益的驱使等体育外部的社会原因。但有关体育异化问题从社会发展的总体视角来看，我们不得不承认它是一定社会发展阶段的自然表现，也是社会发展异化的必然结果。认识到这一点至关重要，因为它是我们探索有限消解体育异化的基础和前提。

---

① 黄莉：《体育精神的文化内涵与价值建构》，《体育科学》2007 年第 6 期。

第五章 体育异化的有限消解

按照马克思、恩格斯的理解，异化的发生和存在是一直伴随着阶级社会的各个形态的，是一定历史时期的必然现象，只有到了共产主义社会实现，才能从根本上超越或扬弃。但是，共产主义是人类社会一个相当长期的理想目标。在这个目标实现之前，人就甘愿放任异化问题肆无忌惮地发展吗？答案显然是否定的。我们知道，人的主观能动性使人区别于物，人正是利用自己的这种主观能动性去协调他所生存的社会之中的各种关系，其中包括人与人、人与自然、人与社会的关系等。因而，我们有理由说，体育作为人类的社会实践活动，虽然在当前情况下或相当长一段时期内会受到这样或那样的外力牵制，甚至可能会在某种程度上被来自外部某些力量所掌控或主宰，但只要经过人的能动性、创造性的实践活动加以不断规避、调整和矫正，我们相信体育异化也是可以有限消解的。另外，体育是以人为对象、以人的整个生命发展（包括自然生命、社会生命和精神生命）和生活质量的提高为宗旨的一种教育活动。从这个角度讲，体育异化实际上就是人的自由本性被体育这种人的活动工具化，并被其所压制和束缚。但人的本性又是向往自由、反对压制和束缚的，因此人为了真正实现自己的自由和解放必然会奋起抗争。同时，我国已是社会主义国家，从社会政治、经济、文化制度来说，根本上有别于以物的依赖为基础的资本主义社会，加之当下如火如荼地深化改革和建设的具有中国特色社会主义的政治、经济、文化等大背景，已为建立和健全民主的体育体系提供了有力的保障。

那么，面对当前体育的现实状况，我们应如何应对和消解体育的异化现象，使当代的体育逐渐接近"实现人的自由和解放"这一美好理想和崇高追求，是我们体育工作者的愿望。我们认为，要消解当前体育异化的进一步发展现状，首先要确立体育的科学地位，归正体育理论的导向作用；其次要有正确的价值选择和价值追求；再次要减少并逐步杜绝外在因素的干扰。

第一节　确立体育的科学地位，归正体育理论的导向作用

体育从生活中而来，而必然归结于生活，为人们的幸福人生服务。这是体育的出发点，也应该是体育的根本归宿。我们以为，当前体育最大的遗憾就是人们普遍将其看作是一种身体运动，而非一门科学，就连体育业内人士在对待体育价值的选择时，也将其当作一门技艺来使用，造成体育的科学地位不稳，导致体育理论总是出现偏差，误导其实践过程和结果的运用。要使体育得到正确发展，消解当前体育进一步异化，首先必须得确立体育的科学地位，归正体育理论的导向作用。

一　确立体育的科学地位，　正确认识其价值所在

体育是一门科学，它不是一项简单的技术或技艺。因为，体育科学是理论化的体育知识体系，揭示的是人类这种社会实践活动的本质和运动规律，而不是用于制造、加工人体的一项工艺。试想，如果把体育认为是加工、制造人体的一种工艺活动的话，对于"人"来说，人性的部分肯定被遗忘，进而把体育当作"工具"那就是情理之中了。但遗憾的是，现实中由于人们缺乏对体育科学性的认识，认为体

育就是"运动"或"身体活动"的人普遍存在，长期下去肯定影响体育的健康发展，导致体育异化现象愈演愈烈。因此，我们认为，真正确立体育的科学地位，让人们对体育有一个正确的认识，对于消解体育异化有其重要的意义。

就当下现实而言，作为体育科学研究的人们来说，对于体育科学的属性、本质以及其内在规律的客观揭示是有目共睹的，也对于体育科学在昭示其本质属性与主体人的关系，指导人们具体参与体育实践活动，为一定的社会功利目的服务，并且对象化为现实的社会功利这种事实了如指掌。但对于那些承担着大量实际工作且承受着巨大压力的一线体育工作者和普通体育参与者来说，可能无暇顾及或根本不去思考，只是从体育的功利性角度看待体育，一味地追求其功利价值。对于体育价值的这种工具合理性我们应当予以肯定。因为，"真善美的观念在起源时直接就是功利性的"①。从真善美的观念之起源看，不管是认知、道德，抑或审美，在它的最初阶段都离不开功利目的，都与功利有着千丝万缕的联系。这是一个不能否认的事实。因为，人这种物种是从狭义的动物界慢慢进化而来，在人身上带有动物的许多天性。虽然人类经过漫长的进化和世世代代相沿的获得性遗传，人们对真善美之观念起源的功利性便逐渐地忘却，也慢慢与之疏远，到这时才有了把真善美本身当作目的追求的观念，也出现了超功利的为求知而求知、为行善而行善、为艺术而艺术的思想和行为，并随着人类历史的演进、文化的积累，人们仿佛以为求真、求善、求美就是人的与生俱来的天性。然而，上百万年的生物进化所带给人的急功近利的特性，与人在从狭义动物界提升出来逐渐形成的珍视真善美的内在价值的特性相比，是更强有力的。因此，我们看到，在体育历史上，在现实的体育实践中，金钱、权势、享乐和各种各样的眼前利益总是在干扰着人们对于体育真善美的追求，对于体育真善美的外在价

---

① 许苏民：《人文精神论》，人民出版社 2011 年版，第 441—442 页。

值或工具价值的珍视往往压倒了、淹没了、亵渎了体育这种人类科学的真之所以真、善之所以善、美之所以美的内在价值。因此，我们可以说，我国当代体育处于社会主义初级阶段的发展过程中，由"功利"所引发体育真善美的内在矛盾是必然。但我们也不可否认体育科学的事实真理。

事实上，体育科学真理既是事实真理，在相当大的程度上也是价值真理，但这不妨碍我们在体育科学研究领域中严格坚持"价值中立"的原则。所谓体育"价值中立"原则，就是体育的客观性原则，这是所有真正的关于体育科学的研究和实践的人们必须遵守的首要条件。体育科学的客观性原则，既在于如实地揭示体育的本来面目，也在于如实地揭示体育与人的关系。揭示体育的本来面目和事实真相的科学命题，是事实真理，揭示体育与人的关系的科学命题，也是事实真理，但它同时也是价值真理。所谓体育"价值中立"，就在于它所揭示的全是体育的事实，绝不因个人的主观好恶而歪曲其事实，干扰对体育的真理性认识。这样说，并不意味着我们认为参与体育科学研究的学者和实际参与体育实践的人们没有或不讲"人文关怀"。因为，真正的人文关怀是面向全人类的，因而是超越于任何民族、阶级、阶层和社会集团的狭隘利益之上的。"真理面前人人平等"，它不以任何特权者的意志为转移，对一切人一视同仁。在体育真理面前，任何固执于阶级的特殊利益的偏见都没有存在的理由，因而可以说体育真理是最富于人文精神的。如果要求体育科学研究者在探索体育真理的时候，抱一种要使自己的探索对某一部分人有利，或对某一种政治权力有利的态度，以此决定对事实的取舍，那就没有科学而言；如果要求体育科学研究者只准讲对某一部分人或某种权力有利的话，不准讲事实真相，那就扼杀了体育科学，封闭了人类追求体育真理的道路。

不可否认，要做到"价值中立"绝不是容易的事，必须要有一种超越任何利害计算的纯粹求知态度，并且排除一切非理性因素对于认知的干扰，这是困难的，然而却是一切认真的、严肃的体育科学研究所必须竭力做到的。能不能完全做到是一回事，但想不想这样做却是另一回事，是衡量一个人是否具有最起码的科学态度、最起码的道德诚实的标志，体育科学研究者的道德首先就在于他的价值中立的态度，他不因任何利害计算而歪曲真理，从不昧着良心说假话。尽管有些真理让某一部分人接受起来是痛苦的，但从人类的长远利益和体育的发展看，如实地反映体育客观之真相的真理性认识总是对人类有益的。因此，对于学者来说，在以求"真"的方式来把握世界的时候，真理的内在价值是第一位的，求知本身就是目的，也是学者的唯一真正使命。所以，法国的大科学家彭加勒说："我希望捍卫为科学而科学的准则。"[①] 爱因斯坦说："始终不渝地献身科学事业的人，既不是那些从科学中寻求智力快感和雄心壮志之满足的人，也不是那些为了实现纯粹功利目的人，而是那些教养有素、要摆脱日常生活中令人厌恶的粗俗和反复无常的欲望之桎梏的人；促使人们献身科学事业的精神状态是同信仰宗教的人或谈恋爱的人的精神状态相类似的，他们每天的努力并非来自深思熟虑的意向或计划，而是直接来自激情；渴望发现大自然的普遍的基本定律，并由此看到宇宙的'先定的和谐'，乃是科学家的无穷毅力和耐心的源泉。"[②] 因此我们说，提高人们对体育的认识水平，弱化人们过度依赖体育而追逐名利的观念，真正确立体育的科学地位，让体育充分而自由地发挥其作用，对于消解体育异化有其重要的意义。

二 建立科学的理论体系，归正体育理论导向

体育理论本身作为体育发展过程中的经验积累和科学表述，它原本是体育发展和进步的标志。但我们必须要看到，体育理论在一定的历史阶段内，在一定程度上变成了体育活动自身的一种异化因素。所

---

① ［法］昂利·彭加勒：《科学的价值》，李醒民译，商务印书馆 2007 年版，第 345 页。
② 《爱因斯坦文集》第一卷，许良英、范岱年译，商务印书馆 1976 年版，第 100—103 页。

以，我们在讨论体育异化的消解问题时，就自然不得不涉及体育理论导向的归正问题。

第一，要"统一"认识，建立一个能让人们普遍接受的关于体育本体理论的体系。

我国关于体育本体理论研究一方面起步比较晚，兴起于20世纪80年代；另一方面，理论界关于体育的本质、概念、起源、目的、价值和功能等有关体育本体理论的观点鱼龙混杂，各抒己见，颇有分歧，到目前为止还没有一个比较普适的理论体系。这种状况导致人们在实际中只能凭借自己个人的认识和理解开展体育活动，缺乏正确理论指导往往使得体育走偏方向甚至误入歧途。因此，开展这方面的体育学术研究，建立一套体育本体理论体系是当务之急。

第二，建立体育理论的自身"信仰"，淡化"服务"导向的惯性思维。

由于历史和社会现实等的多重影响，体育理论一直在"服务"导向的惯性思维模式下运转，常常把为政治、经济、文化等服务的效果作为衡量体育地位和作用的标尺，而忽略了体育最主要的对象——"人"这样一个目标。体育理论界过多地把研究的视野投向社会政治、经济和文化等，对人的关爱和对人性的关怀缺乏关注，导致体育工具化现象在社会和个体中泛滥。因此，体育理论必须要排除一切其他干扰，建立属于自身的"信仰"，做到面对来自自身以外的控制力量时，要有敌军围困万千重，我自岿然不动的"信念"；面对充分有效发挥自己本体功能的导向作用时，要有不管风吹雨打，胜似闲庭信步的"信心"，最终使体育实践结果的效用归于"人"的全面发展这一目的上来。

第三，在建立我国体育理论体系时，应注重本土理论的元素。

众所周知，体育是舶来事物。首先，我国的体育理论主要是借鉴国外理论建立起来的，由于舶来时间短，人们对其"故乡"文化的理解欠缺，加之翻译的误差，其中会有不少与其原意有出入之处，导致我国在实际体育实践运用中出现残腿断臂、误入歧途现象；其次，从当今许多社会现象看，西方文化并不像他们所标榜的那样是所谓的"普适文化"，它并非适应于任何国度，必须要和当地本土文化有一个紧密的融合才能发挥其最大价值；另外，我国是有五千多年历史的文明古国，有着深厚和丰富多彩的文化，并有其独一无二、其他文化无法比拟的优势，加之我国民族体育也是灿烂多姿、五彩缤纷，早就有其完整的理论解释。所以，在建立我国体育理论体系时，应注重本土理论的元素。这样做的效果在于：一是对原有体育理论予以补充；二是便于人们理解；三是发扬我国传统文化；四是用中国传统文化的"和合"淡化西洋文化的"竞争"，做到古为今用，洋为中用，均为我用，起到消解我国体育异化效果。

在此方面，我们不妨借鉴一下日本爱知教育大学体育社会学家影山健先生的做法。他提出了"托罗普斯"体育观，他将现代"体育"一词的英文"Sport"反写，提出了他的"Trops"理论，他之所以要把"Sport"一词反写，就是要明确反对体育的"专门化"、"管理化"和"权力化"。他的"Trops"理论认为，身体活动并不要求什么固定的姿势，它的内容多种多样，形式不拘一格；运动应该提倡自己考虑、自己决定、自己行动；体育就是维护人的权益的新的生活方式。

第二节　确立正确价值选择和价值追求

人的价值评价、价值选择、价值追求、价值创造、价值实现是在一定的价值观念指导下进行的，价值观念对人的价值评价、价值选择、价值追求、价值创造、价值实现具有导向作用。有什么样的价值观念，就会有什么样的价值选择和价值追求，人的价值观念如何，直接关系到一个人的价值选择和追求，对一个人的价值有重要的影响。

一　确立正确的价值选择是基础

"所谓价值选择就是在主体与客体的双向作用过程中，主体根据自己的价值尺度，对于客体的属性、功能及其对主体可能产生的效应进行分析、比较，做出最终取舍的决定过程。"①

可以说，人类的发展史在一定意义上讲也就是人类价值选择的历史。因为，人类的活动是自觉、自主的活动，正由于自觉和自主才有了对于任何事物价值的甄别与选择，这也就是人类在整个社会生产生活过程中创造价值与实现价值的重要手段和内容。在价值选择中，人类不断展现和完善自己的本质力量，同时也在价值选择中人类得以发展进步。正如马克思所说："'历史'并不是把人当作达到自己目的的工具来利用的某种特殊的人格，历史不过是追求着自己目的的人的活动而已。"② 追求自己目的的活动，就是价值选择活动。一方面，价值观念的形成和确立离不开价值选择，因为价值观念是一个人通过长期的教化和比较，形成的关于客观对象的作用、意义的总的观点和看法，或者说关于客观对象的价值的总的观点和看法。另一方面，价值追求、价值创造和价值实现都以价值选择为基础，没有不经过价值选择就直接追求、创造和实现的价值。

通过以上对价值选择的认识我们可以说，在人们参与体育前或参与体育的过程中，对体育价值选择的正确与否，会直接影响到整个体育的最终价值实现。因此，我们要加大对体育本真的宣传力度，让人们真正了解和认识体育是什么，体育与人的生命、生活之间有什么关系，体育有哪些内在价值和派生价值，我们需要什么样的体育等。所以，在体育过程前和过程中引导价值主体对体育的价值关系及其一系列问题有清醒认识和准确地判断的主观觉悟程度是至关重要的，使他们在认识体育本质和规律的基础上，对眼前价值与长远价值、局部价值与全局价值、物质价值与精神文化道德价值、功利价值与真善美价值的统一追求，换言之，就是在认识体育本质和规律的基

---

① 熊晓红、王国银等：《价值自觉与人的价值》，人民出版社2007年版，第170页。
② 《马克思恩格斯全集》第2卷，人民出版社1967年版，第118—119页。

础上，把眼前利益与长远利益结合起来进行价值选择，对于人的体育实践活动关系重大，也直接关乎我国体育的健康发展和其价值的最大化。因为，一个缺乏价值自觉的人，很难保证他的价值选择能够合理、正确。

二 建立正确而自觉的体育价值追求是关键

严格来说，要使整个社会对体育价值追求实现工具理性与价值理性的统一，只有人类社会发展到高级阶段即共产主义阶段才有可能。因为只有到了这个阶段，人才是以一种联合的方式而不是以一种竞争的方式来进行体育活动；是以一种合理的非异化的方式来进行体育活动，意味着他使体育活动置于自己的控制之下，而不让体育作为一种盲目的力量来统治自己，意味着个人积极地参与制订体育的整个计划和实施计划；人们已学会在体育过程中正确而又全面地处理人与自然、人与人、人与社会、人与自我的关系。人在体育中已经表现为具有自觉的主体性，人能认识自身自然规律、认识社会、认识与了解自我，相互合作、协调发展，人的整个体育行为是合规律性与合目的性的统一。人已有条件开始发展属于体育生活的目的的东西——"发展作为本身人类的能力，开始真正的自由王国"。人们自己掌握自己的命运，人不仅是自然的主人、社会的主人，更是自己的主人，人开始向自身、向社会的人的复归。

现阶段我国还处于社会主义初级阶段，我国的经济体制是社会主义市场经济。市场经济的价值追求是利润最大化，偏重于追求工具理性而忽视价值理性。一方面，对于发展社会主义生产力，增强我国的综合国力，提高人民生活水平，促进人的全面发展具有重要价值，也有其历史作用；另一方面，我们也要看到它片面追求工具理性，忽视价值理性的局限性。所以，就当前我国的体育事业来说，存在着一些急功近利，追求名利等现象是自然的，只要通过社会的进步和全民素质的提高，势必会提高价值自觉，把工具理性和价值理性有机结合起来的。做到在规划和推动体育事业发展的过程中，坚持正确的理论指导，坚持社会效益与经济效益相结合，坚持以人为本、全面、协调、可持续发展，坚持物质文明、政治文明、精神文明建设与构建和谐社会的统一，坚持人与自然和谐发展，促进经济社会全面发展和使每一个人自由而全面地发展，把体育事业的发展与实现中国梦有机结合。在既定的客观条件下，参与体育实践中的人要实现价值自觉，为体育创造价值，就必须做到如下追求。

第一，一个人要在体育上有价值，必须要有远大的体育活动价值目标，要立志通过体育为社会做出贡献，做一个有价值的人。价值目标决定人生方向，是鼓舞人们前进的强大动力。一个人只有确立了高远的志向，顺乎历史发展的方向，为壮丽的事业献身，才能使自己成为有价值的人。

第二，一个人要在体育上有较大价值，必须认识和掌握社会发展的客观规律及体育的真善美，有远见卓识，目光远大。一个人要有较大的价值，只有使自己的价值追求达到价值自觉。因为，达到了价值自觉才能在认识体育本质和规律的基础上，正确处理好体育的眼前价值与长远价值、局部价值与整体价值、个人价值与社会价值、自身价值与他人价值，处理好体育与人的生命和生活、集团利益与人类的发展等各种关系，避免片面追求金钱、物质、功利、享乐而影响人的全面发展。换句话说就是以人为本，全面、辩证、科学地追求体育价值。

第三，一个人要在体育上有较大价值，必须掌握与体育相关的现代科学技术，培养顽强的意志和良好的体育道德品质。首先，一个从事体育的人，要使自己的生命有价值，必须努力对社会、对体育的发展做贡献。而要做出贡献，必须掌握与体育相关的现代科学技术与知识。一个没有与体育相关的各类知识的人，不懂与体育相关现代科学技术的人，要为社会及体育做出大的贡献，那是很困难的。如果民众的此类知识存量不足，则体育的功能只会成为一种理论上的模式，实践中不可能得到有效实现。另外，顽强的意志和良好的品德是一个人有较大价值的重要条件。道德品质不好，以个人为中心，自私自利，就很难尽心竭力地为社会工作，为体育奉献，他的知识和能力被私心所束缚，也就很难发挥出来。相反，还可能用自己的知识和能力去搞歪门邪道，走上犯罪的道路，成为社会的罪人。

第四，一个人要在体育上有更大的价值，需要进行自觉的实践。人在体育中的价值是人通过体育创造价值的价值，人只有通过体育创造物质价值和精神价值才能体现自身价值，体育实践活动是人实现其价值的途径之一。但人追求体育的价值的实践活动必须要有一个方向或正确的思想来指导。如果以自发的价值追求作为指导，人的体育实践就必然陷入泥沼中，并越陷越深，最终导致人的畸形发展，走向异化。只有努力实现价值自觉，以全面的、辩证的、科学的价值追求为指导，才能不断增强体育实践的自觉性，在奉献社会中铸造自己的品德与才智，施展自己的才华，为国家和人民造福，为人类的发展做贡献，才能促进人的全面发展，让人生放射出灿烂的光和热，真正实现人的最大价值。

第三节　减少并逐渐杜绝外在因素的干扰

一　减小体育背后的权力运作

关于体育异化的外在干扰因素，首先无法回避权力这个无形之手。它就像长着一双神秘眼睛的幽灵，在体育的任何场域具有某种无所不在、无所不为的穿透力。从体育场馆的规划、修建，从整个社会体育文化氛围营造到各级各类的各项规章制度制定，从教练员到运动员的选配，从每项赛事的筹备到比赛结果的使用，均有权力行使的影子。从理论上讲，体育是以促进人类生命发展，提高其生活质量为目的的教育活动。鉴于此，当今人们有一个共同的认识，那就是竞技体育歪曲了体育的本真，彻头彻尾是以满足国家、单位或个人的某种功利需要为目的有意识、有组织的活动的道具，其实质和核心是将"人"设定成手段、工具。至此，我们就要思考一个问题，体育本身是不会自动堕落的，那么，是什么使我们的体育堕落成了几乎赤裸裸的利益追逐的工具的呢？究其原因，使体育偏离自身的崇高目的的力量，不是别的，而是隐藏在体育背后的整个社会的权力和诸多利益结构，正是它们依据自身当前或者是长远的利益需求，为体育确立一个不属于它自己的实际目的，堂而皇之地以此替换了体育的应然目的。不仅如此，并围绕着他们给体育确立的这个实际目的借助自身所拥有的权力，逐渐建构了整个国家的体育制度及体育体制。据此，完全有理由这样说，体育的异化追根溯源，并不单纯是体育自身内部的问题，还应该追溯到体育赖以生存的整个社会问题。实际上，体育的异化本身就是整个社会异化的缩影。

通过以上分析，我们看到体育背后的权力运作的确是体育异化的外在因素之一，但对于如何遏制权力对体育的干扰，牵涉到整个体育体制和体育制度的重新构建问题，因牵涉面广、内容庞杂，本课题实为力不从心，只能姑且搁置了。在此我们只提两点见解或建议。

首先，不论是从国家层面，抑或是从个人层面，在确立自己的体育发展理念时，务必要在结合自己实际的基础上突出反映体育自身所具有的内在规律和特性。十八大以来，以足球项目的体制改革为先锋，我国的整个体育体制改革如火如荼地开展，但我们要说，无论怎么改，都要在确立改革指导思想、选择体育内容、发展方向、评价方式、方法及结果的运用等时贯穿一个理念，那就是：在遵循体育规律的基础上，必须从人自身发展的规律及人与社会的固有关系出发，把改革的出发点和归宿点指向"人"，唯其如此，才能避免因外界其他因素干扰使体育一开始便走入他途。

其次，在建立体育发展的管理体制和运行机制时，务必要在适应体育发展规律的前提下，遵循法治的原则，把权力关进制度的笼子里。确立一个好的理念固然重要，但建立一套合规律的、长远的、行之有效的、适宜人的全面发展的体育管理制度和运行机制是保障体育发展的关键，在对于体育全面发展体制改革的顶层设计和总体规划时，必须要把社会经济、政治、文化、生态等方面的体制改革与体育有机结合起来，把体育理论创新、体育制度创新、体育科技创新、体育文化创新以及其他各方面的创新有机地衔接起来，构建系统完备、科学规范、运行有效的体育制度体系，减少直至杜绝权力干预，全面推进依法治体。只有这样，才能遏制权力对体育发展的侵扰，使体育按照自己的方式，实现自己的"梦想"。

二　积极协调体育中的复杂利益关系

仔细审视体育大发展历程可以发现，自从体育被职业化和商业化以来，尤其是当今的体育，可以说已变为了一个非常复杂的利益系统。这个利益系统有如下特点：一是利益主体的多元性，包括政府、运动队的所有者、代理商、广告公司、媒体、赞助商以及参与体育的个人都是既得利益的参与者；二是利益实现过程的特殊性，表现为政府靠权力，运动队的所有者靠管理，代理商、广告公司、媒体靠策略，赞助商靠财力，参与体育的个人靠智力和体力；三是利益体现的综合渗透性。所有既得利益的主体要么显示制度的优越或民族素质的优良；要么扩大影响为名、为利；要么为发展，要么为生存，等等。例如，国家希望通过体育来实现提升国家形象、展示民族自信心和民族凝聚力、提高国民素质、造就建设者的目的；各利益集团希望通过体育来提升自己的知名度，使自身利益最大化；而个人则希望通过体育来赚取名利，获得一定的物质和精神财富。不论为什么，但目的都是通过"自我"参与体育，将对方资源转化为"为我"的资源，以此扩大影响、壮大"自我"，以待进一步发展，获取更大利益。

从表面上看，这种既得利益主体互相促进、相互利用、抱团取暖的方式，对我国当下的竞技体育发展和运行起到了很好的作用，但从长远看，这种现状在体育长久繁荣与发展的征途中，存在着一个至关重要的缺陷和不可回避的问题。其中的缺陷在于：他们的目的都是

"功利"的最大化，而不在于使"人"的发展、完善最优化；都是把体育当作了"工具"或手段，而不是为了体育符合其本真的发展。其中的问题在于：各利益主体都是各自站在自己的立场上来参与体育，当自己利益最大化或有利可图时，他们对体育运行中的一些规则、规程或规范予以肯定、支持和服从；而一旦当自己利益达不到他们期望的那样或有所亏损时，他们就会对体育运行中的这些规则、规程或规范加以抵制或反对。总之，不管是缺陷还是问题，总归是对体育的健康、持续发展或多或少会带来一些影响或阻碍。

面对体育中上述复杂的利益关系，在体育的实际运行中如何协调又是一个复杂的问题。我们的看法和建议是：

首先，怀有一种观念——"以人为本"。人们必须改变过去把体育当"工具"的惯性思维，把体育当作一项社会"公益"事业来对待。因为，它牵涉到普天下所有人的健康和发展，也牵涉到人民生活水平提高和人类这个"物种"延续，应抱有一切"以人为本"思想对待自己的所作所为，把"人"放到行为前头。

其次，坚持一个原则——依法治体。加大并完善我国的体育立法建设，对于当前职业体育、商业体育等的运行过程中，各利益主体在法律上的责、权、利的分工与分配，在保证体育自身内在"利益"最大化的前提下，保障其他各主体利益的最大化，最终使各主体利益的统一，达到体育发展之时，就是各主体利益实现之时的效果。

三　谨慎、合理地应用现代科技成果

高科技（现代高科技下的运动器械、电子设备及生物化学类技术等）在体育中的介入，一方面造成了运动成绩和竞技水平的大幅度提高，也为人们日常的体育锻炼活动提供了科学而有效的路径与方法。然而，从另一方面看也给人们带来了不少的身体损伤和道德难题。现代高科技下的运动器械、电子设备等的引入与使用给当代体育带来了某些正面效能，如使竞技比赛中的评判更科学、准确，训练更科学、

精准等，然而，兴奋剂的介入则给体育带来的是灾难。它背离了体育的崇高目的，瓦解了体育道德的基础，破坏了科学的训练，违背了体育的根本宗旨，给人的身心带来了极大的伤害。更严重的是直接改变着人的自然躯体之属性，给人类的健康发展带来灾难性后果。

从生物属性上看，人的生命体与动物没有本质的区别，所有的生物遗传信息的编码和传递的基本规律是一样的。生物技术的每一种可能前景都冲击着人性的自然基础，除了本能的反感、震惊，人们也不得不思考：人是什么？人的自然属性是不是永恒的？"人的生物学结构是否是人之为人的绝对不变因素？如果人连这个生物学的结构也不能保持的话，那么人之为人的各种可能性也必定荡然无存。因为从人类学、考古学以及生物进化论的观点看，人所特有的生物学结构的凸显是人类作为一个物种诞生的自然标志；而且这个生物学的结构及其相应的活动特征是每个人类个体与生俱来的、并为全人类所共有的、作为人之个体能够稳定存在并自我发展的自然基础；这一点不能受到除了人性系统的整体规律之外的其他任何物性规律的支配，也不能受到人性系统的整体内部机制的调控手段之外的任何其他物化技术手段的改造和重建。这恐怕应该成为人类以人自身为对象的一切实践活动的绝对界限——人不能亲手毁掉自己的本体依据。"① 这段话既有理性成分，也有情感成分，而且情感成分在字里行间更为突出。按照我们的理解，人的自然属性显然是触碰不得的底线，是一个"绝对界限"，一切实践活动只能到此为止，因为人性的自然基础如果被"物性技术"所改变，人的本体依据将不复存在，可以说是"人将不人"，后果极为严重和不堪设想。

总而言之，体育异化是在其发展的道路上历史地形成的，消解体育异化也必将是一个漫长而艰难的过程，所以，在当前情况下，我们只能力求对体育异化得以有限消解。另外，体育异化的产生和加剧表

---

① 吴文新：《科技与人性》，北京师范大学出版社 2003 年版，第 77 页。

现出极其复杂的原因机制，既受外部诸多因素的干扰，又受到内部各种关系的作用。同时，内外部之间又存在着错综复杂的相互影响和作用关系——外部因素常常通过干扰、控制其内部因素，造成对体育的异化，而内部因素则顺应外部力量，以其实际的运作起了一定的迎合外部因素的作用。所以，探讨消解体育异化之路，不仅需要我们通过客观、科学地揭示体育科学之本真，确立正确的价值选择和价值追求，以此来彰显和尊重体育的规律，也通过此来化解外部权力对体育发展的干预；还要正确面对和处理体育中复杂的利益关系，力争使体育的内在利益与外在利益、个人利益与国家或集团利益的和谐统一，更要在深刻反省体育理论自身问题的前提下，归正其导向；在对外来理论审慎甄别和选择的基础上，对本土的优良体育传统和理论矢志继承并弘扬。

在此，我们要说明的是：目前体育理论界尚无衡量体育异化与否的精确的指标和尺度，所以，我们只能根据体育的实然状态姑且作以定性的判断，所提出的关于体育异化的内涵也不过是初步的尝试。既然体育异化是历史的形成，那么，消解体育异化必定是个历史的过程。随着社会的发展、人们参与体育热情的不断提高及对体育理论研究和对体育异化问题认识的不断深入，坚信逐渐会有更深刻而高远的见地随之产生，也期望我们的这些肤浅见地和所作所为都将有助于体育一步一步地接近并实现其对于人类生命和生活的关照这样一个崇高理想。

第六章　展望

——构筑理想体育与践行体育理想

第一节　对理想体育的理解

根据我们对体育本质①的认识以及对体育概念②的界定，认为理想的体育必须从以下三个方面去认识。

一　理想的体育必然是与人文科学高度融合的科学

人作为自然界中的一种"物种"不仅"生存"着，而且"生活"着。因为，他不仅把自然界及自然界的其他物种作为认识的对象，而且还把自己作为认识的对象，对自己的生活加以反思，通过反思总结、提炼出自己生命的价值和生活的意义，并以此去衡量自己的生活，进而追寻、创造更有意义和价值的美好生活。人类正是在这个追求价值和意义的过程中使自己的生活成为自己本质的对象的同时，也创造了自己的本质。而人文科学的世界，便是人的这种主体创造、意义叩问、理性追求过程及结果的哲学化、文学化、史学化、艺术化的表现形态，是人的本质力量的形象化呈现。

---

① 苏义民、何维民：《关于体育本质的思考》，《武汉体育学院学报》2005 年第 3 期。
② 何维民、苏义民：《"体育"概念的梳理及匡正》，《武汉体育学院学报》2011 年第 3 期。

所以，理想的体育需要我们把体育当成一种以人为本的有价值、有意义的事业来看待，重视作为体育科学之灵魂的科学精神、理性精神和价值体系。因为如果我们仅仅从功利性的角度或以实用主义的眼光来理解体育，把体育视为是用来增进财富或发展生产力的一种工具、一种技艺、一种手段，体育就担当不起引导人们达及其人生终极意义的责任。只有从一种更开阔的视野上来理解体育这门科学的多元与开放性质，同时把体育也当作一种精神与文化体系，并不断去阐释体育世界里的价值理性，体育才能成为指导人生、构筑精神家园的基础。

体育科学中有关政治、经济、社会、管理、统计、人口素质、法律等问题，都是具有较明显的使用价值的，它们可以作为一种资源较直接地、较明显地推动人口素质的提高和社会经济的发展，提高社会管理的效率，带来明显而直接的"投资效果"。而人文科学将自己的重点更多地放在关于人的精神、情感、观念问题上，更多地去探究人的生存价值与生存意义的问题。在形而上的理念世界里追问世界的本质、人生的意义、生命的价值这样一些更为根本性的终极性问题，从而可以使人类通过体育在追求经济增长与社会发展进步时也有相应的价值意义来做终极性引导，使体育科学有精神价值方面的活水源泉来滋润。

因此，将人文科学引入体育知识与思想领域，体育就有了自己更开阔的眼光与追求，就会努力从自己的那些具体的科学知识、管理过程、技术行为、操作方法里发掘、感知、提炼出体育科学世界里的人文科学基因，从而将体育从器物技艺的层面提升到精神文化的层面，从工具理性的层面提升到价值理性的层面。也就是说，体育这门科学应努力与人文科学进行对话沟通，借助人文科学所追求的人文精神与人文情怀，对体育科学自身的知识、内容加以协调平衡，使体育科学不仅具有严谨的理智、理性，更充满温馨的情感和完美的人性，使体育真正成为不但是人类追求生命发展，提高生活质量的教育活动，也使其成为呵护人类心灵，守望人性尊严的文化力量，成为符合人性发展需要的人类精神家园。换句话说，使体育不仅成为一种用以达至某种功利性目的的"形而下"的手段与技艺，更成为引导人生之路，照亮人类心灵世界的"形而上"的精神火炬。

二 理想的体育必定是与人们的生活紧密结合的活动

从社会的视角看体育，体育对社会的价值在于为社会培养有思想、懂规矩且身体强健的合格的劳动者，因此它注重的是体育的社会特征和社会属性，认为体育就是一种社会活动或社会现象。因此，社会看体育，总是把其看作是静态的，像"物"一样的可用的东西，往往忽视体育对于人们个体成长和人生发展的价值和意义。从个人的角度看体育，体育的价值在于舒展筋骨、强健身体，娱乐身心、享受自由，延期寿命、助于生活，注重的是体育对于人的生命和生活的价值及意义。人在体育中既是一个"加工改造"对象，也是一个生活着的个体。因而，任何体育，在把人作为其对象时，总是不应把人作为一个静止不动的对象或客体来看待，而要把他作为一个具有生命和人生的个体来看待，应关注人的生活方式和人生意义等问题。如果从人的生命与生活发展上看体育，注重的是体育与人生的关系，个人在体育的过程中不仅仅是一种现实生活的过程，更是一个人生经历过程。也就是说，体育是与人的生命、生活本质地联系在一起的。

因此，我们说理想的体育必定是与人们的生活紧密结合的活动，是从两个角度来认识和思考的：一是从生活的角度看体育，我们认为体育的过程具有生活的意义；二是从体育的角度看生活，我们认为生活中具有许多体育的意义，以及体育对人的生活具有重要的作用。

1. 从生活的角度看体育，体育的过程具有生活的意义。体育为什么具有生活意义？最根本的原因是：人处于"生活"和"体育活动"的核心地位。对于体育而言，人是体育的对象，也是体育的主体，体育是人的体育。人的体育所关注的不仅仅是人的生存所要掌握的生活知识、技能、体质的健康与否，而最根本的是人的价值生命的实现。

当今的体育在本质上可以说，已不是一种本能性活动了，而是一种实实在在的价值性活动，是与人乃至人类当下的或长远的生存状态、生活方式、生活质量有着密切相关的价值活动。因为体育本质上是通过人的活动过程唤醒人的生命意识，启迪人的精神世界，建构人的新的生活方式，以实现人的价值生命的教育活动。它直接指向人生，指向人的生命存在，因而，生活意义是体育活动的内在具有的、本源性的意义。把人作为工具来训练的体育怎么也不可能体现生活意义。同样，把人生依附于各种外在力量的体育，不以人的价值生命实现为根本目的的体育，也是难以体现出体育本源性的生活意义的。从这个意义上也可以说，"体育即生活"，包括如下含义。

第一，首先强调的是体育具有生活的意义。"体育即生活"并不是在体育与生活之间简单地画上等号，而是强调体育对人们社会生活的作用和影响。换言之，体育过程也就是人们的生活过程，绝不应该是为了摘金、夺银前的准备，也不是为摘金、夺银后的生活所做的准备，体育应该是充实人的生活，使人们能够适应生活，更新生活的活动。

第二，强调"体育是生活的需要"，以及体育对复杂的社会生活的调适和平衡。体育是为了人们的生活，是生活的需要。当今的职业化、商业化的竞技体育脱离了人们实实在在的社会生活，也脱离了运动员作为"人"的生活，它没能成为人们现实生活的需要。

第三，意味着体育与人的一生的生活共始终，关注着人的生长与发展全过程。其包括横向和纵向两个不同的含义，横向意义强调体育与社会生活和参与体育者当下生活的联系，而其纵向意义强调的则是体育对人的一生生长与发展的意义。其实，这里的纵向意义具有核心意义。体育联系生活只是实现人们生长和发展的条件，生长和发展才是体育最终所要关注的，或者说生长与发展就是体育本身，是体育的实质。

第四，我们所说的"体育即生活"并不割裂现实生活与未来生活的联系，并不完全否定未来生活。体育应该被视为达到并延续美好生活的手段，这种美好的生活对于个人来说是充分的、积极的、丰富的，对于由个人组成的社会来说，也是美好的。同时认为当今的竞技体育，专注于人体运动技艺性的东西，而漠视了参与者当下美好的生活关照。

第五，强调体育对于人们外来生活的意义。我们讲体育要与人们的生活密切相连，并不意味着体育必须要再现人们的现实生活，也不意味着体育直接等同于现实生活，而是主张体育成为促进人们美好生活实现的积极手段，并通过体育来塑造或重建人们的生活。

2. 从体育的角度看生活，生活中具有许多体育的意义，以及体育对人的生活具有重要的作用。

体育实实在在在人的价值生命实现过程中起到了加速器和物质（身体）保障作用，体育的根本意义就在于满足人的身心发展的需要，促进人的价值生命的实现。因而，从人的价值生命实现的角度看，生活对人的价值生命实现更直接、更具有原生性。

从人的一生来看，从出生到死亡，他的身体都要经历从弱到强，再从强到弱的发展变化过程，所以，他们在各个年龄阶段的生活方式也相应地发生着变化，在每阶段所需体育的内容、形式也是有所选择和有差异的。另外，社会的进步与发展也使人们的生活发生着翻天覆地的变化，时代的不同、物质条件的改善与丰富，使人们对体育的需求有了根本性的变化。可以说，远古的体育是一种以"谋生"为主要目的的活动；现代的体育则应该是面对人的生活世界，提升个体生命的质量，为人们"乐生"提供服务的活动。因此，我们说：生活是体育的中心，生活决定着体育的价值与意义。当代体育若不通过生活，甚至脱离生活，那就不能成为真正的体育了，真正的体育活动若要体现其对生活的改造作用，也必须通过生活来实施。

随着社会的发展和科技的进步，体育现代化、信息化使体育的内涵日益丰富、外延逐渐拓展的同时，也给人们的生活带来了不少变化。

就体育与生活的关系而言，在人们的生活世界里已融合了不少体育的元素，除闲暇时跑步、打球、跳舞、骑车、游水、登山等活动外，人们已把像看体育、听体育、侃体育等过去不认为体育的对象和领域纳入为体育生活对象，俨然成了人们体育生活的一部分。这就使生活和体育之间的距离越来越近，界限变得愈来愈模糊，它们之间的区别只具有相对性。对此，胡晓风认为："体育以满足人类的生存需要进而发展成为满足人类的享受需要，这是一个很大的飞跃。现在，人们把参加和观赏运动竞赛当作一种文化享受；运动员的技艺、竞赛的组织、宣传、管理等等，都成为人类社会精神财富的一部分。所以，再把体育的意义和解说限在健身上，那就显得不符合实际情况了。"[①] 据此，我们不得不在关注体育生活化的功利目标的同时，注意到其悄然兴起的注重过程和体验的体育生活观。这种体育生活观不讲求运动成绩，不追求运动技术的高水准，也不受严格的规则限制，更不奢望专业的体育器械和专门的体育场馆，甚至有些人也没过于思考和追求强身健体，而是完全把它当作了一种时尚的日常生活方式。这种行为目的不是夺标或赢得冠军，而是放松身心、余暇消遣、享受过程、充实生活。这种体育生活所选择的内容，有可能是人们习惯思维范式下的体育项目，也可能是发生在人们生活中常常所见的池塘、河边的垂钓，公园、湖畔的散步，也可能是结伴或携家的外出旅游等。这种生活化了的"体育"，虽然缺少了竞技性、规则性等一些体育的特性，并不是完全意义上的体育，但人们这样随兴而发、随意而收的生活化"体育"，在整个过程中，人们的身心得到了康健，生活质量得到了提升，更主要的是"人"始终在其中。正如滕守尧先生所说："把生活变成诗，也许是一种最高形式的解放。千百年来，人类每当闲暇时，便想到做游戏；每当有一种新的体验时，他们便创造艺术。这些活动调适着和丰富着人的生活，但始终没有把生活真正艺术化。后工业文明的到来，

---

① 胡晓风：《体育研究文集》，四川教育出版社 1986 年版，第 115 页。

使人类看到了实现这一目标的可能。"① 因而，我们说：理想的体育是不挑不拣面向每一个人的，是为"生活"而"体育"的；当下的竞技体育（职业体育、商业化体育）是"挑肥拣瘦"的，是为"体育"而"生活"的。

三 理想的体育必须对人们的社会活动有所启迪

我国当代著名哲学家、经济学家、教育家、休闲学家、玩学理论家于光远院士说："玩是人生的根本需要之一。游戏是人的第二学习课堂，而且很大很大。游戏可以促进大脑运动，使人活跃思维，激发想象力，培养人的兴趣，使人获得心理的满足，对新生事物永远充满好奇心。"② 他进一步说："玩是人类第一部教科书。"这本教科书教给我们的是分享、欣赏、好奇心、想象力、勇气、信念、镇定、秩序、和谐、审美，它使人性得到张扬，个性得以显现，心灵获得释放，创造有了方法。我们在其中理解自由、体验自由、创造自由，自由是美，自由是创造，是具有"完整的有意义的人"的重要方面。③

因此，我们完全有理由说，游戏所蕴含的文化特质完全包含在体育之中。因为，体育是以游戏为主要形式的教育活动。④ 游戏的形式构筑了体育文化的基础，而且体育文化从一开始就处在游戏中。"游戏形态赋予社会生活以超越于生物本能的形式，这一点强调出游戏的价值。正是通过游戏，人类社会表达出它对生命和世界的阐释。"⑤ 当代体育也是如此。如人们熟知的体育游戏——"老鹰捉小鸡"，它反映的是老鹰要抓小鸡，鸡妈妈则拼命地保护小鸡的场景。老鹰和鸡妈妈往往是一场"殊死大战"，鸡妈妈为保护小鸡将生死置之度外，小鸡也在鸡妈妈的保护下机警地逃避老鹰的捕捉。整个游戏生动有趣、

---

① 滕守尧：《艺术社会学描述》，上海人民出版社 1987 年版，第 183—233 页。
② 于光远、马惠娣：《休闲·游戏·麻将》，文化艺术出版社 2006 年版，第 97 页。
③ 同上书，第 98 页。
④ 何维民、苏义民：《"体育"概念的梳理及匡正》，《武汉体育学院学报》2011 年第 3 期。
⑤ 于光远、马惠娣：《休闲·游戏·麻将》，文化艺术出版社 2006 年版，第 79 页。

惊心动魄。游戏的同时也练就了"妈妈"的责任与博爱的天性，练就了老鹰的勇猛与善战，练就了未出茅庐的小鸡们逃避凶险境遇的能力和机智。但遗憾的是，现代社会以追求"有形利益"和"物质报酬"为时尚，其结果是人们遗忘了对其活动自身价值及意义的追问和反思。造成了尽管人类的力量已越来越强大，但是人却面临空前的危机，人如同被拴在了一列快速奔跑的列车上，为各种欲望所吞没。这种只注重利益，不叩问意义的体育，无疑使人陷入远离价值合理性的误区，走向异化。

又如，奥运的圣火传递和点燃。现代奥运会每逢举办年，无论何地、哪种制度的国家举办奥运会，都会有神圣的火种采集仪式，有隆重火炬传递仪式和庄重的火炬点燃仪式。我们且不说古奥运历史上对它的种种传说，就这种行为本身而言，我们认为，它不单单是一种仪式过程，而是蕴涵着丰富的、启迪人们心智的、规正人们行为的伦理教化意义。可以说，圣火的采集与传递仪式是对人们内心的纯净和对自己行为的反思与管控的一种感染，通过圣火的传递方式来传递光明、传递希望、传递未来，表达着对人类历史的尊重、对祖先的尊重、对人类文化的尊重、对人类自己的尊重和对人类经验的尊重；点燃火炬的同时，也是在点亮每个参与者内心的那具火炬，让人们内心明明亮亮，放弃心中任何杂念，公平、正义、勇敢地为体育而体育；在整个赛事过程中，火炬的熊熊燃烧，意味着运动员、裁判员等必须遵守比赛规则，尊重对手、尊重裁判，不以非正当的手法参与竞技，不以卑劣手段获取胜利。正如彭兆荣所说："奥运圣火点燃仪式的神圣化为公平竞赛奠定了正义的基础，营造了正义的氛围。阳光是最好的防腐剂，取自太阳的圣火会照亮整个赛场，穿透赛场每个黑暗的角落，仪式表现出了重要的横向性价值，即仪式参加者在具体仪式中特定的社会平等性质。"[1] 我们以为，这种仪式不仅仅是一种对于体育比赛过

---

① 彭兆荣：《人类学仪式的理论与实践》，民族出版社 2007 年版，第 64 页。

程的意义，它更主要的是对人们整个社会生活中的行为意识的一种激励和警示，即它象征的是普照人类的和平之光，永远照耀着普天下的所有人们生活的方方面面。一是激励人们勇敢地去建设正义、公正、和平的社会，从事有意义的活动，追求并创造更加美好的未来生活；二是警示人们在做任何事情时避免暗箱操作、尔虞我诈等一切不良思想和行为，把一切行为公诸"光天化日"之下。它实际上表征着人们对美好社会生活的一种期许，它反映了人们的一种心情、一种上代所经历过的生活感知通过这种仪式启示下一代该注意的事项。

第二节　体育的理想追求

体育的起点是人的生命，人的生命揭示了人存在的本原，意味着人的精神和肉体的原始内在的统一。健康的心灵寓于健康的身体之中，身体疾患，精神也很难健全。体育直面人的生命和生活，它是为了人类生命的发展和生活质量的提高而进行的教育活动。因此，体育的理想应从如下层面来认识。

第一，对每一个个体的人而言，体育的理想追求是在不违背人类生物遗传性前提下，通过体育关照和调适个体身心不断协调发展，并使其以一种最佳身心状态面对社会生活。一方面通过合理的、积极主动的体育活动培养能在现实中健康、愉快、幸福生活且能适应社会要求的人；另一方面，通过体育自身内在所蕴含的文化特性，引导人们积极超越自我、迈向完善与崇高，并帮助每个参与体育的个体构建一种面向未来有意义、有价值的生活。

第二，面对整个社会而言，体育的理想追求是充分利用自身人人皆可平等参与、公平竞争等规则、秩序的优势，充分发挥其对社会健康发展的价值引导作用，建设正义、公正、和谐的社会，并积极发挥其服务于社会现实需要的工具职能，在确保体育自身相对独立的地位，维护其自身尊严不受侵害的前提下，为社会政治、经济、文化等建设做出应有的贡献。

第三，从现实出发观察，体育的理想究竟是为了个体还是社会？体育的首要出发点是人的什么？是人的未来生活所需的体育知识、体育技术和技能，还是人的社会化需要？抑或人的其他某些功利性需要？或者人生本身？我们的观点是：体育的根本出发点是为了个体人的生活，为了人性化，即使人的生命具有人的地位、人生的意义，使人在一个公平、公正、和谐的社会里生活，并谋求人生的幸福，进而实现生命的价值。因为人之所以要接受体育，就是为了建构某种更有意义的生活，体育就起源于这种基本的需要。但我们要说，体育对于人的生活、人的生命和人生历史过程的关照，不应是出于外在的规定，而应是发生于体育自身具有的对人的"生命情结"；也不应只盯人的眼前的、现实的生活，而是为了整个人生，为了人能够通过体育不断地反思自身的人生的存在方式或生存状态，不断地追求新的生活方式，确立人生理念。

至于体育的理想究竟是为了个体还是社会？我们以为，虽然人是社会的人，社会是人的社会，但实际上，"为了人的生活"和"为了社会"是有质的区别的，因为，人的生活是一切社会的原初性的根基。因为，"社会是生活的必要手段，生活本身的质量才是生活的目的。在社会机制中人的生活并不意味着为了社会机制而生活。为了社会机制而生活，人的生活就会变得麻木和虚伪，难以获得幸福。当然，社会是达到秩序和福利的手段，尽管生活总是需要社会这一形式，但人的生活却在本意性目的上不是为了服务于社会。相反，社会必须服务于人的生活，因为社会的形成乃是为了人有序地生活"①。因此我们说，为了社会而进行体育是背离生活本意的。当代竞技体育尽管不是故意遗忘人的生活，但却深陷于社会的观点之中。以社会的观点看问题的体育，与其说是关心人的生活，还不如说是希望以社会的观点限

① 赵汀阳：《论可能生活》，中国人民大学出版社2010年版，第8—10页。

定人的生活，把人的生活规定为某种社会标准的生活。从理论上讲是如此，但实际上体育最终依然关照着"为了社会"。因为，"为了个体的生活"而体育，并不排斥"为了社会"而体育。为了个体的生活而体育，实质上是促使人类的生活方式通过个体生活方式的建构得到具体化，即通过个体人生价值观念和生活方式的构建，实现对人类文化和人类价值观念的继承、超越与创造。体育就是人的实现和社会的实现的一个重要媒介。也就是说，通过体育构建个体的人格、人生价值观念和生活方式，最终必然影响到社会存在。

总之，在现实生活中，不管人们选择什么样的体育内容和以何种形式参与体育，体育的理想是期望人们在参与体育的过程中，除满足强身健体、娱乐身心之外，必须要人们能从体育过程中体会到"什么是和谐"、"什么是合作"、"什么是仁爱"、"什么是规则"、"什么是坚韧"、"什么是诚信"、"什么是责任"等一些能给人们生活和行为有所启迪的体育内在价值及意义。

综上所述，"体育的理想"只是体育这种社会活动对于现在与未来自身存在的一种优化设计，重点反映的是体育对自身想做什么、能做什么、应该做什么、不应该做什么等的一种理性认识、反思和构建，体现了体育对社会或个人的存在与发展具有的有效行动价值追求坐标的确立。而"理想的体育"反映的是"什么样的体育"才是受到社会或个人欢迎的体育，不仅体现着外界对体育的要求和期望，而且还包括体育自身的设计与追求。其二者的实质是统一的，是一个问题的两种具有不同侧重点的表述方式罢了。我们在此对"体育的理想"和"理想的体育"予以论述，关键在于以此来引起人们对体育的真正目的有一个理性和清醒的认识，在具体的实践中构筑理想体育，并践行体育理想。唯其如此，体育异化问题的有限消解才能真正变为现实！也唯其如此，体育才能充分展示其真正的价值力量，发挥其应有的功能与作用，造福人类！

参考文献

一 著作类

1. 谭华：《体育本质论》，四川科学技术出版社 2008 年版。

2. 张军：《价值与存在》，中国社会科学出版社 2004 年版。

3. 张立文：《和合学概论》，首都师范大学出版社 1996 年版。

4. 侯光明、李存金：《管理博弈论》，北京理工大学出版社 2005 年版。

5. 沈恒炎、蒋宏远：《国外学者论人和人道主义：第二辑》，社会科学文献出版社 1991 年版。

6. 杨文清：《源远流长的世界体育》，人民体育出版社 1983 年版。

7. 任海：《奥林匹克运动读本》，人民体育出版社 2005 年版。

8. 董传升：《科技奥运的困境与消解》，东北大学出版社 2004 年版。

9. 方万邦：《体育原理》，商务印书馆 1933 年版。

10. 《体育史》编写组：《体育史》，人民教育出版社 1990 年版。

11. 胡小明、石龙：《体育价值论》，四川科学技术出版社 2008 年版。

12. 谭华：《体育史》，高等教育出版社 2005 年版。

13. 杨文轩等：《体育学原理论著选读》，广东高等教育出版社 1996 年版。

14. 王栻：《严复集》第 1 册，中华书局 1986 年版。

15. 梁启超：《新民说》，中州古籍出版社 1998 年版。

16. 蔡元培：《蔡元培全集》第一卷，中华书局 1984 年版。

17. 傅砚农：《中国体育通史》第五卷（1949—1979 年），人民体育出版社 2008 年版。

18. 李德顺：《价值论》，中国人民大学出版社 2007 年版。

19. 北京大学哲学系外国哲学史教研室编译：《西方哲学原著选读》下卷，商务印书馆 1982 年版。

20. 李琛：《高校图书馆教育功能理论与实务》，安徽师范大学出版社 2012 年版。

21. 曹湘君：《体育概论》，北京体育学院出版社 1985 年版。

22. 国家体育总局群众体育司、体育文化发展中心：《群众体育工作手册》，人民体育出版社 2014 年版。

23. 陈伟等：《体育道德论》，四川科学技术出版社 2008 年版。

24. 司马云杰：《文化悖论——关于文化价值悖谬及其超越的理论研究》，安徽教育出版社 2011 年版。

25. 周西宽：《体育基本理论教程》，人民体育出版社 2004 年版。

26. 陈慧平：《科学技术时代的人文精神反思：马克思主义辩证法的深层探索》，中国社会科学出版社 2011 年版。

27. 陈独秀：《陈独秀文章选编》，生活·读书·新知三联书店 1984 年版。

28. 韩少功：《在后台的后台》，人民文学出版社 2008 年版。

29. 许苏民：《人文精神论》，人民出版社 2011 年版。

30. 《爱因斯坦文集》第一卷，许良英、范岱年译，商务印书馆 1976 年版。

31. 熊晓红、王国银等：《价值自觉与人的价值》，人民出版社 2007 年版。

32. 吴文新：《科技与人性》，北京师范大学出版社 2003 年版。

33. 胡晓风：《体育研究文集》，四川教育出版社 1986 年版。

34. 滕守尧：《艺术社会学描述》，上海人民出版社 1987 年版。

35. 于光远、马惠娣：《休闲·游戏·麻将》，文化艺术出版社 2006 年版。

36. 彭兆荣：《人类学仪式的理论与实践》，民族出版社 2007 年版。

37. 赵汀阳：《论可能生活》，中国人民大学出版社 2010 年版。

38. 孙正聿：《哲学通论》，辽宁人民出版社 2000 年版。

39. 石中英：《教育哲学导论》，北京师范大学出版社 2004 年版。

40. 林笑峰：《体育和体育方法》，东北师范大学出版社 1982 年版。

41. 体育概论教材编写组：《体育概论》，高等教育出版社 1995 年版。

42. 李力研：《解读体育文化》，中国社会出版社 2004 年版。

43. 于光远：《漫谈竞赛论》，中国文联出版社 2000 年版。

44. 张立文：《和合哲学论》，人民出版社 2004 年版。

45. 高有鹏：《庙会与中国文化》，人民出版社 2008 年版。

46. 马惠娣：《走向人文关怀的休闲经济》，中国经济出版社 2004 年版。

47. 马惠娣：《休闲人类美丽的精神家园》，中国经济出版社 2004 年版。

48. 于光远：《论普遍有闲的社会》，中国经济出版社 2005 年版。

49. 孙伟平、张明仓：《"人化"与"化人"——现代视野中的新文化》，黑龙江教育出版社 2010 年版。

50. 李文成：《人的价值》，河南人民出版社 2011 年版。

51. 石中英：《教育哲学导论》，北京师范大学出版社 2004 年版。

52. 刘鸿武：《文史哲与人生——人文科学论纲》，云南大学出版社 2010 年版。

53. 鲁洁：《超越与创新》，人民教育出版社 2001 年版。

54. 张治库：《生存与超越——人的存在与发展的文化性解读》，人民出版社 2012 年版。

55. 司马云杰：《价值实现论——关于人的价值主体性及其价值实现的研究》，陕西人民出版社 2003 年版。

56. 张应杭：《中国传统文化概论》，浙江大学出版社 2005 年版。

57. 张岱年、方克立：《中国文化概论》，北京师范大学出版社 2004

年版。

58. 刘进田：《人本价值与公共秩序》，中国社会科学出版社 2010 年版。

59. 和仕格图：《存在与价值》，人民出版社 2011 年版。

60. 梁漱溟：《人心与人生》，上海人民出版社 2005 年版。

61. 何叙：《中国近现代体育思想的传承与演变》，人民出版社 2013 年版。

62. ［美］赫伯特·马尔库塞：《单向度的人》，张峰、吕世平译，重庆出版社 1988 年版。

63. ［日］今村嘉雄：《西洋体育史》，日本体育出版社 1961 年版。

64. ［美］H. 马尔库塞：《单向度的人》，刘继译，上海译文出版社 1989 年版。

65. ［美］杰·科克利：《体育社会学——议题与争议》，管兵等译，清华大学出版社 2003 年版。

66. ［古希腊］柏拉图：《理想国》，郭斌、张竹明译，商务印书馆 1996 年版。

67. ［古希腊］亚里士多德：《政治学》第 7 卷，秦典华译，人民大学出版社 1994 年版。

68. ［英］斯宾塞：《教育论》，胡毅译，人民教育出版社 1962 年版。

69. ［美］威廉·夏伊勒：《第三帝国的兴亡》，董乐山译，世界知识出版社 1979 年版。

70. ［德］德伯林：《第二次世界大战史》第一卷，上海译文出版社 1978 年版。

71. ［日］海后胜雄：《近代教育史》第三卷，日本诚文堂新光社 1956 年版。

72. ［美］M. W. 瓦托夫斯基：《科学思想的概念基础——科学哲学导论》，范岱年译，求实出版社 1982 年版。

73. ［法］迪尔凯姆：《社会学方法的规划》，胡伟译，华夏出版社 1999 年版。

74. ［英］拉德克里夫·布朗：《原始社会的结构与功能》，潘蛟等译，中央民族大学出版社 1999 年版。

75. ［美］迈克尔·罗伊森、迈哈迈特·奥兹：《YOU：身体使用手册》，译林出版社 2006 年版。

76. ［德］伽达默尔：《赞美理论》，夏镇平译，生活·读书·新知三联书店 1998 年版。

77. ［希腊］塞莫斯·古里奥尼斯：《原生态奥林匹克运动》，沈健译，上海人民出版社 2008 年版。

78. ［美］弗洛姆：《为自己的人》，孙依依译，上海三联书店 1988 年版。

79. ［日］水野忠文：《体育史概说》，杏林书院 1961 年版。

80. ［美］昂利·彭加勒：《科学的价值》，李醒民译，商务印书馆 2007 年版。

81. ［德］海德格尔：《存在与时间》，陈嘉映译，上海三联书店 1999 年版。

82. ［日］相川量平：《体育学概论》，文化书房博文社 1981 年版。

83. ［美］威廉·A. 哈维兰：《文化人类学》，瞿铁鹏译，上海社会科学院出版社 2005 年版。

84. ［美］罗纳德·B. 伍兹：《体育运动中的社会学问题》，田慧译，人民体育出版社 2011 年版。

85. ［荷兰］约翰·赫伊津哈：《游戏的人》，多人译，中国美术学院出版社 1996 年版。

86. ［美］朱·弗登博格、让·梯若尔：《博弈论》，黄涛等译，中国人民大学出版社 2010 年版。

87. ［英］纳撒尼尔·哈里斯：《古中国生活》，乔晓静、乔和鸣译，山西出版集团、希望出版社 2007 年版。

88. ［德］Julius E. 利普斯：《事物的起源》，汪宁生译，敦煌文艺出版社 2000 年版。

89. ［美］塞缪尔·亨廷顿、劳伦斯·哈里森主编：《文化的重要作

用——价值观如何影响人类进步》，程克雄译，新华出版社 2010
年版。

90. Mechikoff Robert A，Estes Steven G. A History and Philosophy of Sport and Physical Education：From Ancient Civilization to the Modern World.

二 期刊论文类

1. 张军：《系统哲学视野下的"和谐社会"理念》，《北京行政学院学报》2007 年第 4 期。

2. 张军：《对象化·实践·人的本质》，《青海社会科学》1998 年第 10 期。

3. 丛茂国：《马克思的人本思想及其当代价值》，硕士学位论文，大连海事大学，2009 年。

4. 梁清：《批判与扬弃：教育异化论》，博士学位论文，东北师范大学，2006 年。

5. 达古拉：《马克思的人本思想研究》，硕士学位论文，内蒙古大学，2010 年。

6. 谢菊兰：《传统民族文化与现代化的"和合"》，《社会纵横》2004 年第 12 期。

7. 胡闹：《改革开放以来我国竞技体育分化的原因与特征研究》，硕士学位论文，湖南师范大学，2008 年。

8. 卢元镇等：《竞技体育的强化、异化与软化》，《体育文史》2001 年第 7 期。

9. 查引娟、廖年忠：《体育在社会发展进程中扮演的角色》，《体育学刊》2004 年第 4 期。

10. 陈淑奇、龚正伟：《竞技体育异化与运动员权益保障问题之伦理审视》，《体育学刊》2009 年第 1 期。

11. 贺沼泽、孙柱兵：《浅析竞技体育的异化论》，《邵阳学院学报》

（自然科学版）2007 年第 2 期。

12. 蔡方鹿：《中华和合文化研究及其时代意义》，《社会科学研究》 1997 年第 6 期。

13. 王若水：《异化这个译名》，《读书》2000 年第 7 期。

14. 辜正坤：《外来术语翻译与中国学术问题》，《北京大学学报》（哲学社会科学版）1998 年第 4 期。

15. 孙英：《异化概念新议》，《苏州大学学报》（哲学社会科学版）1998 年第 2 期。

16. 周爱光：《国外竞技运动异化学说评析》，《华南师范大学学报》（社会科学版）2000 年第 4 期。

17. 王美玲：《对体育发展中的"异化现象"的分析与思考》，《河南大学学报》2005 年第 4 期。

18. 庞建民等：《对竞技体育中异化现象的分析与研究》，《体育文化导刊》2007 年第 1 期。

19. 杨其虎：《追寻竞技正义：竞技体育伦理批判》，博士学位论文，中南大学，2012 年。

20. 何维民、苏义民：《关于体育原点的思考》，《武汉体育学院学报》2010 年第 8 期。

21. 项贤明：《教育过程中人的异化及其扬弃》，《社会科学战线》1997 年第 1 期。

22. ［法］伯特兰·杜林：《体育精神、体育文化及教育》，学民译，《体育文史》1994 年第 4 期。

23. ［日］影山健：《竞技运动与异化》，《华南师范大学学报》（社会科学版）2000 年第 4 期。

24. 周爱光：《现代竞技运动中异化现象的类型分析》，《体育学刊》2000 年第 5 期。

25. 吴翼鉴：《体育目的问题之我见》，《体育学刊》1995 年第 3 期。

26. 李薇：《论体育的目的和目标》，《体育学刊》1998 年第 2 期。

27. 金光辉：《从体育教科书和专著的立论基础看体育思想的演化》，博士学位论文，华东师范大学，2012 年。

28. 《体育事业大跃进的号角吹响了》，《体育文丛》1958 年第 3 期。

29. 陈琦、杨文轩等：《我国当代体育价值观的研究》，《体育科学》2006 年第 8 期。

30. 胡小明：《新世纪 新体育》，《体育学刊》2000 年第 7 期。

31. 石龙：《论西方体育人文价值的演变——兼论我国的缺失与回归》，博士学位论文，华南师范大学，2007 年。

32. 张行涛：《论学校教育功能替代》，《教育理论与实践》1996 年第 5 期。

33. 胡海德：《论教育的功能问题》，《西北师大学报》（社会科学版）1999 年第 2 期。

34. 唐晓杰：《需求·结构·功能·效应——现代学校教育功能探究》，博士学位论文，华东师范大学，1993 年。

35. 王丹丹：《浅析教育功能》，《社会科学家》2006 年第 2 期。

36. 陈寒、林群：《教育学教程》，北京师范大学出版社 2011 年版。

37. 卢峰：《体育功能的系统分析》，《成都体育学院学报》1999 年第 3 期。

38. 傅煜、党群：《我国体育主要功能演进的拓展分析》，《西安体育学院学报》2000 年第 2 期。

39. 高卫华：《不同历史时期体育功能的特征》，《安阳师范学院学报》2006 年第 5 期。

40. 韩鹏伟：《体育功能研究》，《科技信息》2011 年第 27 期。

41. 王德喜：《社会转型与体育功能的重构》，《北京体育大学学报》2009 年第 12 期。

42. 王恒、冯胜刚：《我国对体育功能认识的变迁》，《体育文化导刊》2008 年第 7 期。

43. 田雨普：《新时期体育功能的辩证认识论》，《体育文化导刊》2003

年第 8 期。

44. 姬上兵：《竞技运动商业化、职业化的利弊分析与对策研》，《河南师范大学学报》（自然科学版）2007 年第 2 期。

45. 赵勇：《黯淡的圣火——体育文化批判》，《体育文史》2000 年第 5 期。

46. 徐汶：《体育产业的发展与面临的问题》，《广州体育学院学报》1998 年第 2 期。

47. 李育忠、刘芳：《奥运金牌背后的故事引发的思考》，《北京体育大学学报》2006 年第 7 期。

48. 卢元稹、马廉祯：《观念与体制相互依攀的怪圈——东德体育教训之五》，《体育文化导刊》2005 年第 10 期。

49. 张天白：《"体育"一词引入考》，《体育文史》1988 年第 1 期。

50. 孟凡强：《体育概念在我国发展演变过程述评》，《天津体育学院学报》2008 年第 3 期。

51. 古文东：《当下竞技体育中异化现象的致因探析》，《体育与科学》2011 年第 1 期。

52. 黄莉：《体育精神的文化内涵与价值建构闭》，《体育科学》2007 年第 6 期。

53. 韩丹：《俄（苏）体育的基本概念和基本原则》，《体育学刊》2001 年第 2 期。

54. 刘燕：《管理博弈论解析》，《体育世界》（学术版）2007 年第 12 期。

55. 郭齐：《"和合"析论》，《四川大学学报》（哲学社会科学版）1999 年第 3 期。

56. 李波：《我国田径理论学者研究方向的异化倾向》，硕士学位论文，成都体育学院，2011 年。

57. 张红六：《对科学技术异化的当代审视和解读》，硕士学位论文，合肥工业大学，2009 年。

58. 黄刚：《马克思异化理论探究》，硕士学位论文，西安电子科技大学，2006 年。

59. 贾秀兰：《从劳动异化到权力异化——再读马克思〈1844 年经济学哲学手稿〉》，《西南民族大学学报》（人文社会科学版）2010 年第 11 期。

60. 赵玉、陈炎：《奥林匹克运动的军事动因》，《东岳论丛》2008 年第 5 期。

61. 郝光安：《圣火在燃烧》，《知识就是力量》2000 年第 8 期。

62. 陈振中：《论教育的身份赋予》，《华东师范大学学报》（教育科学版）2004 年第 12 期。

63. 侯德红：《体育竞赛与社会规训：基于社会学的视角》，《广州体育学院学报》2009 年第 5 期。

64. 赵长征等：《竞技体育异化现象——技术至上主义的反思》，《福建体育科技》2009 年第 10 期。

65. 刘媛媛、牛文英：《人文精神的回归——论奥林匹克人文精神教育》，《体育与科学》2007 年第 9 期。

66. 焦现伟、闫领先、焦素花：《关于竞技体育异化理论的探究》，《山西师大体育学院学报》2005 年第 9 期。

67. 屈雯喆：《竞技体育异化现象的社会学探析》，《河北体育学院学报》2010 年第 3 期。

附录 相关研究成果

附录一 关于体育本质的思考

摘要：对近年来学术界关于体育本质的几种主要观点进行了分析，在此基础上提出体育应当以"育"为本体，因为"体"本体只是反映人的生存问题，"育"本体则反映了人的存在的问题，而人的存在是一种"意向性"的存在。人们进行体育活动，不但是为了生存，更主要的是为了存在和发展。所以，就本质而言，体育是为了人存在和发展进行的教育活动。

关键词：体育教育；体育本质；生存；存在

关于体育本质的探讨与研究，是体育教育学研究的一个根本性的问题。国内不少专家学者近年对体育本质及其相关问题进行了大量的研究。这些研究，切入角度不同，关注重点不同，对相关概念的理解不同，因而得出的结论也不同，可谓仁者见仁，智者见智。笔者在借鉴专家学者研究成果的基础上，提出个人一得之见，以求教于各位专家。

一　近年有关体育本质研究的几种观点

近几年，我国体育理论界关于体育本质的研究取得了很大成就。

《体育学原理》、《体育方法学》等专著的出版有力地证明了这一点。另外，《竞技运动学》、《竞技运动教育学》等专著也从不同的角度阐述了其不同于体育本质的特征，为人们认清问题提供了参考。尽管如此，关于体育本质的认识仍然存在明显的分歧。目前学术界关于体育本质，主要有以下几种观点。

1. 多本质论。此观点认为体育是各种身体活动的总和，它有着多种多样的本质。强身健体只是体育本质的一个方面，是体育初级本质的表现，对人的培养教育则是体育本质的进一步表现，促进人本质力量的发展，实现人的自由才是体育的最本质特征。

2. 单本质论。和多本质相反，单本质论认为体育的本质只有一个，那就是增强体质。体育就是增强体质的教育。给体育戴上多本质的帽子，实际上成了什么都不是本质，也就是对体育本质的否定，像"人的解放"、"人的自由"等都不是体育的本质。

3. 社会文化论。此观点认为体育是一种社会文化活动。任何一种通过身体活动致使身心协调、健康发展的含有竞技性、娱乐性、教育性的社会文化活动都是体育的本质范畴。

4. 身体活动论。此观点认为体育的根本属性就是身体活动，因此，体育的本质也理所当然就是以身体活动为形式和手段的教育。

二 对体育本体的认识

当体育教育理论工作者沉浸在素质教育给体育教育带来的春天之际，又重新提出了一个涉及体育教育基本元理论问题："什么是体育教育？体育教育该如何作？"目前，体育教育存在着两个较为严重的问题，一个是体育教育的简单化、功能化倾向；另一个是体育教育的专业化倾向。这两个问题不仅仅涉及教师的体育及文化素养问题，更主要的是，人们更多地把体育教育看作简单的"身体运动"，因此，体育教育的最终追求是身体活动，或叫身体运动。也正是由于在对待体育教育存在的认识不足，造成体育教育实践与理论的冲突。

　　实际上，在大量实际工作和现实问题的压力下，一些一线的体育教育工作者根本无暇顾及这个提问，也来不及仔细品味它对体育教育理论前提研究的思想启示。但是，当理论工作者，即便是普通体育教师在反思体育教育理论与实践问题的时候，就会生出一连串的反问，体育是不是为了人存在的教育？既然是存在教育，体育教育是如何存在的？该如何做？是否体育教育实践活动就局限在"身体运动"的过程中？在现实中体育教育面临的冲突，相当程度是人们对"体育本体"的界定与现实体育教育的目的与行为存在分歧，是人们从"体育是体育及身体运动的形式"——这一"体育本体"的角度看待体育教育目标与功能所致。也就是人们对本体、本质、属性三者概念、关系的模糊和混淆。这一问题涉及体育的本体研究，涉及"体"本体和"育"本体，也就是"存在"和"生存"的问题。

　　笔者查阅了大量资料，当今关于体育的本体研究成果甚少，而对体育本质的研究比较多，到目前，学术界也没有达成一致认识。就体育本体而言，笔者认为应是"育"本体。因为，"育"本体反映了人的存在的问题，而"体"本体只是反映人的生存问题。我们知道，自然界中任何一种动物都和人这种高级"动物"一样存在着，只不过其他动物的存在是一种机体的活着，最多只活在自己的"感受性"里。而人的存在并不是因为他具有人的外表，而是他具有人的内心和行为表现，是作为一种"意向性的存在"，其存在的方式和意义是受意识指引的，而不是受感觉指引的。因而，动物对其后代攀爬、奔跑、捕猎等技巧行为的引导，目的只是让其生存，不含有社会功利的意向，也就不成其为体育。而人的每一个举动他都考虑了当时的自然、社会环境，不但是为了生存，更主要的是考虑存在和发展问题，所以才称之为"体育"。这里所说的"存在问题"区别于"生存问题"，后者一般只涉及具体的存在方式，而前者则关系到存在本身的意义、价值和根据。就体育本身，如果失去它的意义、价值和根据，人的所谓"体育"活动就和动物的活动没什么两样了。现在竞技体育中的"黑色现象"也就是再正常不过的了，因为，他也是为了自己生存得更好而采取的一种手段。故而，我们认为体育的"本体"就是一种"教育"，它的方式主要是通过身体活动而完成的。如果体育的本体不是教育，那么我们有理由说像钓鱼、斗牛、棋牌类等一些项目就不能称其为体育了。

三　对体育教育本质的认识

上文我们已论述了体育的本体是教育，那么，体育教育的本质就理所当然归档于教育本质的范畴。就教育本质而言，它是教育理论中一个争论颇多，至今没有一致公认答案的教育科学的基础理论问题。关于教育本质，历史上教育家、思想家从教育功能、教育价值以及教育与社会、与人的发展等多角度切入教育本质概念的内涵，提出了种种关于教育本质的理论观点。这种观点由于侧重点不同，所揭示的内容有很大的差别。教育史上关于教育本质大致有下列主张：一是从社会的需要来论述教育的本质；二是从人的发展来论述教育的本质，也有二者兼顾的。在20世纪50年代至70年代，中国教育理论界对教育的本质的认识主要强调教育与政治和经济基础的关系。70年代末以后，由于开展对教育本质问题的讨论，除肯定教育为一定的政治、经济服务外，还强调指出教育发展与生产力发展密切联系，肯定现代教育对现代生产发展的巨大作用。80年代以后，又指出教育与文化的联系，强调教育要为发展社会的文化服务，为提高人的素质服务。关于教育本质和社会属性的讨论，主要有以下几种观点：教育属于上层建筑；教育是社会生产力；教育一部分属于上层建筑，一部分属于生产力；教育是个人社会化的过程；教育是传递文化的手段；教育是一种培养人的特殊的社会实践等。

我们认为，上述每一种意见都代表了对教育本质问题的思考和认识。但由于教育本身是一个复杂的结构系统，它包括了许多层面和侧面，如教育与社会有着本质的多元联系，与社会生产力、经济基础、政治制度、上层建筑以及人口、民族、文化传统、地理环境等存在着相互作用的复杂关系；教育与受教育者身心发展也存在着根本的联系，教育影响受教育者的身心发展，同时受教育者的身心发展也制约教育。此外，教育还具有相对独立性和继承性。因此，理论上尽管我们认为教育的本质特点是客观存在的，但现实中，对教育本质的认识却往往因研究者从各自的认识角度来概括，常常出现彼此之间不一致的结论。当今学术界一般倾向于从教育与社会发展、教育与人的发展的角度出发，将教育的本质分为两个或多个层面来谈各自的理解。从我国体育教育产生发展的历史来看，这一特点也许更为清晰。

我们认为，体育教育作为教育大系统的一个子系统，其本质与教育的本质无根本区别。所不同的是，体育教育它更强调体育是通过身体活动影响人的情感，使人在参与、观赏各级各类体育活动的过程中，使身体得到强健，情感得到升华，心灵得以净化。然而，遗憾的是，由于种种复杂的原因，多本质论、单本质论和身体活动论者，他们只认识到人的"生存问题"及其对个体和社会所构成的威胁，看不到人作为人的"存在问题"及其对个体和社会所构成的威胁。所以，体育教育变成了"生存的教育"，而不是"存在的教育"。殊不知这种生存的教育给了了人们赖以生存的意识和技能，却没有给予人们赖以生存的理由和根据；给予了人们对于体育和自己参与体育的一种盲目乐观，却没有给予人们认识体育和运用体育的一颗清醒头脑。社会文化论者泛化了体育的概念，也模糊了体育的教育属性。因为，体育的概念无论怎样表述，它作为"教育"属性的地位是不会改变的，就算我们跳出"学校体育"的圈子去构筑"社会体育"（或许还应有"家庭体育"）或者"终身体育"的理论体系，也无法改变体育的教育属性。因此，把体育表述为一种"社会文化活动"，就难免给人一种大而不当之感。而且，这种论点在对体育的表述中把"竞技性、表现性、娱乐性"与"教育性"并列也是不妥当的，因为体育的"竞技性、表现性、娱乐性"在通常意义上本身就具有"教育性"。① "教育性"寓于其中并且通过"竞技性、表现性、娱乐性"来实现。

综上所述，体育以"育"为本体。其本质是"教育"，那么体育教育的本质更是不言而喻了。"教育性"、"身体活动性"是构成体育教育的两个不可缺少的本质属性，体育就是为了人存在而进行的教育活动。因此，实施素质教育，以"健康第一"、"以人为本"的体育教育不能只考虑"工具的人"，也应该考虑作为"目的的人"；不能只考虑如何提高人的生存能力，也应该考虑如何增加人的存在的意义。今日的体育教育，应该比以往任何时候都关注人的存在问题。

（此文已发表于《武汉体育学院学报》2005 年第 3 期）

附录二 "体育"概念的梳理及匡正

摘要：通过对以往国内外学者有关"体育"概念内涵的梳理把握，本文对体育的总概念作了新的表述，即体育是人类以游戏为主要形式，以促进生命发展，提高生活质量，实现生存价值和意义，并最大限度地发掘人体潜能的有意识、有目的的特殊教育活动。力求突破单纯的学术限定和界定，使得"体育"概念界定与社会实践内容具有一致性。

关键词：体育概念；梳理；界定

海德格尔在他的《存在与时间》一书中这样写道："真正的科学'运动'，是通过修正基本概念的方式发生的，这种修正或多或少是根本性的……一门科学在何种程度上能够承受其基本概念的危机，这一点规定着这门科学的水平。"② 众所周知，理论反映实践，理论反映

---

① 郝森林等：《体育本质问题的再认识》，《内蒙古自治区师范高等专科学校学报》2000 年第 2 期。

② ［德］海德格尔：《存在与时间》，陈嘉映译，上海三联书店 1999 年版，第 11 页。

越真实，对实践的解释和指导就越准确有力，而这种真实以科学概念和范畴的建立为基础和条件。如果没有对这些概念和范畴的准确把握，即便有些表面的"繁荣"也是枉然。因为，人们不得不经常回到基本概念的反思上去。对"体育"这一概念如何下定义为宜是学术界一直在讨论的理论问题之一。其实，不限于体育的概念，对涉及的诸如"文化、教育"等这些概念如何下定义亦是讨论中的问题。在此背景下，对体育这一概念如何理解有着不同认识的现象也就不足为奇了。

然而，围绕体育概念所进行的讨论似乎又有其异样之处。之所以说有些异样，是指讨论的某些参与者尽管表面上似乎是围绕着或针对着一个概念（语词）进行论说，但在其内面却是企图用"体育"这个汉语词与"Physical Education"、"Sport"或是"Physical Culture"等不同概念（语词）建立这种或那种对应关系。这些言论者在口头上或见诸于文字的讨论虽然指向"体育"，但内心所认定的是不同属类的概念，侧重并囿于对不同的对象提出自己对"体育"的理解。

我们以为，面对体育项目多样化的现实，并在进一步丰富和变化，如何在最广意义上包罗诸多体育项目，使其具有广泛的实践包容性，如何突破单纯的学术限定和界定，使得"体育"概念界定与社会实践内容具有一致性，是值得我们思考的重要问题。

一　对以往"体育"概念的评析

（一）国外对体育的界定

1. 教育说

在国外绝大部分将体育限定在教育范畴中，即指存在于教育过程中的身体活动过程。具有代表性的是日本学者前川峰雄，他认为："体育是通过可视为手段或媒介的身体活动进行的教育。"对"广义体育"的理解是："在现实中，体育是以青少年为对象，作为学校教育进行的。它本来的意义是指在人生所有的阶段进行。其范围，与其说不仅局限于学校，不如说是在社会中进行的。"① 这类似于"终身体育"的概念。

苏联教育科学出版社出版的《教育科学辞典》中做了如下定义："体育是以增进人体健康和达到身体正常发育为目的的一种教育。"②《不列颠百科全书》解释为"体育是关于人体构造身体发展的教育。它包括人体生理功能、力学原理及运用的研究"③。

2. 身体活动说

日本另一学者相川量平认为："体育可以说是包含着提高人的生存活力的、具有广义性质的身体活动。"④《美国百科全书》："体育运动（physical education and sport）"是"泛指一切非生产性的体力活动，即从兴趣出发，以竞技为目的和以强健身体为目的的体力活动"⑤。

3. 社会活动说

《苏联百科全书》："体育运动（Физическа културa и спорт）"是"社会总文化的一部分，是为增进健康，发展人的身体能力，并为适应社会实践需要而利用这些能力的一个社会活动领域。"⑥《苏联百科辞典》："体育（Физическа културa）"是"社会文化的一部分。为增强人的健康和发展人的体质而开展社会活动的一个领域。它的社会活动的标志是：人的健康和体质发展水平，在教育、生产、日常生活领域中进行体育活动的程度，竞赛项目的成绩等"⑦。

4. 文化现象说

国际"体育名词学会"出版的《体育名词术语》："体育（physi-

---

① 相川量平：《体育学概论》，文化书房博文社 1981 年版，第 29 页。
② 转引自熊晓正《体育学概论》，北京体育大学出版社 2008 年版，第 3、9 页。
③ 同上。
④ 相川量平：《体育学概论》，文化书房博文社 1981 年版，第 29 页。
⑤ 转引自中国大百科全书《体育》，中国大百科全书出版社 1982 年版，第 351 页。
⑥ 同上。
⑦ 韩丹：《俄（苏）体育的基本概念和基本原则》，《体育学刊》2001 年第 2 期。

cal culture)"是"广义文化的组成部分,它综合各种身体活动来提高人的生物学潜力和精神潜力的范畴、规律、制度和物质条件"①。

5. 其他学说

1962 年,"欧洲体育用语统一国际研究会"把"physical culture"界定为体育的上位概念,认为它不只是包括体育教育(P·E),还包括身体的休闲、消遣、娱乐、竞技等活动,以及有关身体方面人类所创造的物质和精神财富的总和。②

(二) 国内对体育的界定

1. 教育说

《中国大百科全书·体育》:体育"是人们锻炼身体、增强体质、延长生命的重要方法;是与德育、智育、美育等相配合的整个教育的组成部分;它以竞技的形式,成为人们文化生活的内容和各国人民之间加强联系的纽带"③。

林笑峰先生认为:体育是身体教育或体质教育的简称,指的是教育者向受教育者传授增强体质的知识技能和运用这些知识技能实际锻炼身体的过程。④

1995 年高教出版社出版的《体育概论》中认为,体育是以身体活动为媒介,以谋求个体身心健康、全面发展为直接目的,并以培养完善的社会公民为终极目的一种社会文化现象或教育过程。⑤

武汉体育学院学院学报 1999 年第 2 期刊登的周爱光教授《体育本质的逻辑学思考》一文认为:体育是以身体活动为媒介的教育。⑥

2. 身体活动说

张洪潭博士在《体育的概念、术语、定义之解说立论》一文中认

---

① 韩丹:《俄 (苏) 体育的基本概念和基本原则》,《体育学刊》2001 年第 2 期。

② 同上。

③ 转引自中国大百科全书《体育》,中国大百科全书出版社 1982 年版,第 351 页。

④ 林笑峰:《体育和体育方法》,东北师范大学出版社 1982 年版。

⑤ 体育概论教材编写组:《体育概论》,高等教育出版社 1995 年版。

⑥ 周爱光:《体育本质的逻辑学思考》,《武汉体育学院学院学报》1999 年第 2 期。

为：体育旨在强化体能的非生产性肢体活动。①

3. 社会活动说

曹湘君（1988），认为体育是指以身体练习为基本手段，以增强人的体质、促进人的全面发展、丰富社会文化生活和促进精神文明为目的一种有意识、有组织的社会活动。它是社会总文化的一部分。②

1989 年体育学院通用教材《体育概论》对体育的定义是曹湘君的翻版，只是在前加了"体育广义的，亦称体育运动"几个字样，后文则完全相同。③

《体育大辞典》："体育也称体育运动。人们根据生产和生活的需要，遵循人体的生长发育、生物机能活动能力变化与适应性的规律，以及动作技能形成的规律与认识事物的一般规律，以身体练习（体育动作）为基本手段，结合日光、空气、水等自然因素和卫生措施，达到全面发展身体、增进健康、增强体质、提高运动成绩水平，丰富社会文化娱乐生活为目的的一种社会活动。"④

周西宽认为，体育是人类为适应自然和社会，以身体练习为基本手段而自觉地改善自我身心和开发自身潜能的社会实践活动。⑤

4. 文化现象说

熊斗寅认为体育是一种复杂的社会文化现象。它以身体与智力活动为基本手段，根据人体生长发育、技能形成和机能提高等规律，达到促进全面发育、提高身体素质与全面教育水平，增强体质与提高运动能力，改善生活方式与提高生活质量的一种有意识、有目的、有组织的社会文化活动。⑥

---

① 张洪潭：《体育的概念、术语、定义之解说立论》，《西安体育体育学院学报》2006 年第 4 期。

② 曹湘君：《体育概论》，北京体育学院出版社 1988 年版。

③ 体育学院通用教材：《体育概论》，人民体育出版社 1989 年版，第 16 页。

④ 陈安槐、陈荫生主编：《体育大辞典》，上海辞书出版社 2000 年版，第 3 页。

⑤ 周西宽：《体育基本理论教程》，人民体育出版社 2004 年版，第 35 页。

⑥ 熊斗寅：《"体育"概念的整体性与本土化思考——兼与韩丹等同志商榷》，《体育与科学》2004 年第 2 期。

1995 年高等教育出版社出版的《体育概论》中认为，体育是以身体活动为媒介，以谋求个体身心健康、全面发展为直接目的，并以培养完善的社会公民为终极目的一种社会文化现象或教育过程。[①]

5. 游戏说

谭华教授在他的《体育本质论》一书中认为：体育是人类游戏性的身体活动或身体活动性的游戏。[②]

（三）对以往"体育"概念的梳理和评析

从以上的列举中我们得知，到目前为止，国内外对体育定义中的"属概念"，即上位概念，主要有身体活动、社会活动、文化现象、教育以及游戏等。我们认为，把"身体活动"或"社会活动"作为体育的上位概念或本质属性是不适宜的。首先，其内容包容过广，在一定意义上对体育的概念来说具有模糊性。如果身体活动是泛指人类一般意义上的身体性活动，则这是人类活动的最基本特征，人类的实践活动几乎没有不与"身体活动"联系在一起的。如浇花、遛鸟、舞蹈（艺术类）等都属于身体活动，即便加上其他内涵的限定，也难以使一般意义上的"此"身体活动和属于"体育"的"彼"身体活动有所区别。在其功能意义上无法区分跳绳、慢跑等体育活动和身体活动性杂技、玩耍等，既无法否定后者也具有的身体锻炼价值，也无法否定前者的观赏和娱乐价值。其次，如果"身体活动"是特指运动幅度较大的"大肌肉群"的活动，则在实践中又排除了许多隶属于"体育"的项目，与以往对体育的界定及体育的社会实践存在许多矛盾。显性的如对奥运等体育赛事正式项目——射击、射箭、马术等的排斥；隐性的如对围棋、象棋、气功、瑜伽、航模（甚至电子竞技）等社会广义认可的非正式体育项目的排斥。在这个意义上，体育实践远远超出了体育界定的范畴。试问，人坐在马背上，由马走或盛装跳舞，他

---

① 体育概论教材编写组：《体育概论》，高等教育出版社 1995 年版。
② 谭华：《体育本质论》，四川科学技术出版社 2008 年版，第 6、39 页。

（她）的哪些"大肌肉群"参与了活动？它和人坐在汽车或其他物体上操作活动有何区别？按这个逻辑推理，马戏团的马术表演更应归属于体育了。有学者对如浇花、遛鸟、舞蹈（艺术类）等活动，何时属体育范畴，何时不属体育范畴表述过自己的见解，即根据活动参与者的动机、表现形式、价值取向等来判断。如花店老板或工作人员出于保持花的新鲜以便更好销售而浇花，那么这类活动就较多地、往往主观地具有直接为商业目的服务的动机，将其归入体育不够妥当。如果是退休人士为了身体健康和心情愉快而进行的活动，这类活动就应该归入体育范畴当中。至于骑自行车活动也不应该一概而论地认为是体育活动。如果某人为了比步行或乘车更方便省时而骑自行车去上班或做其他事情，那么这类活动就应该属于交通出行活动，因为其中缺少甚至没有基本主观的强身健体的意识在支配身体活动。如果将这类具有身体活动形式的活动都计入体育范畴当中，势必造成吃饭、睡觉等活动也可视为是体育的荒唐认识。当人们骑自行车的活动形式及其动机、评价方式更多地与节省时间和方便交通等相联系，则应归入交通出行活动，当人们骑自行车的活动方式及其动机和评价标准更多地与动作、技巧、体质等相联系时，我们首先应将其认定为体育活动。舞蹈中把肢体活动要求高和增强体质目标明确的归属于体育范畴，而把艺术表现要求和艺术评价成分多的归属于艺术范畴。[①] 按照这种判断方式很难确定体育的范畴，如某人为了求偶，引起某个女友对他的好感或欣赏而打篮球、踢足球，他的活动是否不属体育范畴？总之，这种定义只认识到人的"生存问题"及其对个体和社会所构成的威胁，看不到人作为人的"存在问题"及其对个体和社会所构成的威胁。所以，体育教育变成了"生存的教育"，而不是"存在的教育"。殊不知这种生存的教育给予了人们以生存的意识和技能，却没有给予人们以生存的理由和根据；给予了人们对于体育和自己参与体育的一种盲目

---

① 易剑东：《体育概念和体育功能论》，《体育文化导刊》2004 年第 1 期。

乐观，却没有给予人们认识体育和运用体育的一颗清醒头脑。①

把体育的上位概念或本质属性定义为"文化现象"，同样犯了包容过广的错误。因为，体育的概念无论怎样表述，它作为"教育"属性的地位是不会改变的，就算我们跳出"学校体育"的圈子去构筑"社会体育"（或许还应有"家庭体育"）或者"终身体育"的理论体系，也无法改变体育的教育属性。因此，把体育表述为一种"社会文化活动"，就难免给人一种大而不当之感。而且，这种论点对体育的表述中把"竞技性、表现性、娱乐性"与"教育性"并列也是不妥当的，因为体育的"竞技性、表现性、娱乐性"在通常意义上本身就具有"教育性"。②

有学者认为，体育要从教育和文化两个范畴来认识，故而将体育的上位概念或本质属性定义为"文化现象或教育过程"，犯了定义不准确的严重逻辑错误，给人一种可任意选项的感觉，你认为是社会文化现象就是文化现象，你认为是教育过程就是教育过程。可以说这是一种折中的缺乏探讨精神的论述，是不能解决问题的做法。我们在体育的理论研究上，不能模棱两可，或躲闪回避，而应当尽力去探索如何用马克思主义观点方法来揭示体育这一人类社会现象内在规律的途径，廓清我们应有的认识。

把体育的上位概念或本质属性认为是"游戏"，首先，犯了定义过窄的错误。其次，弱化了体育的功能，降低了体育原有的地位，甚至忽略了"人"这样一个有意识、有目的的高级动物的存在，有把人等同于一般意义上的动物的嫌疑。因为，游戏是体育的一种表面形式，它不是体育的本质。

至于把体育的上位概念或本质属性定义为"教育"，我们认为是合理的，这是认识的主流。联合国教科文组织认为体育运动作为教育

① 苏义民、何维民：《关于体育本质的思考》，《武汉体育学院学报》2005年第3期。
② 同上。

与文化的一个基本方面，必须培养每个人作为与社会完全结合的成员所应具备的能力。《奥林匹克宪章》中指出："奥林匹克运动的宗旨是，通过开展没有任何形式的歧视并按照以互相理解、友谊、团结和公平比赛的奥林匹克精神的体育活动来教育青年，从而为建立一个和平而美好的世界做出贡献。"因此，将体育的上位概念看成是教育活动是与国际相接轨的。在我们梳理现有有关体育的"教育"上位概念或本质属性的定义中，种差部分的描述主要有以身体活动为媒介，增进人体健康和达到身体正常发育，或以谋求个体身心健康、全面发展为直接目的，并以培养完善的社会公民等。这种论述犯了一个见"物"不见"人"的错误，不能充分张扬人的"生命"（特别是类生命）意义和价值，反映了人的生存面，忽略了人"意向性"的存在和发展，同时，也或多或少把"竞技体育"在体育"大家庭"中边缘化。

二　对"体育"概念的新界定

综上所述，基于"体育"概念内涵的梳理把握和再认识，我们试对体育的总概念作如下表述：体育是人类以游戏为主要形式，以促进生命发展，提高生活质量，实现生存价值和意义，并最大限度地发掘人体潜能的有意识、有目的的特殊教育活动。

这样的定义表述首先肯定了体育的本质内涵就是教育，体现了它的本体是"育"，而不是"体"的特点。我们知道，从体育产生、发展的历史看体育及概念的内涵从来都不只是增强体质，而是着眼于人的身、心两个方面以及某些生存、生活的技能、技巧和方法的教育训练和陶冶。其次，直面"生命"和"生活"，体现了人类这一群体所特有的自身身体的自然性和所处环境的社会性之特征，反映了人类生存的有目的性和意向性问题，同时也实现了人的生存的有价值性和意义性。因为，人的生命不仅在于作为生物体的"活着"，更在于必须活出意义和价值，所以，体育应该是直面生命和生活的，它的目标在基础层面是教人强身健体、珍爱生命，更高的层次则在于教人体悟人生的意义，追求人生的理想，实现社会生活价值。只有实现了这一目标，才能使生物学层面上的个体生命真正转化为文化学层面上的独立的、有尊严的、自由的价值主体，即成为大写的"人"。否则，缺失生命的意义，人只能混同动物，苟且偷生。从这个意义上说，离开了生命，脱离了生活把体育这样一种人类特有的活动定义成什么都是无本之木，无源之水。第三，认为体育是以游戏为主要的形式，打破了原有定义中把观众置之度外的做法，对接了体育活动中直接参与者和观众都是参与者的现实，充分体现了体育的双主体（直接参与者、观众）特点。只有观众的参与才使游戏获得它的完满意义。一场球赛唯有在作为观赏游戏时就发生了一种转变，这种转变使观众成了游戏者：只有在为观赏者而不是游戏者、在观赏中而不是游戏中，游戏才真正显示出游戏的意义。① 正像我国已故学者李力研所说的"人类的游戏是'审美需要'，人类在'玩'与'看'的过程中有一种真正的互动，双方都有益处。"② 第四，这种表述突破了多年来存在于体育界的所谓大体育与小体育，广义体育与狭义体育等喋喋不休的争论，也顺理成章地将一些如像围棋、象棋、牌类、气功、瑜伽、航模等项目纳入到体育的范畴。我国著名学者于光远认为，体育属于实力性和策略性的竞赛游戏，准确地说是实力性和策略性以及机遇性混合在一起的竞赛游戏。③ 这里说的实力包括智力和体力。因为，智力也是一种蕴藏在一个人身体之内的力量，而且它同一个人整个身体状况有着密切的关系。所以，各种棋类、牌类竞赛列入体育竞赛范围是正确的。这里说的策略就是使自己的体力在竞赛中得到很好的发挥。第五，因为体育直面人的生命、生活，所以它不可避免地面对人类赖以生活、生存的社会环境，从来都是要适应国家、民族的需要，也就是社会的需要。

---

① 谭华：《体育本质论》，四川科学技术出版社 2008 年版，第 6、39 页。

② 李力研：《解读体育文化》，中国社会出版社 2004 年版，第 106—107 页。

③ 于光远：《漫谈竞赛论》，中国文联出版社 2000 年版，第 6—10 页。

要知道，人如果没有需要，社会就会灭亡。需要是生命的火焰，人类的各种活动（包括体育活动）都是为需要加柴添薪。如果不是为了生命之火永不熄灭，生活的内容更加丰富多彩，那么人类的一切活动就都成为多余。因此，从这个意义上说，这种描述对平息多年来争论不休的体育有无政治、经济和文化等功能有其特殊的意义。

总之，这样的表述除保持着原有定义中的增强体质等内容外，还涵盖了体育在事实当中表现出的以下五个维度的内容：第一，人与自我关系的教育。认识自我生命的意义和价值，珍爱自己的生命，能够进行自我心理和情绪的调控，规划人生的发展，开发生命的潜能，不断地超越自我，实现自我。第二，人与他人关系的教育。理解"人是一个共在体"以及他人的存在对自己生命的意义和价值，学会尊重他人、关怀他人，具有宽容的意识，尊重人与人之间的差异，创造一个和谐的人际环境。第三，人与社会关系的教育。作为一个社会性的存在，个体生命首先要社会化，适应社会的要求，学会处理个人与社群、集体的关系，既要维护个人的正当权益、权利、自由，又要维护公共的道德和集体的利益，树立社会关怀和正义感。第四，人与自然关系的教育。大自然是人赖以生存的环境，自然界的其他物种都是与人类息息相关的"朋友"。因此要具有一种民胞物与的情怀，尊重生物的多样性，珍惜自然环境，保持自然生态平衡，追求可持续发展，创造一种天人合一的境界。第五，人与宇宙的关系教育。从终极意义上说，生命以死亡为终点。但人正因为有死亡，短暂的人生才要活出意义，所以生命教育教人思考死亡的意义，探索人类存在的价值，确立自己的人生信仰，努力创造自己灿烂的人生。同时，要认识国家、世界的伦理，关心人类的危机，树立地球村的观念。

三 新定义凸显 "体育" 的特性

我们对体育概念的新表述，体现了体育的以下特性。

（一）目的性

众所周知，无论任何人，他（她）在参与体育活动时都具有明确目的。或是为名，或是为利；或是为了健身，或是为了防身；或是为了休闲，或是为了解忧；或是为交友，或是为择偶。不论报以哪种目的，最终还是归结到促进生命发展，提高生活质量，实现生存价值和意义上来。因为，对于人类来说，生活就是他的生命之根，是生命的安身立命之所，关注生命发展的体育，必须是入"根"的体育，是一种服务于人的生活构建的活动。体育作为一种特殊的文化形态，它往往以渗透、融合、感染、凝聚、净化等多种形式影响人的生活方式和生命质量。因为它的意义不仅在于锻炼身体、恢复体力，更重要的在于体育活动结出的美丽硕果——人的精神得到调整与升华，人的广泛需要得到全面、完整、自由的发展。人们在体育活动过程中能够感受到什么是和谐、什么是合作、什么是仁爱、什么是规则、什么是力量、什么是坚韧、什么是诚信。试图让人们通过对体育与人生价值的思索，重新厘清人的文化精神坐标，进而促进人类的自省——未来的路如何走？人生的意义和价值究竟是什么？更重要的意义在于让我们学会思索——如何成为"人"，成为健康、快乐、自由、富有创造力和具有追求真、善、美能力的人。

（二）娱乐性

体育是一种娱乐性很强的文化。在现代社会生活中，体育运动日益成为人们改善生活方式和提高生活质量的重要内容，它为人们提供一种有益的消遣，给人们带来欢乐和幸福。体育比赛的范畴——简单地说就是获胜的机会和失败的危险——简直就是一种戏剧表演。也俨然符合这样一个事实，即获胜的愿望和庆祝胜利的愿望构成比赛动机的一部分，运动员凭借这种动机去参加比赛，而观众在看台上为他们加油助威。日常生活中的失败者喜欢在体育场内成为胜利者，体育场内的决战是释放内心被压抑的挫败感的最简单的途径。观看体育赛事符合审美体验的传统定义，对于观众来说，纵然有千万个让他们忽略体验美的理由，但能够让他们忽略那种愉悦体验的理由却一个都没有。而最重要的是这种愉悦是最能体现体育魅力的。当人们在看到自己球队打出一场漂亮的比赛，或是自己喜欢的运动员在比赛中创造了一项新的世界纪录时，自己心中也会油然而生一种无法比拟的胜利的快感。一场令人兴奋的比赛结束，离开体育场时，人们可能会情绪高亢，心情愉悦，甚至会感到一种激昂的自我意识。在回家的路上或是第二天，人们可能会继续沉浸在这种体验过的不寻常的幸福感当中。亲自参加体育活动，乐在其中。乐的是那种全身心投入比赛的感觉，那种既没有处于体育场内比赛的意识，也没有参与竞技的意识，完全沉浸在自己的世界里，与一切世俗的竞技目标相脱离。在体育比赛中我们集中注意力，渴望得到的、享受的是那种转瞬即逝的刺激。

（三）竞技性

体育是一种竞争鲜明的文化。体育的竞争，是指在运动场上，两个以上的个人或集体在同一规则下争夺同一目标，或进行好次、强弱、大小、先后、高低之争的活动。不仅比身体、比技术、比经验，而且比思想、比意志、比作风和拼搏精神，是一种全面的抗衡和竞争，对参加者的各个方面都是一种严峻的考验。因此可以说，竞争是体育的灵魂，没有竞争就没有超越，就没有创新和发展。

竞争也是体育发展的杠杆。通过竞争，揭露矛盾，发现对手的优势，找出自己的劣势。伴随而来的是"危机感"鞭挞着人们的惰性，是参加者每时每刻都想着要置身于优胜者殿堂，终年不得不"闻鸡起舞"、"刻苦训练"。每当他们克服一种困难而使自己的成绩有所提高并最终战胜对手或自己时，精神也随之获得了升华。

（四）规范性

体育的规范性的具体表现即为体育的规则。在日常生活中，人们把法律和道德作为判断是非曲直的标准和尺度。同样，运动场上，要判定体育行为与技术的正确与否也需要一个尺度，那就是体育规则。它是体育运动存在和发展的基础，是体育竞赛顺利进行的前提和保证。

首先，体育规则包括一些正面的规定，规定参与者必须做什么，允许做什么。其次，规则的作用在于，确定竞赛过程中，通过使用规定的技战术达到什么样的目标。再次，规则的功用是禁止某些不法行为。它是通过对某些禁止行为的说明来完成的。另外，还有一些"辅助性规则"，这类规则规定着竞赛形势之外的一些问题，包括一些基本的安全或礼仪规则等。换言之，正是规则的这些方面一起发挥作用，才能确保所有参与者面对相同的考验，也就是平常所说的公平竞争。

与其他一些活动的规则相比，首先，体育的规则是一种显性的规定，而其他的智力活动（学科）也有规则，但它是一种隐性。其次，体育规则的制定有利于其发展，而其他的智力活动（学科）的硬性规则的制定，肯定会妨碍其发展。体育项目的规则，它给运动员的比赛提供了具体的目的并设计出可能做出的动作。与此相比，这一功能规定了日常生活中人们的行为角色。

（五）超越性

体育的超越性表现在以下几个方面：第一，就人类生物学法则而言，首先它超越了一般意义上的生理极限。如人类所能达到的速度极限、高度极限、远度极限和肌肉力量、关节活动幅度等。另外，根据邢亮和汤延军对弗洛伊德学说的研究认为，人的痛苦第一个来源就是简单的、身体的生理极限，不管一个人如何拼命来逃避命运，其身体也会随着时间的流逝而渐渐衰弱或解体。那么在生的本能的驱使下，人类需要健康的身体以延续生命，渴望突破生理极限以提高生的品质，缓解死的恐惧。体育可以将人的机体蕴含的潜能最大限度地调动起来，来完成这种超越，减轻这种痛苦。[①] 第二，就客观世界而言，伟大的运动员并不是因为身体的块头很大，他们的伟大之处在于他们改变了客观世界的比赛规则。他们大多追求的是到达经过严格规则而确定下

---

① 邢亮、汤延军：《"本能"的运动——弗洛伊德学说的体育视角》，《河北体育学院学报》2008 年第 1 期。

来的极限，或者，他们偶尔也会稍微超出该界限。第三，就美学角度而言，体育是对人体的装扮、修饰。因为，"饰"在东西方的"文化"概念中是相同的。当然，"饰"或"文饰"在体育语境中更突出了人的有意识的表现甚至表演，它并非是作为贬义词的"弄虚作假"，而是人对文明、对自由、对真善美的向往，因而也是人对生命的自我提升、自我超越和对生命意义的无尽追求。第四，就属人的心灵世界或价值世界的精神层面而言，体育成就了人的"大生命"或"大写的人"的生命。因为，人的生命的奥秘就在于尊重自然生命，但不成为生命的奴隶，要超越生命的有限性。人的生命无论是本能，还是已成为生命组成部分的要素，只要成为生命既定的现实状态，它都是有限的。但人的生命追求是无限的，人从来不满足于有限，而是不断地追求无限。有限成为人超越的对象，无限成为生命追求的目标。一个"无限"经过人的创造性活动成为"有限"，人又会产生新的"无限"，人总是生活在这种不断地否定有限，不断地追求无限的动态过程之中。

（六）历时性

体育的历时性表现在两个方面：一个就体育本身而言，它有一个从无到有、从少到多、从雏形到完善、从简单到复杂的发展过程。另一个就参与者的动机和目的而言，此时为名，彼时为利；此时为健身，彼时为休闲；此时为解忧，彼时为消遣；此时为交友，彼时为择偶。它总是随时间和场所的不同在不断变化。

四 结语

古往今来，人类经历了各种各样的体育活动，"自发的体育、自觉的体育、自为的体育"等。这些体育活动又各具许多不同的特征和倾向，有的是为了"求食"和"攻防"；有的是为了劳动和军事的需要，注重体能的发展和技能的培养；有的是为了休闲娱乐；有的是为了身体健康；有的作为谋生手段，但这些目的中哪一个都脱离不了生命和生活。面对纷繁复杂的体育现象，研究者们给出了各种各样的体育概念。其中，有些界定总给人盲人摸象的感觉，虽然说，"我们只能在我们时代的条件下进行认识，而且这些条件达到什么程度，我们便认识到什么程度"。但是，指出并克服体育概念界定中的某些弊端，以便逐渐向体育的真实逼近，总是值得尝试的。本文从体育的教育本质内涵出发，对以往体育概念进行了评述，从关乎生命与生活视角对体育的概念给出了不同以往研究者的表述，希望能起到抛砖引玉的作用，推动对体育概念的研究，以求得一个揭示本质、表述准确、广泛认同的结果，从而推动体育的发展。

（此文已发表于《武汉体育学院学报》2011 年第 3 期）

附录三 关于体育原点的新思考

摘要： 体育原点，就是指体育产生的起点，这一直是从事哲学、史学、未来学等许多学科领域研究的理论工作者所试图厘清的问题。综合现有研究之成果并以此为基础，克服心理学方面的一些思维定式，以史学、人类学、文化学、马克思主义哲学和社会学的视角重新审视体育起源，认为它是源于人类维系自身生命发展的一种内在客观需要，而其中游戏则是这种内在需要的一种鲜明表达。因此，生命发展需要实际就是体育的原点，是"根"；游戏是体育的主要表现形式；人的外塑和内饰之需要是促使体育发展的必然。

关键词： 体育；原点；起源；需要；游戏

一 体育 "原点" 的含义及研究意义

什么叫体育原点？或者说，体育原点指的是什么意思？体育原点作为一个体育理论问题，它研究的固然是人类的体育，但这种体育并不是指今天人们随处可看到的体育形式，也不是指历时几百万年之久的在原始社会存在的体育事实。而是指地球上出现人类、社会时，与此同时出现的体育这种社会现象,是什么原因才得以产生和出现的问题。它所要探索的不是地球上业已出现和存在的这种体育现象和事实,而是要追究地球上初民之时的体育究竟因何起源的问题。它研究的不仅是一种人类最古老、最原始的体育形态,而是要探明这种最古老、最原始的体育形态何以能够在人类社会出现与产生的终极原因。简言之,就是要探明和追究体育"为什么"而发生,它对人的生存的根本意义,人为什么需要体育等问题。

体育原点其实就是体育产生的起点,也是体育产生的最原始根源。追踪体育原点,是因为它最能反映体育的客观现状、客观规律和特征,它以朴拙、本真、实在来彰显体育的客观规律和特征。它是体育工作者客观认识体育的必然起点,是人们揭示体育客观规律的核心原点。"原点"与"终点"是相对概念,"终点"是人们根据自己的思想认识在"原点"基础上融进自己的见解、主张和实践而形成的新的结果,是"原点"的放大和增值。

笔者之所以研究体育原点问题,其主要目的在于:(1)对人类体育从其产生、存在,直至发展道路和事实,做一次纵向的考察;(2)当代异化的体育在一定程度上已经背离了它的原点,失身为经济、政治的奴仆,科学地解释体育的原点,有助于我们更加深入地把握体育活动的特点、本质和作用,以达到指导我们未来体育发展的方向之目的;(3)使体育真正回归到人的发展原点上来,以人之生成、完善为基本出发点,将人的发展作为衡量的根本尺度,用人自我生成的逻辑去理解和运作体育。

二 体育 "原点" 辨析与新解

体育原点问题,是体育史学、体育社会学以及其他体育理论学科共同关心的问题,也是这些学科在研究中首先遇到和需要解决的问题。因为它涉及用什么"体育史观"去观察体育和解释体育这一重要社会现象,更为重要的是,关系到今后我们将如何把握体育发展方向并使之健康发展的问题。怎么认识体育原点问题,古今中外,众说纷纭。

目前就我国现代文献中的一些相关论述来看，或不甚明确、不加论述，或模棱两可、不作定论；有的则沿袭了国外的错误观点，造成谬种流传。因此，必须用马克思主义的辩证唯物主义和历史唯物主义的观点和方法去研究和解决这一问题，力求正本清源，并具现实意义。科学研究、科学结论的产生，一般来说都有其事实上的和理论上的依据。然而关于体育原点或起源的问题，对于生活在现时代的人来说，得出有关体育原点或起源的结论和见解，主要的不是依据实地的考察和亲眼看到的大量体育现象、体育事实的结果，而主要依赖于一定的科学理论，并据此进行分析、思索的结果。目前就我国现代文献中的一些相关论述来看，学界在体育起源问题上存在纷争。有需要说、劳动说、教育说、军事说、宗教说、生理（生物）本能说和"剩余精力"说等，但影响较大、占主导的还是劳动说。这种观点以恩格斯的"劳动创造了人本身"这一著名的命题为依据，它被作为马克思主义的理论学说，在相当长一段时间内，不容置疑。直到 20 世纪 80 年代后，随着人们思想的解放，有研究者对这一观点及其理论提出了质疑。质疑的一个重要原因是：劳动是体育产生的外因，它不可能成为体育起源的决定性条件。我们觉得这一批评是中肯的。因为，体育起源于劳动的理论观点，对体育的社会性作了极端狭隘和片面的理解，以至于人们在探索人类体育知识真理的过程中迈出了多余的步伐。

20 世纪 80 年代初，一些学者提出了用"需要说"来补充"劳动说"的不足。这些学者依据"人是社会化动物"与"需要是发明之母"理论，从人类的生物性需求和社会性需求两方面，探讨了体育的起源。他们指出："体育产生于人类社会生活的两种需要，一种是社会生产活动的需要（传授生产、生活技能），另一种则是人类生理、心理活动的需要。"但这种观点主要还是以肯定"劳动起源说"为主，在肯定"劳动起源说"的基础上，重点就"需要起源说"进行了讨论。① 他们把余

---

① 董时恒、熊晓正：《体育探源》，《体育科学》1982 年第 2 期。

力论、巫术论、劳动论、游戏论和模仿论等认为是体育产生的外部动因，把需要论则认为是体育产生的内部动因。[①] 这种说法是否合理，我们认为还有待商榷。但我们可以肯定的是，这些不同的理论不仅反映了不同的时代背景，而从总体上看，它们都可在理论、真理发展的链条中找到各自相应的时代位置。因而可以说不同的理论观点为我们提供了不同的思想材料，有助于我们对问题的相互比较、总体分析和全面认识。

笔者以为，劳动、军事和宗教等在体育的发展过程中对其内涵的充实和外延的拓展方面起到了无可厚非的作用，但它们绝不是体育产生的根源。只有人类维系自身生存和生命发展的内在需要是体育产生的最原始根源，也就是体育的原点，游戏是体育最原始的表现形式。在此愿献自己的一孔之见，以求教于关心、研究这一问题的同人。

三　需要是体育的 "原点" 与游戏是体育的表现形式的理论依据

（一）人类维系自身生存和生命发展的内在需要是体育产生的最原始根源

1. 历史唯物主义的一贯主张

马克思、恩格斯把人的需要作为考察社会的起点。他们从历史的角度指出："一切人类生存的第一个前提也就是一切历史的第一个前提，这个前提就是：人们为了能够 '创造历史'，必须能够生活。但是为了生活，首先就需要衣、食、住及其他东西。因此第一个历史活动就是生产满足这些需要的资料，即生产物质生活本身。"[②] 这段论述的中心意思是说，人们由于衣、食、住及其他东西的需要，才有了生产满足这些需要的资料的生产活动。原来，生产是为了满足需要，由需要引起生产。"消费作为必须，作为需要，本身就是生产活动的一

---

① 熊晓正主编：《体育概论》，北京体育大学出版社 2008 年版，第 24 页。
② 《马克思恩格斯选集》第 1 卷，人民出版社 1972 年版，第 32 页。

个内在要素。"① 黑格尔在他的《历史哲学》中这样写道："我们对历史最初的一瞥，便是我们深信人类的行动都发生于他们的需要，他们的热情、他们的兴趣、他们的个性和才能；当然，这类需要、热情和兴趣，便是一切行动的唯一源泉。"② 他认为，那个使人们行动的原动力就是需要和热情。总之，人们在一定条件下形成一定的需要，一定的需要引起一定的活动（包括体育活动），通过一定的活动来满足一定的需要。这是把握人类社会及活动的基本线索。这里有一个马克思主义认识社会的基本方法原理，即"任何人如果不同时为了自己的某种需要和为了这种需要的器官而做事，他就什么也不能做。"③ 必须用需要来解释人们各种各样的社会活动及其在活动中结成的相互关系。可以这样说，人的历史就是需要产生、发展的历史，是否从人的需要出发来考察社会、考察人生，是历史唯物主义和历史唯心主义的区别之一。我们探索和理解体育的原点问题也必须要遵循这一原理。

2. 人的一切活动的出发点和归宿

人生活在世界上，每天都在忙忙碌碌地从事各自丰富多彩而又千差万别的活动。这些活动都有一定的目的，都是为了满足某种需要。人的任何一种需要都可以成为动机，人们在动机指导下从事某种活动，可以说，无论是认识世界的活动，还是改造世界的活动，都是人的一种需要实践。需要是个人、社会集团与整个社会生存发展的动因，是人们种种活动积极性的来源。

人的需要决定了人与人之间的复杂联系，满足需要的复杂活动形成了社会的复杂现象。马克思认为，"人的存在"是一个起码的前提，"历史逻辑"的真正起点是"人的需要"。需要在人们的社会活动中是一个决定性的因素，具有积极的性质，离开了需要就不能正确说明社会现象。每遇到一种社会现象，人们总是试图从个人的思维与意志方

---

① 黑格尔：《哲学原理》，商务印书馆 1979 年版，第 209 页。
② 黑格尔：《历史哲学》，商务印书馆 1980 年版，第 50—59 页。
③ 《马克思恩格斯全集》第 3 卷，人民出版社 1972 年版，第 286 页。

面来说明问题，列宁称其为主管社会学。马克思、恩格斯则说得更明确，人们已经习惯于以他们的思维而不是以他们的需要来解释他们的行为，这种习惯必须改变。人为之奋斗的一切都与他已经认识到的需要（包括他所处的那个阶级、民族和国家的需要）有关。而对自身需要的正确认识是通过思维的有限形式达成的，就是与社会现实一致的那部分思维的结果。因此，人的行为的出发点是需要，而不是思维，也不是感性活动。

对于人的能动性，马克思、恩格斯是从两方面说明的：一是人怎么能动，即能动的表现是什么；二是人为什么能动，即能动的原因是什么。能动的表现，用行动、实践做基本的概括；能动的原因用需要、利益做基本的概括。因此，需要与行动（或利益与实践）是一对范畴，是打开社会实践与历史奥秘的一把钥匙。需要、利益是人类活动的动因，推动人们去从事生产和一切其他活动（包括体育活动）。生产、实践等行动，是社会发展的动力，推动着历史的前进。人如果没有需要，社会就灭亡了。需要是生命的火焰，生产等人类活动为需要加柴添薪。如果不是为了生命之火永不熄灭，那么人类的一切活动就都成为多余的了。列宁指出，必须把社会现象的根源"归结为利益"。

3. 体现人性、人的本质

人的需要和动物的需要有着本质的区别，人的需要内在、必然、全面地规定着人们的活动。现实世界中，人们的需要是多方面的，它们从不同侧面体现人的本性，构成人的本质。人的自然需要、社会需要、精神需要分别体现人的自然属性、社会属性和精神属性。从广义上讲，人的需要都是社会的需要，"一个人的需要可以用另一个人的产品来满足"①。动物就不是这样，"不可能发生大象为老虎生产，或者一些动物为另一些动物生产的情况。例如，一窝蜜蜂实质上只是一

---

① 《马克思恩格斯全集》第46卷，人民出版社1972年版，第195页。

只蜜蜂，它们都生产同一种东西"①。人的需要产生真正的社会联系，这种真正的社会联系就是人的本质。"真正的社会联系并不是由反思产生的，它是由于有了个人的需要和利己主义才出现的，也就是个人在积极实现其存在的直接产物。"②

人的需要构成人的本质还表现在人具有实践需要。实践活动是人类特有的一种需要，也是满足需要的过程。人们在满足需要的同时，又创造出新的需要。人们对认识、生产、社会、艺术创造以及科学研究等活动的需要的产生和满足，体现人的内在本质的规定性。如果人们的实践需要及其满足不能体现人的本质力量，那么人的一切活动与动物的本能活动将没有差别。人也不再是人，降低为动物了。体育也正是源于需要，并建立在人们这样或那样的需要基础之上的有意识，有目的的社会实践活动。

需要特别说明的是：笔者在这里所说的需要不仅局限于心理学的理论和角度，更是基于人类学、文化学、马克思主义哲学的范畴来认识的。我们认为，人的"社会需要"、"人文需要"或"精神需要"与"自然需要"或"物质需要"并不是像美国著名学者马斯洛曾经对人的需要做过分析那样，是一个多层次的上升结构，而是在同一水平面上并驾齐驱的几驾马车，互有超越和领先。就人的需要而引发的人的活动虽然多种多样，但概括起来不外乎三种，即物质生活活动、精神生活活动以及包括前二者的社会生活活动。严格说来这三者是不能分开的，因为在现实生活中人的任何一种活动都同时有这三方面的因素，彼此之间密不可分只是由于在某一特定的活动中，三方面因素所占的比重和地位不同而已。③ 我们必须承认，由于马斯洛的理论来源于实际观察，综合了他人的研究成果，因而比较接近实际，并达到了一定的高度。他首先强调生理需要以及对于物质的欲求的观点，与马克思

---

① 《马克思恩格斯全集》第46卷，人民出版社1972年版，第195页。
② 《马克思恩格斯全集》第42卷，人民出版社1972年版，第24页。
③ 杨金海：《人的存在论》，广西人民出版社1995年版，第153—154页。

主义是一致的。但他的需要理论并未首先着眼于对人的存在结构与基本要求的分析，也未着眼于对社会生活、社会现象的本质的分析与认识，更没有能从社会个体与群体之间相互关系的分析与认识出发，指出人的最根本的意义和最根本的需要是什么。一句话，他考察人类的需要问题，由于只是基于心理学的理论和角度，而不是基于人类学、文化学、马克思主义哲学的高度，他所解释的需要不能不说还有较大的片面性。众所周知，按照这一理论认为，"物质"的需要是人类的基本需要，"社会的需要"（如交往的需要）、"审美的需要"、"自我实现的需要"等属于人类的高级需要。根据这种理论我们可以认为，人只有在自己"低级需要"得到满足的前提下才会提出和实现"高级需要"，也就是说，那些"高级需要"是可以延迟满足的需要。从马斯洛对于不同层次需要的具体解释来看，"低级需要"就相当于人的"自然需要"或"物质需要"（如衣、食、住、行与性需要），中间阶段的需要就是人的"社会需要"或"价值需要"，而"高级需要"就是"人文需要"或"意义需要"。因此，他的需要层次理论实际上就是建构了一个"需要的个体发生理论"，先是"物质的"，然后是"社会的"，再是"人文的"。这种理论暗示着，在人的一生中，最先需要满足的是"物质需要"，在此基础上才可谈得上"社会需要"，最后才是"人文需要"或"精神需要"。而且，他认为并不是所有人的需要层次都能达到最高阶段，这就意味着有些人一辈子也不会去提出和追求"人文需要"或"精神需要"。在我们看来，这种理论是错误的，其本身是现代工业社会"拜物教"和功利主义价值观的产物，反映着存在根本缺陷的现代总体世界观和人生观。事实上，在我们的日常生活中，我们真切地感受到，就是最贫穷的人，也有着"交往"的需要和"认识自我"、"理解自我"、"表现自我"和"自我实现"等"人文"的需要。这些需要并不是什么"高级的"，因而也不是什么可以延迟满足的需要。它们在任何一个年龄阶段和任何一个时刻都会出现，它们伴随着人的一生。它们的提出和满足与物质需要的提出和满足没有任何必然的因果关系。在我们看来，"社会需要"、"人文需要"或"精神需要"与"自然需要"或"物质需要"一样，都是人的基本需要。就人们对体育的需要而言也是如此，现实生活中人不一定只有丰衣足食后才有体育需要，才去参与体育活动。古往今来应该都是如此吧。

（二）游戏是体育最原始的表现形式

要探究体育的最原始表现形式，就应把它还原到人类社会发展的具体历史过程中，厘清"体育"在原始初民的社会发展脉络，寻找体育的原始文化原型，从而得出对体育基本表现形式的一般性认识。

现代考古学和自然科学告诉我们，早期原始人是主、客不分的。意识和语言正在形成，思维也只是类似动物式的思维，人们与外界自然之间基本上是一种对立的，人只能被动地适应自然。生产力十分低下，全部活动的目的是维持自身生存和繁衍，他们的生产完全是在生理需要的支配下进行。但这一时期，他们跟其他动物一样都有着追求快感欲求的"本能嬉戏"行为。如在干渴难忍时突然眼前展现出一洼清泉的时候；在四处奔波，终于找到一个理想栖身场所的时候，他们定然欣喜若狂，手舞足蹈一番。然而，这种"本能嬉戏"不直接指向外在的功利目的，像席勒所称的"过剩精力"释放表现，但却与运动系统和高级神经系统生命运动的内在功利目的相符，即满足了动物本身的运动欲。① 我们将其称为"自然欲求"。

随着生产力的发展和人类自身的进化，人的各种感觉和意识变得丰富、深化起来。人和自然在实践关系中逐渐萌生并分化出人和自然的认识关系，同时伴随对自身身体自然的认识关系，人的主观世界也随之不断向前发展，人类的活动也逐步形成两个突出的特征：合目的性和合规律性。一方面，"人离开动物愈远，他们对自然界的作用就

---

① 熊志冲：《从本能的嬉戏到文化的体育——体育起源新论》，《体育与科学》1988 年第 4 期。

愈带有经过思考的、有计划的、向着一定的和事先知道的目标前进的特征"。另一方面，"我们对自然界的整个统治，是在于我们比其他一切动物强，能够认识和正确运用自然规律"。人类对自然规律的认识和运用，使人类掌握客观世界的活动能上升为一种"自由自觉的活动"和"有意识的生命活动"。① 制造工具的劳动行为，是真正意识出现的标志。只有在以制造工具为开端的劳动实践中，自然意识才进化为自我意识，真正的创造性劳动才从这里开始，人类的全部文化才从这里发端，当然，所谓"发端"并不意味着从零开始，而是意味着在人类发展史上划时代的转折，② 也是人类主、客之分的分水岭。先前以满足生理需要的随意性嬉戏活动开始与生产劳动所提供的动作原型相结合。在漫长的岁月中，随着经验的积累和人类认识能力的提高，在使用种类不同的工具上，通过不断的成功与失败，总结形成了经过一定选择、提炼，而形成较为规范的动作和具有一定层次、一定节奏与相对稳定结构的身体动作组合，用以生命的发展和生活质量的提高上。我们认为，这应该是体育活动的原型动作，人类为了类的发展和类生命的不断延续，不论在丰收喜庆、闲暇娱乐、求神祭祀、强身强种、培训劳动者和训练卫家士兵之时，都将其传递、实践并发展着。我们把这些称为"社会欲求"。

从以上的分析我们得知，无论人类的"自然欲求"也好，"社会欲求"也罢，在整个满足这些"欲求"的过程中"游戏"始终伴随其中。研究人类文化的学者认为："我们有充分的理由相信，游戏是文化的基础，并必然先于文化而存在。事实上，游戏先于人类而存在。"③ "游戏作为一种特殊的活动形式，作为一种有意义的形式，作为一种社会功能——正是我们生活的主题。"游戏不仅是物理学现象

---

① 《马克思恩格斯全集》第 42 卷，人民出版社 1979 年版，第 50 页。

② 熊志冲：《从本能的嬉戏到文化的体育——体育起源新论》，《体育与科学》1988 年第 4 期。

③ 转引自于光远、马惠娣《休闲游戏麻将》，文化艺术出版社 2006 年版，第 73 页。

或心理学反应，而且是有意义的功能，人类社会伟大的原创性活动自始至终都渗透着游戏。"在游戏中有某种东西在活跃，它承载了生活的当下需要，并把意义传达给了活动。"①

我国学者于光远认为，"在文化本身存在之前，游戏就是一种给定的重要存在，从文化最早的起点一直延展到我们目前生活其中的文化阶段，游戏伴随着文化又渗透着文化。""游戏处处表现出一种明显确定的行为品质，从而有利于'平常'生活。即使如今人类文明生活中的秩序都源自游戏，如：法律和秩序、商务和谋利、涂鸦和艺术、智慧和科学。所有这些都植根于游戏的原始土壤中。"②

"游戏"的形式构筑了文化的基础，而且文化从一开始就处在游戏中。"游戏形态赋予社会生活以超越于生物本能的形式，这一点强调出游戏的价值。正是通过游戏，人类社会表达出它对生命和世界的阐释。"③优秀的游戏文化可以物化在各种材料中，也可以与人的头脑、四肢、躯体结为一体，成为人的知识和技能，并在学习和传授中掌握和传播。因此，我们以为人类为适应和满足其生命发展和生活质量的提高之需要选择游戏这样一种形式为原始体育形态而表现是无可厚非的。

（三）人的外塑和内饰之需要是促使体育发展的必然

1. 人的未特定化需要体育去外塑

任何生命首先都要靠本能生活，但对本能依靠的程度不同。动物是完全的依靠，因此，动物的生命是特定化的。而人对本能的依靠达到了最低限度，人没有任何特殊的生物本能。因此人是未特定化的。④生命对本能的依赖程度不同，或者说，生命中本能的比例不同，使得动物体质上的技能要比人类专门化或特定化得多，它们的每一器官适

---

① 约翰·赫伊津哈：《游戏的人》，多人译，中国美术学院出版社 1996 年版，第 21 页。
② 于光远、马惠娣：《休闲游戏麻将》，文化艺术出版社 2006 年版，第 79—80 页。
③ 同上。
④ 冯建军：《生命与教育》，教育科学出版社 2004 年版，第 32 页。

应于每一种特定生活条件的需要。正由于动物器官的特定化，本能被严格限制在特定的外部生活条件下，只有在这一特定的条件下才能生存，因此形成了与环境之间的封闭性关系。人因为在生物学上未特定化，人的不完善性，才得以面对一个开放的世界，不必受制于本能的限制，与环境保持着非特定的开放性关系。正是在这种情况下，人通过身体获得教育（也就是体育）既成为可能，又显得必要。因为先天的自然缺陷与生物匮乏性（例如，人奔跑不如猎豹，爪牙不如虎狼，方向感不如鸽子，声纳系统不如蝙蝠，定位能力不如蚊子等）以及人类面对大自然弱肉强食的法则和不可抗力的威胁（洪水的威胁，猛兽的追袭等）面前，若不借助文化的力量、身体教育（体育）的力量，作为一个自然物种，人类不可能在生存竞争中生存下来。另外，人和动物的本质区别之一，就是许多动物几乎生下来就能够独立行动，只有人之幼子，需要成年人的教育方可学会爬、坐、直立和行走，否则将像曾经出现过的"狼孩或猪孩"那样，只会爬行，不能直行，既不会长成人的身体、人的形象，更不会拥有正常人的语言和思维。① 正是在这个意义上，文化人类学把人看作天生的文化的生物，把人的文化性视为对人的生物本能的未特定化和匮乏性的补偿，文化成为人的"第二天性"，"抛弃文化性就是抛弃我们自己"。人的未特定化赋予人以可塑性，使人能够根据环境的要求自我确定同化的信息、作用外部世界的主体机制。因此，人具有巨大的自我塑造的潜力。

在人类的初民时期，体育所负担的使命是：使儿童掌握逃避猛兽袭击的技巧、技能（跑、跳、攀爬、摔跤等）需要，捕猎工具使用方法（投石、射箭、鱼叉等）的需要，克服大自然阻挠的技能（如面对河流、湖泊及洪水时的游水等）需要，学会社会生活的各种行为规范（宗教祭祀礼仪等）的需要等。这些都超出了遗传和生物本能的范围而属于"超生物经验"，个体获得这些"超生物经验"必须要经过身

---

① 张之沧：《论体育的逻辑》，《体育与科学》2009年第6期。

体教育。因此，从某种意义上说，体育是人的生命存在的形式，是人类自身再生产过程中极为重要的环节。

2. 人的超越性需要体育来内饰

动物的生命活动是固定的，对于动物而言，生命和活动是统一的，活动只能是本能的表现。动物的世代只是本能的重演。但人不是这样，人的生命是开放的，他必须不断地进行自我再生产，支配这种再生产的动力就是人的超越性。超越性是人的生命本质之一，生命就是对已有存在状态的不断否定和对新的存在状态的不断创造，是现实与理想的统一。人必须用生命现实去充实理想，生活在理想和可能之中。人没有对理想的追求，人就视同于动物。因为，第一，体育的目的之一就是人的超越性的持续，表现为人的生长过程。否定自我，创造新我是体育超越性的表现，也是人的生长过程的表现，从而也构成了体育的根本作用与功能所在。体育关注人的发展，以人的成长和发展为目的，因此我们说，体育是以人的生命存在的"应然"为理由的不断超越过程，是人的生命的自我组织过程。第二，体育的过程是以超越性为指向的人与文化的矛盾统一的过程。体育从目的或意向性上说，是生命的生长过程或自组织过程，但生长或自组织不是自然天赋的展现，也不是凭空进行的，它必须凭借着一定的媒介，这就是身体活动性游戏文化。个体的人首先为文化所塑造，是文化的占有者和享用者，在这种意义上，人与文化是统一的，文化是人的生命存在的现实之家，也是人的生命存在的精神之家，人生活的现实是一个文化的世界，文化是人类生命的寄存地。

四　结论

众所周知，人类由于需要才去创造或发明，因为适应或满足需要才去选择。正是由于人类为促进其类的生命发展和社会生活的需要才创造了体育，因为适应和满足人的生命发展的需要才选择游戏这样一种形式为原始体育形态而表现并逐步得到发展。体育的起点应当是人的生命，因为人的生命揭示了人存在的本原，意味着人的精神和肉体的原始内在统一。"健康的心灵寓于健康的身体之中"，身体柔弱或疾患，精神也很难健全。人的生命揭示了人从生物个体转化到社会个体的一贯性过程，更加清楚地突出了人发展的动力正是来自生命的活力。人的生命也揭示了人在宇宙中的地位，人与动物的异同，并暗示着人与动物、人与自然之间的纽带和可能达到的和谐美感。所以说，生命发展需要是体育的原点，是"根"，游戏是体育的形式。因此，我们说只有人类维系自身生存和生命发展的内在需要是体育产生的最原始根源，也就是体育的原点，游戏是体育最原始的表现形式。劳动、军事和宗教等在体育的发展过程中对其内涵的充实和外延的拓展方面起到了无可厚非的作用，但它们绝不是体育产生的根源。因为，只有人有了需要才会产生动机，有了动机才会产生为满足某种需要而采取的行动。体育的发生只根于当时当地的人们实际生活需要，它起源于实用，是帮助人保全生命、维系生命发展、营谋社会生活的一种手段。自有人生，便有实际生活和维持、促进生命发展的需要，于是也就有了体育的产生和发展。因为，我们对体育文化价值的认识、评价，不能离开人对体育文化的经验、体验、理解、瞭悟等心理活动，不能离开人的需要、目的和要求。假如体育不能和满足人的需要的"那一点"相契合，它的价值就不能实现；体育文化不能使人的心理得到某种满足，也就不能构建人的价值意义。

（此文已发表于《武汉体育学院学报》2010 年第 8 期）

附录四 对体育价值内涵的新思考
——现代视野下体育价值思考（一）

摘要：为进一步追究体育价值的内涵，主要采用文献法、逻辑学、综合分析法，对体育系统所涵盖的主要素、体育主客体的辩证关系及真实价值含义进行了较为深刻的探析。研究认为：体育价值是体育系统要素之间通过相互作用、影响、联系和统一，造成总体平衡、和谐、适应和同构状态的一种关系范畴，是具有特定属性的客体对适宜主体生存、发展、完善的效应。

关键词：体育；价值；内涵

体育是什么？体育的要素有哪些？各要素之间是什么关系？只有解决了这些问题才能讨论并搞清楚体育的价值。关于体育是什么，我们在《关于体育本质的思考》[①] 和《"体育"概念的梳理及匡正》[②] 两文中提出了自己的观点：体育是人类以游戏为主要形式，以促进生命发展，提高生活质量，实现生存价值和意义，并最大限度地发掘人体潜能的有意识、有目的的特殊教育活动。上述概念表述虽已蕴含了体育价值的基本内涵，但限于两文的主题，未能就体育价值问题做深入的分析和论述。因此，笔者认为，很有必要在此基础上，从分析体育活动的要素、体育主客体的关系入手，就体育价值的内涵做进一步的分析和讨论。

一 体育活动要素

体育活动的要素是指构成体育活动必要的和基本的成分。体育活动实际上就是通过各个构成要素相互作用形成的一系列动态过程。体育活动的要素可以归结为体育教育者（指体育活动管理者、教练员和裁判员等）、体育教育对象（体育教育对象有狭义和广义之分。狭义的对象指身体直接参与活动的运动员及直接表演者，广义的对象指狭义对象加观众、团体及社会所有人）、体育教育过程以及体育教育环境（包括自然环境、社会环境和人文环境）。这样的归结方法是基于以下考虑：一是，既然体育是一种教育活动，那么体育的要素理应成

[①] 苏义民、何维民：《关于体育本质的思考》，《武汉体育学院学报》2005 年第 3 期。

[②] 何维民、苏义民：《"体育"概念的梳理及匡正》，《武汉体育学院学报》2011 年第 3 期。

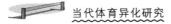

为体育教育者、体育教育对象、体育教育过程和体育教育环境诸多要素的集合。二是，四者均为实体性要素，且要素之间为互动关系，构成了一个有效运行系统。三是，"体育教育者"与"体育教育对象"已经设定了二者的主导与主体关系，体育活动"管理者"、"教练员"和"裁判员"与身体直接参与活动的"运动员"及直接"表演者"、"观众"或"社会"、"团体"及"所有人"虽然已经设定了相应的身份，但他们相应的身份并不必然地具有主导与主体的意义。据此我们可从基本层面上分析和把握体育活动主客体的辩证关系。

二　体育主客体的辩证关系

主体与客体原为哲学认识论中的一对范畴，它们主要体现为人与自然、人与社会、人与人之间的反映与被反映、改造与被改造的关系。体育活动是体育教育者、体育教育对象、体育教育过程和体育教育环境相互影响和相互作用的过程。四要素之间的相互影响和相互作用形成各种各样的关系。其中，主客体关系是最为重要的关系。分析体育活动主客体关系便于我们揭示体育价值的主客体辩证关系。

目前，有关体育主客体问题，学术界比较公认的是"体育人"为体育的主体，人的自然身体为体育的客体。我们且不说"体育人"这种表述在语言逻辑上成立与否，就其对体育主客体的划分而言，从表面上看似有其合理性，二者均具实体性，也体现了主、客体二元对立关系的思维方式，但就体育这种人的实践活动本身而言，它只能说明人与自然的关系，难以解释人与人的交往活动即体育过程中的人—人交流、对话关系。

在讨论体育的主客体时，我们绝不能忽视体育活动的目的性和工具性，更不能忽略体育主体交往关系。一方面，体育在人的发展与社会发展的矛盾中处于中介转化地位，通过体育的中介作用，能够有目的、有选择、有规范地把社会发展对人的发展的要求转化为人的素质，把人的素质提高到社会发展所要求的水平上，使人成为社会生活的主体，从而实现人的发展与社会发展的相互促进和相互转化。对人的发展来说，体育促进着人的社会化；对社会发展来说，体育为其造就符合一定需要的人。另一方面，体育是体育教育者与体育对象以体育活动为中介所进行的交往活动，体育教育者与体育对象之间形成主体际交往关系。因此，本文的观点是，在认识体育活动的主客体关系时既要用认识论意义上的主客体概念，又要用本体论意义上的主体概念来分析体育教育者、体育教育对象、体育教育过程和体育教育环境之间的关系。作为体育教育者和体育教育对象的"人"具有主、客双重性，是"主体我"与"客体我"的统一，是"自在"与"自为"的统一。体育教育者、体育教育对象都是人，因而存在"主体我"与"客体我"、"自在"与"自为"的成分，在体育活动中，体育教育者、体育教育对象互为主客体。体育教育过程和体育教育环境是体育教育者和体育教育对象参与体育活动的行为和媒介；体育教育者和体育教育对象（狭义）之间存在主体际关系，既存在"主—客—主"结构的主体际关系，又存在"主—主"结构的主体际关系，前者是在特定环境下以体育活动过程为中介发生的关系，后者是两者之间直接的交流和对话；体育教育者和体育教育对象（广义）与体育教育过程和体育教育环境之间的"主—客"、"主—主"以及"主—客—主"关系的现实性以它们之间的相互作用为前提。

三 体育价值的内涵

（一）以往体育价值内涵的梳理与分析

哲学价值范畴是价值哲学的基石，是价值哲学的逻辑出发点，哲学价值的界定在整个价值哲学体系中具有重要意义，也是研究价值哲学首先要解决的问题。对体育价值的界定，实质上就是揭示体育价值的本质。国内外学者关于体育价值的定义不下十几种，其中我国学者对体育价值的界定主要有以下类型。

第一，用劳动界定价值。如凌平认为："所谓体育价值，即凝结在体育运动中的精神产品和物质产品的总和。"①

第二，用"意义"界定体育价值。如"体育的价值是指体育对于个人和社会的重要意义……"②"体育的价值映射着人的需要，这也就是体育对人的意义。"③

第三，用"需要"界定体育价值。"从价值学的一般观点看，所谓体育的价值即体育的功能与人的需要之间的关系。"④

第四，以有用性界定体育价值。这是一种常见的见解。如李可兴认为："体育价值就是体育对人们身心健康的积极作用。"⑤ 鲍明晓认为："体育价值，一般说来，是指体育对人和社会所具有的客观效用。"⑥

第五，以"关系"界定价值。如徐宏伟认为："就其体育价值而言，它是一种客观存在，是人的需要对体育这一社会文化现象之属性的肯定关系，即人与体育之间的一种特殊关系。"⑦

以上观点虽然认识到体育价值是人与体育之间的某种关系，但这种认识是比较褊狭的。思维方式是建立在主客体关系系统之上，是一种基于"为我关系"的关系思维，因此它不可避免地带有单一主体性、单一实践关系（有"主体—客体"关系，无"主体—主体关系"），更没有把体育这种人的实践活动看作是以多极主体在相互联系的客体中介下互相交往并与主客体关系相统一的结构，即由"主体—主体"和"主体—客体"双重作用关系互相交错而构成的多层次的网络式立体结构系统。

（二）体育价值的真实内涵

从体育现象和实践的客观情况看，它不仅表现为传统意义上的人

---

① 凌平：《体育价值初探》，《体育与科学》1989 年第 4 期。
② 李德顺主编：《体育学大词典》，中国人民大学出版社 1995 年版，第 725 页。
③ 胡小明、石龙：《体育价值论》，四川科学技术出版社 2008 年版，第 1 页。
④ 祖苇：《再论体育价值》，《北京体育大学学报》2003 年第 6 期。
⑤ 李可兴：《中西方体育价值取向比较》，《体育学刊》2005 年第 2 期。
⑥ 鲍明晓：《体育价值的哲学思考》，《体育文史》1999 年第 1 期。
⑦ 徐宏伟：《略论体育价值观的几个理论问题》，《湖州师专学报》1993 年第 5 期。

与自然（包括人体自身自然）的关系，而且表现为人与人之间交往的社会关系；它除了反映传统意义上的实践范畴外，更直接地反映着人和人之间的交往活动；它在发生对象化关系过程中体现着实践主体和实践客体的双向转化和相互创造的双重化过程，即在客体主体化和主体客体化——"对象化"的统一过程中完成的，是以多极主体在相互联系的客体中介下互相交往并与主客体关系相统一的结构，即由"主体—主体"和"主体—客体"双重作用关系互相交错而构成的多层次的网络式立体结构系统。因此，我们认为，对体育的价值作如下表述更为合理：体育价值是体育系统要素之间通过相互作用、影响、联系和统一，造成总体平衡、和谐、适应和同构状态的一种关系范畴，是具有特定属性的客体对适宜主体生存、发展、完善的效应。这种界定的要义和优势如下。

第一，这样界定体育价值，同样是建立在关系思维的基础之上的。我们以为，体育这种人的实践活动是以多极主体在相互联系的客体中介下互相交往并与主客体关系相统一的结构，即由"主体—主体"和"主体—客体"双重作用关系互相交错而构成的多层次的网络式立体结构系统。因此，认识体育更应重视关系和系统。也就是说，应以"系统中心论"观点认识体育价值。黄海澄先生认为：一个事物处在一定的关系中，即与他物组成系统，会增加某些新的属性，这新增加的属性叫作"系统质"或曰"关系质"，因为这种新质是依附于系统中关系的。这种注重关系的思维方式叫作"系统中心论"。以前，人们认识世界多着眼于物质实体。这种认识方式叫作"实物中心论"的认识方式。由"实物中心论"过渡到"系统中心论"是人们思维方式的一大变革，因为"实物中心论"的思维方式无法把握价值现象，只有"系统中心论"的思维方式才能揭示价值的本质。[①]

第二，这样界定体育价值，是以"体育"为价值客体的。日常生

---

① 黄海澄：《价值即是关系也是属性》，《社会科学家》1998 年第 5 期。

活中所说的"某某事物或某某活动具有体育的价值"中的"体育价值"与本文所讲的"体育价值"有着根本的区别：前者是从"某某事物或某某活动"对于"培养人或对人的身体、心理"有用或有意义而言的，价值客体并不在于"体育"。这是由于没有抓住体育价值的"关系"本质，把体育价值等同于体育的功能和属性的缘故造成的。本文探讨的体育价值都以"体育"为价值客体，也就是说，"体育"是对"主体有效应"的"存在物"。作为价值客体的"体育"是指体育系统、体育活动，还是体育活动中的某些组成部分（比如体育内容、体育手段、体育环境等）？我们认为应该是"兼而有之"。

第三，这种观点是从体育价值的现实状况出发，在确保价值的客观性存在的同时，认为体育价值的本质是客体主体化，是客体对主体生存、发展、完善的效应，主要是对主体发展完善的效应，从根本上说是对社会主体发展完善的效应。首先，价值不单纯存在于客体之中，也不单纯存在于主体之中，价值存在于主客体相互作用中，存在于主客体相互作用时客体对主体的作用和影响中，这种作用就是客体对主体的效应，是客体对主体的价值。其次，客体是客观存在的，主体是客观存在的，二者之间的互相作用是客观存在的，体育价值必然是客观存在的。所以，体育真正的价值，在于是主体发展完善，使人类社会更加美好。

第四，以效应界定体育价值，有助于克服把使用价值和哲学价值混同起来的缺陷。有学者认为体育价值是客体对主体的有用性，其缺点是把使用价值或功利价值同哲学价值混同起来了，以满足主体需要界定体育价值，这种价值实质上也是使用价值。用效应界定体育价值，效应包含效用、有用，即包含使用价值、功利价值，但效应比有用、效用含义更广，它是指客体对主体的作用和影响。它不仅包含功利价值、知识价值，还包括道德价值、审美价值，包括一切超功利的价值。例如，道德价值是人的行为对社会群体、他人的效应；美是客体属性作用于主体产生的特殊的超功利的愉快效应。所以用效应界定体育价值，能较好地概括哲学价值，也有利于克服把哲学价值混同于使用价值的缺点。

第五，较准确地揭示体育价值的特点。这种界定所指的特定属性的客体对适宜主体生存、发展、完善的"效应"是建立在体育系统要素之间通过相互作用、影响、联系和统一，造成总体平衡、和谐、适应和同构状态情况下的。

从系统论和控制论视角理解，认为体育价值是表征人类认识体育和参与体育实践过程中的一种"合目的性"。这种"合目的性"指的是体育活动的客体主体化，主体客体化——"对象化"的肯定意义，并非一般的主观动机，即指对于人有肯定意义的东西。我们知道，体育是属人的体育，人除了自己之外必有对象，自己本身又是另一人或物的对象之外，"人则使自己的生命活动本身变成自己的意志和意识对象。他的生命活动是有意识的……有意识的生命把人同动物的生命活动直接区别开来"[①]。因为有意识的人类诞生之后，人类作为一种特殊的对象性存在物超越了一般的对象性存在，具有了能够对自己的对象进行"化"的能力。人通过生产斗争和社会斗争自觉地改造自然与社会，协调人与自然、人与社会的关系，又通过诸如生活实践、医疗活动、体育活动、教育和艺术活动等自我斗争，自觉地改造自身，协调人与自身的关系。人通过体育实践活动，改造着自然和社会，也塑造着自身，人的需要、目的、观念和智慧、力量和劳动，既凝聚和体现在被改造的自然物和社会上，又凝聚和体现在自身上。

从《和合学》的理论视角看体育价值所表征的是所有体育活动要素关系的最佳性质和状态，在承认"不同"要素之矛盾、差异的前提下，把彼此不同的要素统一于一个相互依存的"和合体"中，并在不同要素和合的过程中，汲取各个要素的优长而克服其短，使之达到最

---

① 《马克思恩格斯全集》第 42 卷，人民出版社 1979 年版，第 96 页。

佳组合，获取最大效应。① 在整个体育活动的过程中，各要素造成总体平衡、和谐、适应和同构的状态，其基本精神是：将自然理解为一个和合的统一体；强调人与自然要保持"和合"的关系，追求"天人合一"的境界；在体育活动的社会人际关系中，强调社会要保持和合的整体性；人自我身心内外的和谐，强调实践过程中的主体性因素，通过理性的自觉和道德修养的提升，获得科学合理的生活态度以求人的内在需求与外在价值实现条件的和谐统一。

（三）体育价值的主客体含义

1. 体育价值的主体含义

体育价值主体，是指被体育活动满足需要的一切个人、集体和社会。"体育主体"与"体育价值主体"不同。体育主体，是指由从事体育活动的人所组成的系统，通常指体育教育者。而体育价值主体不仅包括体育系统内的体育教育者和体育教育对象，还包括体育系统之外需要得到间接满足的个人、集体和社会。尽管体育不直接作用于后者，但体育通过系统内人的行为、规范、思想意识的转变为中介，间接地影响后者，满足了后者的需要，与后者形成价值关系，所以体育价值主体应该包括后者。也就是说，体育价值主体包括体育的主客体，但又不局限于体育的主客体。

体育价值主体具有三个特点：（1）主导性。体育价值主体处于价值关系的中心地位，价值主体现实的需要及其程度，是体育这种特殊教育活动是否有价值及有多大价值的内在尺度。正如马克思、恩格斯所说："凡是有某种关系存在的地方，这种关系都是为我而存在的。"② "为我"带有以主体的存在和活动为起点，以主体的发展为归宿的意思。体育价值关系对于价值主体来说有"为我"性质。（2）主观能动性。体育价值主体具有极强的主观能动性，尽管受着体育活动的他律

---

① 苏义民、何维民：《关于体育本质的思考》，《武汉体育学院学报》2005年第3期。
② 《马克思恩格斯选集》第1卷，人民出版社1972年版，第35页。

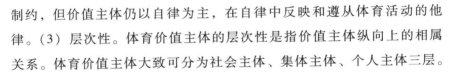

制约，但价值主体仍以自律为主，在自律中反映和遵从体育活动的他律。（3）层次性。体育价值主体的层次性是指价值主体纵向上的相属关系。体育价值主体大致可分为社会主体、集体主体、个人主体三层。

2. 体育价值的客体含义

所谓体育价值客体，就是体育活动及其属性和功能。从哲学上看，谈到某种事物或某种精神的价值，都是指这种事物或精神对主体的效用关系，其价值客体都是指这种事物或精神本身及其属性和功能。因此，体育价值作为体育活动对主体的效用关系，其价值客体当然应该是体育活动及其属性和功能。在这里值得注意的是，"体育客体"与"体育价值客体"是两个不同的概念。尽管二者看起来差不多，但其内涵却相去甚远。体育客体是指体育教育对象，而体育价值客体则是指包括了前者在内的所有体育要素和内容。因此，我们在使用"体育客体"和"体育价值客体"两个概念时，要注意千万不能混同。

在体育价值关系中，虽然价值主体居于主导与核心的地位，但价值客体的独立性也不容忽视。其独立性主要表现在两个方面：第一，体育是一项客观存在的社会实践活动，其属性、功能对于价值主体来说具有外在的独立性质。第二，体育活动对价值主体有他律作用。实践证明，一定的体育活动对主体人与社会的作用是客观的，它不因主体的否定而消失，也不因主体的拔高或贬低而改变。

四　体育价值的特性

一般来说，价值哲学在研究价值主体时，多是从人的数量结构把主体区分为个体主体、群体主体和人类主体。因此，根据对体育价值内涵的理解，本文认为体育的价值彰显出下列特性。

1. 人类性。从人的"类"角度来说，体育的价值关系作为人们的社会存在关系，是任何人都不可避免的客观关系，反映了人的"类"的需要，从而使体育价值具有了人类性。

2. 时代性。在人类社会发展的漫长过程来看，每一个时期的人作为一个群体都有自己不同于前人和后人的客观需要，这些不同的客观需要构成不同历史时期人群的独特价值关系，因此使体育价值具有了时代性。

3. 民族性和阶级性。在每一个历史时期的社会发展进程中，不同的群体也有自己独特的价值关系，如不同的民族或阶级具有自己的特殊需要，使每一个民族或阶级都表现出不同于其他民族或阶级的价值特征，从而使体育价值具有民族性和阶级性。

4. 多元化和层次性。从共时性上看，体育的价值是多元化的。不仅表现为要为大众服务，还要为政治服务；不仅要强调健身，还要强调娱乐与健康；不仅要强调经济价值，还要强调精神价值等。体育作为人类生活不可或缺的重要组成部分，其价值表现在人类生活的方方面面，人对体育、社会对体育的不同需要，使体育形成一个相互支撑的价值体系。以系统论的观点分析，体育的价值体系具有层次性特征，它是由相互联系的诸要素经整合，逐级递增而形成的。①

5. 个体性。作为个体的人，由于彼此之间的社会地位、需要、利益、能力等方面的差异，导致价值哲学方面差异的表现更为细致、明显，使体育价值具有了个体性。

附录五　体育价值存在方式的现实性分析
——现代视野下体育价值思考(二)

摘要：依据哲学、文化人类学及体育自身的特点，可把体育的价

---

① 《和合学》由中国当代著名哲学家张立文教授创建。"和合"是中国思想文化中被普遍接受和认同的人文精神，它纵贯整个中国思想文化发展的全过程，积淀于各个时代的名家各派思想文化之中，体现着中国思想文化的首要价值和精髓，也是中国思想文化中最完善、最富生命力的体现形式。作者通过对和合、和合五义以及它们之间的相互关系的阐释，并根据和合学原理的"八维"和合，构想并提出了和合学八类新科学分类系统，确定了和合学的研究对象、范围、方法、规范，将和合学作为一门单独学科来研究。在他的《和合学概论》中指出："和合是指自然、社会、人际、心灵、文明中诸多元素、要素相互冲突、融合的动态过程中各元素、要素和合为新结构方式、新事物、新生命的总和。"

值分为自然价值（自在自然价值和自为自然价值）、社会价值（普遍的体育社会价值、特定社会价值和个体社会价值）和人文价值（表现在物质层面、制度层面和精神层面的价值）三个类型，每一类型又包含若干方面的内容，并以其特有的表现形式存在。

关键词：体育价值分类

一　体育价值分类的依据

价值分类问题本身是理论界争论比较多的一个问题。首先，对这个问题的表述方式就存在差别。如李连科作为中国学界较早研究价值哲学的学者，在其《价值哲学引论》中有"价值范畴"的分类；袁贵仁在其《价值学引论》中则称为"价值的存在形态"等。其次，由于分类标准不同而产生分类的差别。李连科和袁贵仁都是从价值客体的角度将价值区分为物质价值、精神价值和人的价值；朱宝信则从价值存在形态的角度把价值区分为自然价值、社会价值和人的价值①等。不可否认，这些表述方式和分类标准都从各自认同的理论出发，从某一个层面揭示了价值形态的多样性，进而以此说明每一种价值形态的存在方式、自身特点和社会功能有其合理性和科学性。

需要强调的是，本文所谈的价值分类，既不是单纯指对价值范畴的分类，也不是单纯指对客观存在的价值形态的分类，而是指价值范畴与客观存在的价值形态的统一。因为价值范畴是人们对客观存在的价值形态的反映，是对价值形态的一种观念性的把握，而客观存在的价值形态如果仅仅是一种客观存在物，尚没有进入人的研究领域，也就谈不上分类问题。

通过对人类发展历史的追溯与反思，可使我们明白这样一个简单

---

① 朱宝信：《论价值的"效用"本质及其诸形态》，《东方论坛》2001年第2期。

的道理：人类的历史，实际是一个把世界变成对人来说是真、善、美相统一的世界的过程。单就与人们生活息息相关的体育而言，若从哲学层面考察、探寻体育的真、善、美问题，其实是在不断探寻人自身及其与世界的相互关系问题。因此，我们认为：探寻体育哲学中人的奥秘是体育哲学的应有要义，探寻体育哲学的奥秘，实际就是在求解人的奥秘之难题。

我们之所以把体育与人紧紧联系在一起，是因为体育是人生存发展之必要，因此说体育是属人的体育，而人又是体育的主宰者和对象。据此，在对体育的价值进行分类时，首先要厘清人的存在与人的世界以及人类存在的意义等问题。

我们知道，人，首先是直观地表现为一个个感性实体的存在。作为有生命的个体的存在，自然性是人的基本属性。依据马克思主义的这个观点，我们在理解体育价值时，就应当从人的自然性出发，并且把人的自然性作为我们理解体育价值的首要前提。

同时，马克思又指出，"人的本质就其现实性来说它是一切社会关系的总和"，① 换句话说，社会性是人的根本属性，人依附于社会而存在，没有社会，也就无所谓"人"的存在。在这个意义上，社会性是我们理解体育价值的重要基点。

如果从人文学视角出发看人的存在，社会性的人是历史性的存在，历史性的存在，就是"文化"的存在。"人"的历史，就是一部"文化"的历史。"人"在自己的发展过程中，创造了各种各样的文化方式，"人"以文化的方式认识世界，把握世界，可以说没有"人"，就没有文化，没有文化，也就没有"人"和"人"的发展。因此，人文是我们理解和把握体育价值的又一重要方面。

依据上述观点，本文把体育价值分为自然价值、社会价值和人文价值三个方面。

---

① 《马克思恩格斯选集》第 1 卷，人民出版社 1960 年版，第 18 页。

二 体育价值的具体表现方式

（一）自然价值

我们知道，体育是属人的体育，换句话说，只有人才有体育。从这个角度出发，体育首先面对的、关注的是作为自然物的人，是"人"的发展的内在机制和规律，体育怎样利用这些机制和规律来科学的促进人的发展，则主要通过运动生理学、运动生物化学等自然科学的研究和理论来解决和回答。正是因为体育首先关注和研究的是作为自然物的人，所以，我们在探讨体育的价值时，就必须把自在并自为的"自然人"作为研究的范畴。据此，我们将体育的自然价值分为自在自然价值和自为自然价值。

1. 自在自然价值

人首先是物质性的实体的存在，"任何人类历史的第一个前提无疑是有生命的个人存在"①。人的自在自然，即人的有机体和种生命。人的有机体和种生命即使不予以人的有目的、有意识的"体育活动"，它还是按照作为自组织系统的自然，在与环境的互相作用过程中，虽然是缓慢地但却是不断地从低级向高级、从简单到复杂的方向进化，过去如此，今后还是如此。这种进化，表现为机体合规律的运动与生命的不断延续发展之间的关系。我们认为这即是体育的自在自然价值的具体表现。

2. 自为自然价值

自为自然是相对于自在自然而言的，它是指已经进入人类视野，成为人类认识和实践对象的那部分自然。它的重要特征在于，人类不仅能够认识而且能够有意识的主动地对其施加影响，通过人自身的力量赋予它们一定的社会属性，例如人类早期的体育活动。这时的"体育活动"已是人作为价值主体的活动，它本身具有自觉的价值意识、

---

① 张军：《价值与存在》，中国社会科学出版社 2004 年版，第 95 页。

能动的价值创造能力、多维的价值尺度等特征。从体育的价值视野看，可呈现出体育的娱乐价值、体育的健身价值、体育的医疗价值等。我们把体育的这种价值表现称为体育的自为自然价值。

（二）社会价值

社会价值是人通过自身实践活动所创造和实现的价值。我们知道，体育的社会价值主要表现为体育的目的价值和工具（手段）价值。这种价值在体育过程中具体而典型的表现是：一次体育赛事，对作为身体直接参与活动的运动员及直接表演者来说具有目的价值，他们通过活动，展现技术之娴、运动之美，充分释放体育所蕴含的人与人、人与社会、人与自然等相互依存的辩证价值关系，可以说对他们主要是完成了一次工作任务；同时，对他们自己也具有工具价值，即通过体育活动这一客体来满足了自己的生存需要、强身需要、交往需要、享受需要、发展需要和表现需要。而对观众或社会、团体及所有人来说也具有工具价值，即通过体育活动欣赏运动之美、人体之美，感悟人生意义，瞭悟体育中所蕴含的社会规范、人与人、人与社会、人与自然等合作的哲理。反过来讲，观众或社会、团体及所有人对本次体育活动来说同样也具有工具价值，因为它形成了一个良好的体育活动环境和氛围。

根据体育社会价值主体的不同层次划分，体育的社会价值呈现出既相互联系，又相互区别的如下三种价值形态。

1. 普遍的体育社会价值

我们知道，社会价值的本质取决于人之为人的类本质和类价值。作为普遍的体育社会价值，它是全人类主体体育价值、类主体价值，亦即体育的类价值。"体育无国界"，正是体现了它的类价值。

在当今经济全球化、现代传播手段高度发达的背景下，体育类价值问题彰显得尤为突出。如一场体育赛事可以同时吸引全球约几十亿观众守在电视机前观看精彩绝伦的表演；一个体育明星可以引起全世界不同国家、肤色、种族、信仰、社会制度的人们充当粉丝。体育已成为不同意识形态、社会制度、宗教信仰等的国家和人民之间友好交往、平等交流、相互了解的媒介，成为不同国家人民互相了解理解彼此不同民族文化和价值观，增进沟通和友谊的桥梁。因此，我们认为体育的这种"超越、融合、共享"精神正是它的总体社会价值的表现。

2. 特定的体育社会价值

特定的体育社会价值是反映一定历史时期的特定人群共同体通过体育对其自身群体价值目标的追求、创造和实现，以及对体育价值问题所持的立场、观点和态度的总和。即特定民族、国家、群体的体育社会价值。具体表现为体育的政治价值、体育的经济价值和对人的教化价值等。

首先，有组织的竞技体育活动长期以来就与政治、政府和国家联系在一起。尽管人们一直反对体育的政治性，但是，事实上不同意识形态、不同政治制度下的体育，总是不可避免地打上了政治的印记，总是不可避免地成为不同意识形态、不同社会制度国家之间政治斗争的工具。20 世纪 70 年代的拉美足球之战、西方国家集体抵制莫斯科奥运会以及著名的"小球转动大球"正是体育政治价值的经典表现。另外，随着体育在社区或社会中的普及，体育活动所需资金、组织和场地等所有这些资源，个人不大可能拥有，只有通过各级政府的参与来解决。政府的参与或多或少均带有一定的政治色彩，这时也就给体育本身赋予了政治价值。可以说，不具有政治价值的体育是不存在的，国际体育比赛中升国旗、奏国歌仪式的意义正在于此。

其次，体育具有重要的经济价值。体育的经济价值，一是通过促进和提高劳动者的体力和智力水平改善劳动者的生理机能、心理健康和精神生活而提高劳动生产率。二是随着经济社会的发展，人们对服务业的需求越来越广泛，体育作为服务业，其在丰富人们的物质文化生活，创作经济效益方面的作用越来越显著。体育竞赛表演、体育教育培训、体育旅游、体育制造等在国民经济中占的比重越来越大，一方面满足着人们越来越多的物质文化生活需求，另一方面创造着越来越显著的经济效益。作为朝阳产业，体育还将为国民经济做出更大的贡献。

最后，体育对人具有显著的教化价值。体育的教化价值主要表现在以下方面：一是人与自我关系的教育。能够帮助人正确认识自我、把握自我，主动的有意识的进行自我心理和情绪的调控，正确认识生命价值，确立人生目标，不断超越自我，自觉追求自我价值的最大化实现。二是人与他人关系的教育。培养竞争意识、宽容意识，学会尊重人与人之间的差异，能够很好地融入群体，建立协调的人际关系，共同创造和谐的人际环境。三是人与社会关系的教育。正确认识和把握个人的社会角色，正确处理个人与社会、与团队的关系，在维护个人正当权益的同时能够遵守公共道德，维护集体利益，树立正确的是非观念和社会责任感。四是人与自然关系的教育。要树立热爱自然、保护自然的意识，珍惜自然环境，保护生物多样性，自觉维护生态平衡，自觉遵守保护自然的法律法规。

3. 体育的个体社会价值

所谓个体价值，就其本来的意义是指个体自我对自己的肯定关系，即自己满足自己需要的关系。① 但同时个人的活动又直接证实和实现了个人真正的本质，即个人作为人的本质和个人的社会本质。这就是说，不存在抽象的、纯粹的个人价值，个人价值存在并渗透于整个社会价值关系之中。个人既是一个人与他人这一对价值关系的主体，有其自身的特定需要；同时又是这一对价值关系的客体，以其自身的存在和活动来满足他人和社会的需要；也就是说我们必须承认个人的存在也是社会的存在，个体的价值也是一种社会的价值。因此，我们认为体育的个体社会价值包含两个方面的内容。一是个人的社会价值。体育参与者通过个人的体育实践活动，创造物质和精神财富去满足社会和他人的需要，例如，体育竞赛中以个人或团队的精彩表演满足观

---

① ［美］理查德·W. 布利特等：《20世纪史》，陈祖洲等译，江苏人民出版社2001年版，第1页。

众的欣赏需求。满足观众欣赏的过程也就是实现个人为社会做贡献的过程。二是个体的自我价值。体育参与者在体育实践过程中从他人和社会获得物质和精神上的满足，例如获得经济报酬、观众喝彩等，也就是实现个人自我价值的过程。

（三）体育的人文价值

1. 在物质层面的表现：首先，从体育场馆的建筑来看，它与其他任何建筑一样富有其内在的人文价值。我们知道，"建筑不仅是物质方面的东西，还有精神的、审美的层面在里面。它是立体的诗，是凝固的艺术，是历史的坐标。所以它又受到人文精神、审美趣味等文化精神层面的影响。"① 体育建筑也不例外。体育建筑者依据自己和人们的审美特点，通过对各种建筑元素与体育项目和人的关系的审视与巧妙处理，使得体育建筑既满足使用的功能性要求，也满足人们的心理需求和审美情趣，既给体育建筑赋予人文精神，也使建筑能予人以人文关怀。

其次，从体育器械来看，它蕴含着自然使用时的价值和信息使用时的价值两个方面的价值信息。第一，就自然使用时的价值而言，任何一件体育器械在其创造期，就具备审美功能，是精美的艺术品，具有巨大的审美功能。同时，它结合人体的生理特点，注重了人们使用时的舒适、合理及安全等人文关怀理念。第二，就信息使用时的价值而言，我们把建造历史久远的器材可看作一种文物。利用这些物品来研究、展示当时生产制作它的原料、工艺、科学原理以及其他所携带的各种历史信息。它是"既往"社会人类生产、生活状况的一个标志、缩影，也是"既往"社会信息的载体。通过对文物的研究，人们可以在一定程度上认识和复原"既往"社会的经济、文化、政治状况，对于体育史学的研究大有裨益。

最后，就运动服饰来说，无论是中华民族的服饰，还是世界其他国家民族的服饰，都是人类文化包括审美文化的物化形式之一。以中国的

---

① 张友强：《重拾文化碎片———老建筑的人文价值》，《艺术研究》2008 年第 2 期。

运动服饰为例，服装讲求"因人定制"、"因题定性"、"因俗定款"等一系列制式特征，既具有合乎人体装束的自然属性，又蕴含体现习俗礼仪的社会属性。从质料选择、款式设计到制作工艺，无不体现着炎黄子孙伟大的创造水平和审美追求以及中国的哲学和美学思想。①

2. 在制度层面的表现：体育的人文价值在制度层面主要表现在一些国际组织和各国各级政府及部门所颁发的有关体育的公约、宪章、纲领或纲要、法规、条例、规章、规定及规则等。这些制度设计体现的追求人的自由、全面、健康发展，实现体育的合理、有序发展，确保体育的公平、公正竞争，以及保障人人享有平等参与体育的资格和机会，反对任何形式的歧视等理念。在体育的人文价值中，制度层面的价值应该说是位居首要的。

3. 在精神层面的表现：体育运动中展现的体育精神是体育运动的最高产物，是体育运动的灵魂和精粹。体育精神反映着人类的价值追求，是人类优秀品格和崇高理想的生动映现，是人类社会珍贵的精神财富。具体表现为体育活动中所展示的人的生命活力、形态优美、身心健康、快乐享受等的人本精神价值；敢于挑战困难与艰险、征服人与自然的英雄主义精神价值；平等竞争、自由竞争、规范竞争的公平竞争精神价值；在激烈而残酷的体育竞争中呈现出的互相欣赏、相互帮助、团结友爱、合作互惠的团队精神价值和超越自我，追求更加完美、成功的不断超越的精神价值。②

所有这些体育精神，都是体育运动的最高产物，是体育运动的灵魂，是对人类进化、社会进步有重要意义的价值追求，是体育运动为人类社会所创造所贡献的珍贵的精神财富。

（此文已发表于《武汉体育学院学报》2015 年第 12 期）

---

① 李景生：《汉字与上古文化》，中国社会科学出版社 2009 年版，第 61—62 页。
② 黄莉：《体育精神的文化内涵与价值建构》，《体育科学》2007 年第 6 期。

附录六 实现体育价值的路径选择
——现代视野下体育价值思考（三）

摘要：体育价值的实现，就其路径而言有多个方面，但最重要的是：建立规范严谨的学科体系与理论构架；坚持以人为本理念统领体育发展；切实加强体育教育树立正确体育价值观；保持民族传统兼收并蓄世界先进体育文化；着力解决体育异化问题弘扬体育正能量。

关键词：体育；价值；实现路径

任何一种价值理念和价值形态的探讨，人们更为关注的往往在于这种价值能否真正实现或者能在多大程度上得以实现。作为人的基本存在方式之一的体育，其价值实现的路径探索与选择，比价值理念和价值形态本身的探讨具有更现实、更重要的意义。在实现体育价值的路径选择时，以下几个问题应当注意和把握。

一 建立规范严谨的学科体系与理论构架

规范严谨的学科体系和理论构架是一门学科存在和发展的重要前提。体育学科与其他学科一样，有自己独特的学科体系和理论构架，有自己特殊而完整的认识论与方法论。欲实现体育之价值，使体育能为其所应为，非以极严谨之科学态度，以极专业之治学方式，以极大之学术气力，来潜心研究、系统积累、自由创造、执着传播不可。而欲使一国之民众的体育生活世界有着丰富的内容，养成高尚美好之体育价值情怀与审美态度，则必使国民有广泛的机会、主动的意愿，去经常而大量地接触、阅读、欣赏科学规范的体育理论作品。这是一个"随风潜入夜，润物细无声"的知识积累沉淀及心灵感染熏陶的过程。在体育日益成为一种生活方式，社会大众越来越重视，参与人群越来越广泛的背景下，特别需要确立起体育的学科尊严与自主地位，构建起体育学科的理论体系大厦，使体育学科真正"是其所应是"，它才可能"为其所应为"。如果体育学科不能获得作为它所必有之尊严地位与基本的规范严谨属性，而是被当成一个可以被人随意摆弄、随意指点干涉的混杂领域，它是不可能有真正健康而长久的发展前景的。种种关于实现体育强国的口号与努力，也可能因基本问题上的认识肤浅与混乱而出现南辕北辙的局面。因此，规范严谨的学科体系与理论构架是体育价值实现的基础。

二 坚持以人为本理念统领体育发展

无论是金钱还是科技，其本身并无所谓好坏，关键是掌握这些东西的人。与一切物的因素相比，"人"是最活跃、最根本的因素，人力资源是最宝贵的资源，是第一资源。"社会的一切都是因人而缘起。社会历史的一切都是人的活动所创造，是人为的，从这个意义上说，人是社会历史的终极原因。"[①] 体育的基本功能和根本目的是培养人的强健的体魄、健康的心理和健全的人格，因此，任何体育价值的取向，其落脚点和归宿都应该是"人"的全面健康（身体的、心理的和社会的等等）发展。体育不是孵化名利的温床，它排斥不顾个人身体、社会道德规范和法律法规，而滥用兴奋剂、借助体育赌博等追求名或利的不良现象；排斥"生物体育观"下"工具理性"的发展，反对以体育之名对参与者身心的摧残，反对把体育比赛场变成国家荣誉、民族精神、个人名利的竞技场。[②] 体育所追求的是通过体育促使"人"的生命发展、生活质量提高、社会和谐稳定发展，唯有如此，才是其价值所在。因此，体现人文精神，坚持以人为本的理念应该是也必须是体育发展的根本理念。只有以人本理念为统领，才能坚持和保证体育

① 刘传远：《社会本体论》，武汉大学出版社1999年版，第230页。
② 裴立新：《"以人为本"——新世纪体育发展的基本理念》，《天津体育学院学报》2000年第1期。

发展的正确方向。以人为本的体育价值观既是新时期社会发展对体育的必然要求，也是体育可持续发展的内在要求。① 北京奥运会所提出的"人文奥运、绿色奥运、科技奥运"三大理念就是凸显体育人文精神，坚持以人为本体育价值观的最好实践和诠释。

三　切实加强体育教育树立正确体育价值观

现实社会中物质与精神的失衡，现实体育中名利本位、技术至上，加上政治、经济等外在因素的强行介入，使体育演化为工具的体育，训练的是体育参与者谋名谋利的技能和本领，背离了体育的基本功能，放弃了"为何而生"的思考，忽略了情感意志的培养，没有教育体育的参与者和观赏者对生命的尊重，没有引导人们对生命的负责，过分地强调技术和竞争，使运动员成为"争取胜利"的机器，赛场成为竞争的"战场"。在这种环境中生活的人们，一方面，面对无情的竞争，另一方面，快餐式的教育方式又使他们缺乏对生命意义的理解和欣赏。面对挫折和打击，他们缺少耐挫力和容忍度，轻则产生心理问题，或逃避，或消沉，重则走向自我毁灭，或报复他人，造成许多不应该出现的悲剧。这些问题的出现，很大程度上源于体育教育的缺失和体育价值观的扭曲。

体育教育和正确体育价值观的树立是解决这些问题的有效方法。原始的体育教育纯粹是谋生的教育，现代的体育教育，既是人们对现代体育功能的不断探索，也是人们对生命质量认识的深化和追求。应该说远古的体育是一种以"谋生"为主要目的的教育，而从现代社会发展的视角看，现代体育则更多的是着眼于人的生活世界，提升个体生命的质量，为人们"乐生"提供服务的教育活动。因此，可以说，体育价值的实现过程也就是人们在不断追求幸福人生的过程。随着人们体育生命意识的增强，生命教育逐渐成为当下备受关注的话题，与

---

① 周登嵩等：《体育教学人文性的思考》，《体育科学》2002年第5期。

此同时，也对生命意识的体育引起高度重视。人们越来越认识生命之可贵，欣赏生命之美好，因而也越来越重视生命之健康，珍惜生命之存在。面对人生的困难和挫折，人们积极通过体育等各种方式进行自我减压，或将失败转化为成功之母。若以生命的牺牲为代价，既有悖于体育价值实现也有违于人对体育的真实追求。因此，体育不仅要教育人们珍惜生命，还要激活人的潜能，保证人在"人"的轨道上正常前行，在人生的发展中实现人的价值，让人在寰宇中放射出耀眼的光辉。

总之，体育教育对完善生命意识的人生价值和意义既有精神层面的生命教育，也内涵了自我幸福和实现人生价值的追求，以及对生命的关怀和对社会的贡献。因此，现代体育只有教育和帮助人们接近或逐步实现这一目标，才能使体育教育真正回归到体育的原点。这既是人自我价值实现的保证，也是对社会、对人类的贡献，更是体育实现其价值的核心意义所在。

四 保持民族传统兼收并蓄世界先进体育文化

从历史的角度来看，世界体育文化是在"东学西渐"和"西学东渐"的双向迁移中，在经历了历史的文化碰撞之后开始走上融合，这是世界体育发展的必然趋势，是体育发展世界性的内在要求，也是近代文明交流的必然结果。世界各民族都有独特的丰富多彩的传统体育，它们既是其民族文化的重要组成部分，也是世界文化的组成部分，无论哪个民族的体育文化，都是人类共同的文化成果，理应为世界人民共同享受。

体育文化的发展历史曲线总是在时间和空间两个纬度上进行的。在全球化趋势日益明显，传播手段日益发达，国际交往日益扩大，不同观念相互碰撞，各种文化相互渗透的背景下，作为文化形态之一的体育文化，也不可能独善其身，更不可能与世隔绝，各个民族的体育文化也必将随着这种大趋势而彼此相互渗透，相互影响。中华民族的文化向来有着开放和包容的优良传统，未来我国体育的发展也不可能游离于世界体育发展的潮流之外，而应当以前所未有的姿态融入体育全球化的发展中。这种"融入"，不仅是对其他民族的体育文化载体的接受，也包括对其体育价值观念的接受。但是，这种"融入"，不是也不应该是简单的全盘接受，而应该是有所选择，有所扬弃的，取长补短，"洋为中用"，是在保持和弘扬我们本民族传统优秀体育文化成果的同时，吸收世界各民族体育文化的优秀成果。海纳百川，有容乃大。几千年的历史已经证明，中华民族的文化并没有因为外来文化的渗透、影响而改变自己的本色，相反却因为具有开放、包容的品质而发展建设得更好，更加具有强烈的民族性和广泛的世界性。我们的民族体育文化的发展也是这样。我们应该继承和弘扬这种开放、包容的优良品质，以海纳百川的胸怀和气度兼收并蓄世界各个文化系统的优势和长处。唯有如此，才能不断完善我们的体育文化和价值观念，推进我们体育文化的发展。

五　着力解决好体育异化问题　弘扬体育正能量

所谓异化是指从主体中分裂出来和丧失掉的东西在摆脱主体的控制并获得独立性后逐渐壮大，反过来控制、支配、压迫或扭曲主体。[①]体育的异化问题是体育发展过程中的一个顽疾，尤其是在竞技体育领域表现更为突出。运动员服用兴奋剂、年龄作假、冒名顶替、篡改身份职业、贿赂裁判、打假球、吹"黑哨"、赌球、球员斗殴、球场暴力、"足球流氓"、操纵比赛、政治干预、超负荷训练、不正当竞争等不一而足。在这里，体育强身健体的本质、公平竞争的规矩、遵守规则的自觉、尊重对手的品质、良好品德的培养等都被"异化"掉了。所有这些现象，都是彻底违背体育道德，缺失人文精神的表现，是体育价值观彻底扭曲的表现，传达的是一种极具破坏力的负能量。这种负能

---

① 孟慧英等：《竞技体育的异化现象及其原因分析》，《中国科教创新导刊》2008年第12期。

量所影响的不仅仅是体育的发展，不仅仅是体育参与者和欣赏者对体育的美好印象和参与积极性，更重要的是对国民良好素质的养成和正确价值观的树立形成了破坏。所以，要想使更多的青少年热爱体育、参与体育，要想建设体育强国、体育大国，就必须下大功夫整治体育"异化"问题，认真解决竞技体育中传达负能量的这些丑恶现象，使体育回归本原，体现人文精神，成为真正的"人文体育"而不是"工具体育"。这是重建体育人文精神，实现体育价值观必不可缺的路径选择。

当然，笔者强调解决体育尤其是竞技体育中这些影响体育发展，影响国民树立正确体育价值观的丑恶现象，整治体育"异化"问题，并不是要否定竞技体育。毕竟竞技体育与一个国家的荣誉、国家的利益，与政治、经济、文化和民族精神都有很大关联，是一个国家"软实力"的体现。尤其当运动员在赛场上摘金夺银，国歌响起国旗升起的时候，会在很大程度上激发本国国民的自信心、自豪感、凝聚力和爱国主义热情。所以，我们还是要一手抓体育包括竞技体育的发展，建设体育大国、体育强国，一手抓体育"异化"问题的整治，建设"更干净、更人性、更团结"的体育，以动员和吸引越来越多的国民参与体育，因为体育价值的全面实现，既要靠竞技体育水平的提高，更主要的是依靠大众体育的加强和普及。

后　记

　　萌动对体育本体理论相关问题研究的思想是在十几年以前。由于自己在学习和写作时，往往遇到这样一些尴尬的问题。首先，关于体育是什么？该如何界定？有何价值？它从哪里来？又往何方去？这些问题一直存在喋喋不休的争论，没有形成普适的结论，导致的结果是在实际运用中各持己见、随意处治。常常看到有学者在自己的著作或文章中前后说辞别的现象，更有甚者，有些导师不仅自己不去追问和研究，还让学生不要去碰触此类敏感议题，原因是争议太大，研究没有结果，还会引来一些麻烦。为了使自己对于以上问题有一个明确的认识，建立一个始终坚持的理念或观点，便于实践工作和理论研究，所以便尝试此类问题的学习和研究。其次，当今体育腐败滋生，政治操控、商业操弄、科技崇拜等现象比比皆是，导致人们对体育怨声载道。鉴于此，想通过自己的努力，探寻导致体育异化的深层原因，寻找消解的对策，提出自己的观点和建议，为体育的健康发展尽微薄之力。所以，便在冲动下组织同仁申报了此课题。但当我们全面进入研究工作时才发现，问题远比我们想象的复杂得多。一是，关于体育本体理论相关问题研究牵涉学科多（如历史、哲学、社会学、文化学、人类学、生命学、心理学和教育学等一些相关交叉学科），且内容十分庞杂；二是，关于体育异化的相关问题，除受体育自身的内部理论和实践过程影响外，又涉及社会的方方面面（社会政治、经济和文化等）利益因素的制约。这对于我们读书有限、才疏学浅的课题组人员来说，它不仅是困难，更多的是挑战。因此，几年来，我们抱着"慢工出细活"的态度，为之倾注了极大的热情和艰辛的劳动，不仅加班加点翻阅相关学科书籍，充实自己的知识容量，而且多方请教相关学科专家和学者，以便提高自己对于一些问题的认识水平，目的在于能更好地完成立项时所承诺的任务。这也是本课题延迟近两年的原因。现在，书稿虽然完成，相关的研究也取得了一些成果，但体育本体论和体育异化论问题确实是一个非常庞杂的领域，理论难点多，加之体育学科在此方面的基础比较薄弱，可以说有些问题本身的难度超出了我们的能力所及，因而疏漏、单薄之处在所难免，一些重要问题或许只能触及表面，还有待进一步研究。对于不妥之处恳请专家、学者和同仁们赐教。

本书稿在写作过程中，参阅借鉴了国内外专家学者们大量的研究成果和文献资料，我们已一一注明，如有疏失没有标明成果的详细出处，还恳请各位宽容、海涵。在此，对于他们卓有见地的研究成果对我们在本课题完成过程中所给予的启发与帮助表示诚挚的敬意和衷心的感谢！

从酝酿立题到整个写作过程中，我的恩师西安体育学院苏义民教授不仅提出了卓有见地的意见和建议，也对文章和书稿逐字逐句予以了修改，为此付出了很多心血。兰州交通大学廉李章教授、许鹏奎教授、乔梁教授在百忙中参与讨论，提供了许多宝贵的见解。兰州交通大学原党委书记俞建宁教授、继续教育学院雷智仕院长为课题的顺利完成给予了大力的支持。在此一并表示由衷的谢意。没有他们的悉心指导和鼎力支持，一是现在的书稿可能不是这个样子，二是研究写作没有充足的时间保障。在此还要特别感谢甘肃省第九、第十届人大常委会副主任、党组副书记程有清老先生和甘肃省体育局党组书记、局长杨卫先生在百忙中阅读书稿，并欣然为拙著题词，对本书予以评价。

也要感谢我的爱人和儿子，在我写作过程中爱人承担了几乎大部分家务，给予了鼎力支持，儿子也经常为我的书稿操心，不时放下自己的学业，与我讨论有关问题，给予了很大精神支持。另外，我还要感谢我们团队成员：苏睿、田云鹤、韩梅、李永刚、包莉、杨建军、贾炜、刘一婷等同人，正是有了他们的团结、协同努力，才使课题得以顺利完成。

何维民

2016 年 6 月 16 日